Constitutional Reason

憲法の理性

［増補新装版］

長谷部恭男

東京大学出版会

Constitutional Reason
[Expanded New Edition]
Yasuo HASEBE
University of Tokyo Press, 2016
ISBN 978-4-13-031186-1

はしがき

　本書は，東京大学出版会から出版される2冊目の筆者の論文集である．いずれの論稿も1990年代から2000年代にかけて執筆されたもので，立憲主義という観点から憲法上の諸論点を考えようとする視角においては，前著『比較不能な価値の迷路』(2000年)と変わるところはない．

　『憲法の理性』という書名は，Constitutional Reason という英語を思いついたあと和訳したもので，『立憲主義的な理由づけ』としてもよかったのだが，短い方が覚えやすいだろうという理由でこれに落ち着いた．人は(人々の集団も)理由にもとづいて行動するものである．何の理由もない行動は非理性的な行動だといわれる．

　あらゆる行動に決定的な理由があるわけではない．なぜ今日の昼食に，カレーライスでもカツサンドでもなく，にしん蕎麦を食べたかについて，決定的な理由は普通はない．このとき，にしん蕎麦を食べることが理由のない非合理な行動だというわけではない．理由はあるのだが(価格が予算の制約の範囲内で，食べれば満腹にはなるし，好物の一つである等)，それはカレーライスやカツサンドを食べる理由に優越する理由ではないというだけである．異なる行動を支持する理由は，往々にして比較不能である．比較不能な価値が交錯し，複数の結論を志向するとき，個人であれば熟慮のあとで自由な意思にもとづいて決断する．集合体であれば互いに討議し，それでも合意が得られなければ多数決で答えを出すことになる．

　立憲主義は，社会全体として(多数決を通じて)統一的に答えを出すべき問題は限定されているという立場をとる．比較不能な価値が深刻に対立する問題，個人の生きる意味を決めるような問題については，個々人の選択に任せ，社会全体としての統一的な結論を出して全員に押しつけるのは控えるべきだという立場をとる．こうした立場から，平和や人権，民主主義のあり方について，どのような見方が生まれるかを検討したのが，本書に含まれる論稿である．

本書がなるについては，いつものことながら，東京大学出版会編集部の羽鳥和芳氏に構成から校正にいたるまで，万端にわたってお世話になった．厚く御礼申し上げる．

2006 年 8 月

Y. H.

増補新装版の刊行にあたって

　2006 年に刊行された本書の初版は，思いの他，多くの読者の方々に受け入れられ，この度，増補版を刊行することとなった．この機会に，近年の政治状況や論壇の動き，とりわけ憲法 9 条に関連する論点をめぐる動きに対応して，内容を補充する補章 I および補章 II を新たに執筆した．
　また，数カ所で表現の修正を行なった．主な点は，ジョゼフ・ラズの言う exclusionary permission の訳語を「排除的許容」から「排除の許容」へと修正したことである．この方が日本語として分かりやすい．補章 III は，排除の許容の一例である義務なき働き (supererogation) を扱ったもので，『図書』2011 年 8 月号に掲載されたものである．
　なお，第 2 章で扱ったルソーの生前未公表の戦争論は，近年，新たに校訂が加えられ，'Principes du droit de la guerre', dans Jean-Jacques Rousseau, *Principes du droit de la guerre, Écrits sur la paix perpétuelle*, sous la direction de Blaise Bachofen et Céline Spector (Vrin, 2008) として公刊されている．この点については，三浦信孝教授のご教示を得た．
　増補版の刊行にあたっては，東京大学出版会編集部の山田秀樹氏に懇切なお世話をいただいた．ここに記して深甚の謝意を表する次第である．

2016 年 2 月

Y. H.

目　次

はしがき

第Ⅰ部　立憲主義と平和主義

第1章　平和主義と立憲主義 …………………………………………… 3

  1　明文解釈　4

  2　チキン・ゲーム，そして「戦争＝地獄」理論　6

  3　群民蜂起と非暴力不服従　9

  4　「善き生き方」としての絶対平和主義　11

  5　「世界警察」，そして「帝国」　13

  6　平和的手段による紛争解決　15

  7　実力による平和維持の影と憲法第9条　18

第2章　「国内の平和」と「国際の平和」――ホッブズを読むルソー …… 23

  1　ホッブズの戦争と平和　23

  2　自然状態　25

  3　戦争と戦争状態　26

  4　ルソーの解決策　その一：人民武装　28

  5　ルソーの解決策　その二：国家同盟　30

  6　ルソーの解決策　その三：社会契約の解消　31

  7　むすび　32

第3章　国家の暴力，抵抗の暴力――ジョン・ロックの場合 …………… 33

  1　はじめに　33

  2　国家権力の由来とその範囲　34

  3　抵抗権はなぜ不断の争乱をもたらさないか？　35

4　「天への訴え」と神の審判　36
　　5　社会学的説明：人民の服従と「調整問題」　38
　　6　通常の政治過程への信頼度　39
　　7　ロック抵抗権論の限界と可能性　41

第4章　冷戦の終結と憲法の変動 …………………… 46
　　1　はじめに　46
　　2　ルソーの戦争状態論　47
　　3　三種の国民国家　48
　　4　立憲主義と冷戦後の世界　54
　　5　日本の現況と課題　56

第 II 部　人権と個人

第5章　国家権力の限界と人権 …………………… 63
　　1　従来の学説とその限界　63
　　　(1)　学説の展開　63
　　　(2)　一元的内在制約説の限界　65
　　　(3)　「国家権力の限界」と「個人の人権の限界」　68
　　2　公共の福祉　69
　　　(1)　権威の正当化根拠　69
　　　(2)　調整問題　71
　　　(3)　公共財の供給　73
　　　(4)　国家の権威の内在的限界　75
　　3　人権の限界　77
　　　(1)　個人の自律　77
　　　(2)　「切り札」としての人権と公共の福祉にもとづく権利　80
　　　(3)　「人権規定」の「私人間効力」　81
　　4　憲法12条, 13条の構造　84
　　　(1)　憲法12条の意味　84

(2)　憲法 13 条の意味　85

　5　むすび　87

第 6 章　芦部信喜教授の人権論——放送制度論を手掛かりとして ……… 89

　1　「報告書」の議論　90

　2　芦部教授の放送制度論　91

　3　「切り札としての人権」論の危険性？　94

　4　「切り札としての人権」論の無用性？　96

第 7 章　「公共の福祉」と「切り札」としての人権 …………………… 102

　1　はじめに　102

　2　高橋和之教授の批判　103

　3　自由権と「単なる自由」　104

　4　表向きの理由と真の理由　107

　5　公共の福祉にもとづく権利　108

　6　市川正人教授，青柳幸一教授の批判　109

　〔補遺〕　1　「単なる自由」と「自由権」　111

　　　　　2　憲法上の自由権と「排除の許容」　113

第 8 章　「外国人の人権」に関する覚書——普遍性と特殊性の間 …… 116

　1　安念教授のパラドックス　116

　2　相互扶助組織としての国家　120

　3　特別な関係を構成する「より根底的な理由」　122

　4　調整問題を解決する標識としての国籍　123

　5　何が「許容」されているか　126

第 9 章　「国家による自由」 ……………………………………………… 128

　1　「国家からの自由」に付随する「国家による自由」　128

　2　防御線：国家が保護する一般的自由　129

3　「防御線」の設営義務　131

　　4　制度設営義務と対応する権利　133

　　5　最高裁判例の示す例　134

　　6　公共財の提供義務　136

　　7　むすび　138

第10章　私事としての教育と教育の公共性　139

　　1　はじめに　139

　　2　フランスの公教育　139

　　3　価値の市場の自律性　141

　　4　学校選択の自由とバウチャー制　142

　　5　多元的自由主義と学校での信教の自由　144

　　6　教師の教育の自由と学校の自律性　146

　　7　共和主義と政教分離・信教の自由　148

第11章　憲法学から見た生命倫理　150

　　1　憲法で尊重される「個人」とは何か？　150

　　2　古典的事例——安楽死への権利　152

　　3　「自分の身体の所有権」？　154

　　4　なぜ身体は収用できないのか　157

　　5　学問の自由　158

　　6　科学者の責任　161

第Ⅲ部　立法過程と法の解釈

第12章　討議民主主義とその敵対者たち　167

　　1　シュミット，ケルゼン，宮沢俊義　167

　　2　図式的整理　172

　　3　民主主義と客観的真理の整合性　174

4　現代の議会制民主主義　176
　　5　民主主義の自己目的化？　178
　　6　むすび　180

第13章　なぜ多数決か？──その根拠と限界 …………………… 181

　　1　自己決定の最大化　182
　　　(1)　概　要　182
　　　(2)　限　界　182
　　2　幸福の最大化　184
　　　(1)　概　要　184
　　　(2)　限　界　185
　　3　公平中立で応答的な手続　186
　　　(1)　概　要　186
　　　(2)　限　界　187
　　4　コンドルセの定理　187
　　　(1)　概　要　187
　　　(2)　限　界　188
　　5　現代の議会制民主主義　190
　　　(1)　議会制の危機　190
　　　(2)　シュミットとケルゼン　191
　　　(3)　ハバーマスの構想　192
　　6　むすび　192

第14章　司法の積極主義と消極主義──「第1篇第7節ゲーム」に関する覚書 …………………………………………… 194

　　1　記述的概念としての「司法積極主義」と「司法消極主義」　194
　　2　「第1篇第7節ゲーム」　195
　　3　ゲームの含意　197
　　4　むすび　201

第15章　法源・解釈・法命題——How to return from the interpretive turn ……………………… 202

 1　法実証主義　202
 2　「正解テーゼ」と「解釈的転回」　204
 3　すべては解釈である　206
 4　解釈的転回の問題点　208
  (1)　すべては解釈なのか　208
  (2)　解釈はプロテスタント的か　210
  (3)　議員定数不均衡訴訟　211
 5　法実証主義に回帰できるか　212
 6　法命題はいかなる場合に適切か　214
 7　いくつかの帰結　219
 8　これでよいのか　220

補章 I　攻撃される日本の立憲主義——安保関連法制の問題性 ………… 223

 1　はじめに　223
 2　安保関連法制の合理性・必要性の欠如　224
 3　法とは何か，解釈とは何か　226
 4　近代立憲主義とは何か　229
 5　「法の支配」の問題なのか　232
 6　実践理性へ戻れ　234

補章 II　藤田宙靖教授の「覚え書き」について ……………………… 237

補章 III　「義務なき働き」について ……………………………………… 242

 初出一覧　249
 索　引　250

第Ⅰ部　立憲主義と平和主義

第 1 章　平和主義と立憲主義

　　　　　　　　　　君は戦争に関心がないかも知れないが，戦争は君に関心がある．
　　　　　　　　　　　　　　　　　　　　　　　　　　　マイケル・ウォルツァー

　憲法第 9 条をめぐる議論，とくに自衛のための実力を保持することが違憲か合憲かという議論には，閉塞感がつきまとう．

　これらの議論は，第一に憲法の文面という争いようの無さそうな根拠をめぐって闘わされているかのように描かれることが多い．そのため，違憲論は合憲論を指して，解釈の枠を超えた「にせの解釈」だと非難し[1]，これに対抗して合憲論者は，さしたる積極的意味もなく，むしろ日本の外交・防衛政策上，大きなマイナスをもたらしかねない憲法改正へと向おうとしているかのようである．

　第二に，違憲論にしたがって実力を全面的に放棄したとき，ではいかにして国民の生命・財産等を保全するのかという課題について，明確な代案が示されているわけではない．民間団体等を通じた教育・民生等への国際協力活動，諸外国への経済支援はもちろん，以下でみるように，いざ侵攻された場合における群民蜂起や非暴力不服従運動などは，せいぜい常備の実力による自衛と併用しうる選択肢ではあっても，それに完全に置き換わりうるものではない．この程度の手段によって国民の生命・財産と国際の平和を十分に守りうるのであれば，戦争と平和の問題は，むしろ現代においてはさしたる重要性をもたないものと考えるべきであろう[2]．

　違憲論者としては，問題自体の重要性を否定することでしか成り立ちえない立場を固持するか，あるいは不毛な憲法改正を自らの意図に反して動機づける

---

1) たとえば，清宮四郎『憲法 I〔第 3 版〕』(有斐閣，1979) 389 頁．
2) 問題の重要性を否定することなくこの立場をとることは，4 で述べるように立憲主義の根本的な考え方と両立しないと思われる．

しかないのであろうか．他方，合憲論者としては，明文に反する「にせの解釈」の汚名を甘受するか，あるいは，やはり不毛な憲法改正に突き進むしかないのであろうか．

筆者自身は，自衛のための必要最小限度の実力を保持することは，現在の憲法の下でも許されると考えており，むしろそれは立憲主義の根本的な考え方に，よりよく整合すると考える．私見を説明するために，以下では，まず憲法の規定が複数の性格をもちうることを指摘し，その上で，違憲論の実質的論拠となりうる各種の想定，および憲法によって国家権力を限定する立憲主義と実力による自衛を否定する絶対平和主義との間に生じうる緊張関係について説明を加えたい[3]．

1 明文解釈

自衛のためにさえ実力の保持は許されないとする立場の第一の根拠は，日本国憲法にそう書いてあるというものである．しかし，憲法や法律に「そう書いてある」というだけでは，問題解決の出発点が示されたにすぎない．「そう書いてある」ことが，いかなる意味をもつかがさらに解明される必要がある．

一般に法規範といわれるものの中には，ある問題に対する答えを一義的に定める準則と，答えを特定の方向へと導く力として働くにとどまる原理とがある[4]．たとえば，ある道路が駐車禁止であるか否かを定める法は準則である．駐車禁止であるか否かは，一義的に決まっていなければならない．道路の交通規則や手形・小切手の効力に関する規定の多くはこうした性格を持っている．憲法の規定でいえば，参議院議員の任期を6年とする第46条や内閣不信任決議の効果を定める第69条は，準則にあたると考えるべきであろう．

---

[3] 本章と同旨の議論を展開する機会は，過去にもあった（「平和主義の原理的考察」憲法問題 10 号 (1999), Constitutional borrowing and political theory, *International Journal of Constitutional Law*, Volume 1, Number 2, pp. 240-43 等）．それらと本章の内容には重なるところが大きいことをお断りしておきたい．

[4] 「準則 rule」と「原理 principle」の区別については，たとえば，Ronald Dworkin, *Taking Rights Seriously* (Harvard University Press, 1977), pp. 22-28; Robert Alexy, *A Theory of Constitutional Rights* (Oxford University Press, 2002), pp. 45 ff. 参照．アレクシーは，原理が最適化命令を内在させているとみる点で，ドゥオーキンと立場が異なる．

これに対して，たとえば，表現の自由などの憲法上の権利の保障を定める条文の多くは，原理を定めているにとどまる．表現の自由が保障されているからといって，人の名誉やプライバシーを侵害する表現活動にいたるまで，文字通り「一切の」表現の自由が保障されるわけではない．表現の自由の尊重と同様，裁判所をはじめとする国家機関が考慮しなければならないそれとは対立する他の原理も存在するからである．相互に衝突する二つの準則のうち一つはそもそも準則ではありえないが，原理については互いに衝突する複数の原理が共存しうる．同様に，「国及びその機関は，宗教教育その他いかなる宗教的活動もしてはならない」とする憲法 20 条 3 項の規定にもかかわらず，およそ国と宗教との関わり合いが一切許されないとは，判例も通説も考えていない．政教分離原則と並存し，それと衝突する憲法上の考慮が存在しうるからである．

　憲法 9 条の文言をたよりに自衛のための最小限度の実力の保持が許されないとする立場は，9 条(とくにその第 2 項)の文言を all-or-nothing で答えを決める準則として理解していることになる．しかし，なぜ原理ではなく，準則として理解しなければならないかについて説明がなされることは稀である．通常の憲法の教科書類では，準則であることを当然の前提とした上で，その準則に含まれる各文言の解釈が展開されている．以下，**2** から **5** では，準則として理解すべき理由としていかなるものがあるかを順次，検討していく．ここでは，準則として理解すべき根拠として制憲者意思が呼び出される事例について付言する．

　日本国憲法の制定過程に関与した人々が，自衛力の保持と憲法との関係についてどのような理解をしていたかについては多くの研究があるが，結論としていいうるのはせいぜい，合憲論・違憲論のいずれも，それぞれにとって有利な証拠を見いだすことができるというものであろう．たとえば，極東委員会による文民条項(現在の憲法 66 条 2 項)挿入の要求は，憲法 9 条に関するいわゆる芦田修正が自衛のための軍備を可能にしたとの理解と整合するし，正当防衛権を消極的に評価する制憲議会での吉田茂首相の答弁は，違憲論の根拠としてしばしば呼び出される[5]．

---

5) 山内敏弘「日本国憲法と『自衛権』観念」法律時報臨時増刊・憲法と平和主義 91 頁(1975)，芦部信喜『憲法学 I』(有斐閣，1992) 264 頁．なお，制憲過程に関する最近の注目すべき論稿として，高見勝利「芦部憲法講義ノート拾遺 32 回──憲法 9 条をめぐる解釈対立の源流」月刊法学教室 279 号 37 頁以下がある．

しかし，そもそも制定過程に関与した人々の発言や回想を憲法解釈の決め手にしようとする議論の仕方自体に，限界があることに留意すべきである[6]．制憲議会は多数人からなる会議体であって，それに「意思」があるという想定がそもそもフィクションである．会議体が「意思」をもちうるのは，斯く斯くの手続を経て然々の形式を整えたテクストを会議体の「意思」とするという趣旨のルールがあらかじめ存在するからであって，それ以外のものを会議体の「意思」として帰属させることはできない．制憲議会の場合でいえば，憲法典という形式を備えたテクストが，そしてそれのみが制憲議会の「意思」であって，それ以外に，たとえば各議員が内心で何を考えようとあるいは何を発言しようと，それらを集計して制憲議会の「意思」とするルールがあらかじめ存在するのでない限り，それは制憲議会の「意思」ではありえない．いわゆる「制憲者意思」なるものは，せいぜい憲法の解釈にあたっての参考資料にとどまる．

2　チキン・ゲーム，そして「戦争＝地獄」理論

さて，憲法9条を準則として受け取り，自衛のための実力の保持を全面的に禁止する規定として受け取るべき実質的根拠として第一に検討にあたいするのは，国家間の実力による抗争をチキン・ゲームと考える見方，つまり外敵からの攻撃に対して人的・物的組織体で対抗することは，攻撃に実力で抵抗することなく屈伏するより悪い結果を招くとの想定である．このような考え方が背景に控えているとすると，自衛のための実力の保持を禁止する支配的見解の射程は，憲法9条をもつ日本のみにはとどまらず，より一般的に広がりうることになる．

チキン・ゲームとは，もともとは，二人の命知らずの若者が，それぞれ自動車を全速力で，そのままでは正面衝突するよう，対抗方向から走らせるゲームである．命が惜しくて一方がコースから外れると，弱虫 (chicken) とあざけら

---

6)　以下の点については，ジェレミー・ウォルドロン『立法の復権』長谷部恭男・愛敬浩二・谷口功一訳（岩波書店，2003）29-32頁参照．解釈において「立法者意思」を勘案することに積極的なアンドレイ・マルモーも，こと憲法に関して「制憲者意思」を勘案することについては否定的である．この点については，長谷部恭男『比較不能な価値の迷路』（東京大学出版会，2000）127-28頁参照．

		B	
		協力	裏切り
A	協力	2, 2	1, 3
	裏切り	3, 1	0, 0

図 1

れ，相手方は勇者と讃えられる．しかし，両方がそのまま突っ込めば二人とも命を落とすことになる．対立する核保有国が，それぞれ自己のイデオロギー的正当性を主張しあって，相互を核攻撃すれば最悪の結果を招くというシナリオと同じタイプのものである．

図1は，A, B 二国間のチキン・ゲームのマトリックスを示している．各ボックスの左はA国の利得，右はB国の利得を示す．もし，敵の攻撃(裏切り)にこちらも反撃すれば，双方が死滅する．もし，敵の攻撃に対して屈伏(協力)すれば，双方が攻撃を控える場合に比べて利得は減少するが，それでも，少なくとも生き残ることはできる．したがって，国家間の関係をチキン・ゲームと見立てる国からすれば，さしたる防衛力ももたず，外敵からの攻撃が予想されれば進んで降伏するという選択が合理的となる．

そして，このように国家と国家の関係をチキン・ゲームとして見る見解の背後には，その暗黙の前提となる戦争観があると推測される．それは，戦争は「地獄」，それも「際限のない地獄」だという考え方である．この考え方('War is Hell' doctrine)を明確に定式化した政治哲学者のマイケル・ウォルツァーの描写によれば[7]，戦争は「際限のない地獄」なのであるから，結果についての責任はすべて「地獄」を開始した側，つまり侵略国が負うことになるし，可及的すみやかに「地獄」を終結させるためには，「正戦」の遂行者はいかなる手段でも用いることができるし，用いるべきでもある．このため，戦争遂行を規制する戦争法規 (jus in bello) を遵守すべき理由はきわめて薄弱となる．こうした戦争観から導かれる一つの立場は，「地獄」に関わりたくなければ非戦・

---

[7] Michael Walzer, *Just and Unjust Wars*, 3rd ed. (Basic Books, 2000), pp. 29 ff.

非武装を貫くしかないというものであろう[8].

　このような戦争観は，戦後の日本において広く受容されているように見える．太平洋戦争末期におけるアメリカ軍の都市部への大規模な空爆，そしてさらには広島，長崎への核兵器の投下は，戦闘員と非戦闘員の区別という戦争法規の基本原則を系統的に軽視したものであり，まさに「地獄」としての戦争を現出した．民間人を無差別に攻撃することで敵の戦意を喪失させようとする点で，こうした都市部への空爆は軍事行動というよりはむしろ大規模なテロリズムというべきものである．しかし，この点について日本政府を非難しこそすれ，ルールを無視したアメリカ軍およびアメリカ政府の行動を非難する声は日本では強くない．戦争とはそうしたものであって，始めた側にすべての責任があるという前提からすれば，それも自然な反応である[9].

　また，丸山真男に代表されるように，冷戦下において発生しうる戦争は核戦争かパルチザン戦かのいずれかである蓋然性が高いという予想からすれば，やはり戦争法規を遵守する戦争を期待することは非現実的であって，「際限ない地獄」である戦争に何としても巻き込まれることを回避しようとする行動が合理的となる[10]．核戦争と同様，パルチザン戦も，戦闘員と非戦闘員の区別が不分明となり，区別なく犠牲となる戦争の典型である．少なくとも，パルチザンの側は，意図的にこの区別をあいまいにすることによって，戦力的に優位にある相手方の正規兵に戦いを挑もうとする．

　おとなしく畑を耕す農民たちが，突如として鋤や鍬を捨てて機関銃やロケット砲を手にとり，気を許して行進する占領軍の隊列を奇襲するというのが，パルチザン戦の典型的な姿である．安全な後方であるはずがただちに生死をかけ

---

8) セオドア・クンツは，キリスト教の系譜に属する平和主義者が一般に，戦争における行動を倫理的に規制する可能性について懐疑的であることを指摘している．戦争のもたらす暴力は，それ自体の論理をもってエスカレートしていくもので，ルールにのっとった戦闘行為は期待薄だとのこうした想定からすれば，戦争かあるいはその絶対的放棄かの選択しかありえず，ルールにのっとった戦争かルールに反する戦争かという区別は意味を失う (Theodore Koontz, Christian Nonviolence: An Interpretation, in *The Ethics of War and Peace*, Terry Nardin ed. (Princeton University Press, 1996), pp. 188–89).

9) 他方，アメリカ側の説明は，原爆投下によって，日米双方とも，より少ない犠牲で目指すべき目標である日本の無条件降伏が達成できたという，剥き出しの功利主義である．この点については，長谷部恭男『憲法学のフロンティア』(岩波書店，1999) 101 頁以下.

10) 丸山真男「憲法第九条をめぐる若干の考察」同『後衛の位置から』(未来社，1982) 所収.

た最前線に転換する．報復心と猜疑心にかられる占領軍にとって，パルチザンとそれを支持する民間人との間に確たる区別はありえない．パルチザンの側が戦闘員と非戦闘員の区別を否定しようとするとき，なぜ占領軍の側がこの区別にこだわらなければならないだろうか．パルチザンの狙い（の一つ）は，敵の側が戦争法規を遵守することを不可能にし，その責任を占領軍の側に帰すことにある[11]．

しかしながら，こうした戦争観から「チキン」となることが合理的だと考える国家が存在すると，この種の国家の存在自体が，侵略者の存在を合理的にする危険がある．図1からわかるように，もし，相手国が「チキン」であることを的確に認識することができるならば，その周辺国家は，容易に自己の利得を向上させることができる．第二次大戦後の歴史を見ても，朝鮮戦争やフォークランド紛争のように，ある地域を実力で防衛する意思がないという誤ったシグナルを相手方に送ることで戦争が惹起された例を挙げることは容易である[12]．徹底した平和主義は，その意図せざる効果として，国家間の関係を不安定にする．

3 群民蜂起と非暴力不服従

もっとも，日本国憲法の下で自衛のための実力を保持することが禁止されているとする支配的見解は，必ずしも「戦争＝地獄」理論で一貫しているわけではない．外国の軍隊が侵攻してきた場合には，人民が群民蜂起やパルチザン戦

---

11) ヴェトナム戦争下でのミライ（My Lai）村虐殺の責任者とされたウィリアム・ケイリー中尉は，訓練中，どのような敵と遭遇することを警告されたかという軍事法廷での質問に答えて，次のようにいう (George J. Andreopoulos, Age of National Liberation Movements, in *The Laws of War: Constraints on Warfare in the Western World*, eds., Michael Howard, George J. Andreopoulos, and Mark R. Shulman (Yale University Press, 1994), p. 196)．「誰が敵かに関する正確な指示はありませんでした．むしろ，あらゆる者を疑え，誰もが敵かも知れず，男も女も同様に危険であり，また子どもには疑いをかけにくいために，子どもはさらに危険であると指示されました」．こうして起こる民間人に対する残虐行為や収容所への強制移動措置は，パルチザンへの参加者と支持者をさらに増やしていく．ゲリラ戦は自然と「人民戦争」へと転化し，そこでは「際限のない地獄」は，それ自体の生み出すエネルギーで自動的に回転する．
12) Lawrence Freedman and Virginia Gamba-Stonehouse, *Signals of War* (Princeton University Press, 1991), pp. 19–20.

という形で武力抗争を遂行することは，憲法によって禁じられていないとする立場が，むしろ有力であるかにみえるからである[13].

　この立場は，おそらく人民が武装する権利を前提とすることになるであろう．憲法の制約の対象は何より政府の権限と活動であるという考え方からすれば，この立場も一応は筋が通っていることになるが，もし9条の背後にあるのが，「際限なき地獄」にまきこまれることを何としてでも回避すべきだとの考え方なのだとすると，2で見たように，戦闘員と非戦闘員との区別を限りなく不明確にし，戦争法規の遵守をきわめて困難にするパルチザン戦争を想定することが，果たして筋の通った立場といえるかが問われることになる．日本人の多くが，戦争は「際限なき地獄」に他ならないと考えているのであれば，そうした人民がパルチザン戦に突入したときに起こる状況の凄絶さは想像を絶するであろう．

　もう一つの選択肢として，外国軍隊の侵攻に際しては，政府の保有する自衛力で対抗するべきでもパルチザン戦で対抗するべきでもなく，組織的な非暴力不服従運動で対抗すべきだという立場がありうる．この選択肢については，しばしば指摘されることながら，組織的不服従運動が成功するためには，相手側が拷問や強制収容等のテロ行為によって組織の壊滅をはかることはないであろうこと，つまり相手方が占領活動に関わる戦争法規を遵守するであろうことが前提となるし，またかりに運動に参加する市民に犠牲者が出た場合には，それに良心の呵責をおぼえ，士気を阻喪するであろうほど，相手側の兵士が一般にcivilised であるという前提を置いていることが問題となる[14]．相手方が戦争法規を遵守するという想定は，戦争が「際限なき地獄」へといたるはずだというそもそもの前提と衝突するし，一般市民の犠牲に良心の呵責を覚えるほどcivilised な相手であれば，わざわざ抵抗するまでもなく占領政策に協力する

---

13) こうした立場をとるものとして，法学協会『註解日本国憲法(上)』(有斐閣, 1953) 243 頁, 芦部前掲『憲法学 I』266 頁, 樋口陽一『憲法 I』(青林書院, 1998) 447 頁等がある．厳密にいえば，群民蜂起は，なお領土が敵軍によって占領されていない段階で接近する敵軍に対して行われるもので，占領下でのパルチザン戦とは異なる．もっとも，憲法学の有力説が，こうした区分をおいた上で議論をすすめているとは考えにくく，また，1977 年のジュネーブ条約への追加議定書によって正規軍原則が緩和されている現在では，両者を区分する意義も大きく低下しているものと思われる．

14) Walzer, *supra* note 7, pp. 332-33.

方が(つまり「チキン」としての態度を徹底する方が)社会全体の福祉の向上につながるのではなかろうか.

結局のところ，組織的不服従運動が平和の維持と回復につながるという主張は，戦争と平和に関わる問題の意義を劇的に小さくするほど，人類一般の理性と良識を信ずることができるという想定と結びついている．そこまで人類一般が理性的であり，良識的に行動するものであれば，われわれは戦争と平和についてさほど深刻に考える必要もないはずである[15]．逆にいうと，そこまで人類一般の理性と良識を信ずることはできず，したがって戦争と平和に関わる問題の意義は失われていないのだとすれば，組織的不服従運動が実効的に平和を回復する手段となるかは疑わしいということになる.

4　「善き生き方」としての絶対平和主義

もっとも，たとえパルチザン戦や組織的不服従運動が実効的な解決につながらず，あるいは「際限なき地獄」を現出し，あるいは組織的な拷問や暗殺を伴う血みどろの圧政につながるとしても，なおそれが道徳的に正しい選択であるがゆえにそうすべきだという立場が考えられないわけではない．つまり，それが「善き生」のあり方を示すがゆえに，平和の実現や回復につながるか否かという帰結主義的考慮とは独立に，それに従うべき理由があるという立場である．キリストが右の頬を打たれたら左の頬を向けよと説いたのは，そうすれば相手は攻撃をやめるだろうという理由からではない．相手が攻撃をやめるか否かにかかわらず，そうすることが正しい人(少なくとも正しいキリスト教徒)の道だからという理由からである.

こうした選択の課題は，これが個人レベルの倫理として語られるのであればともかく，それを国の政策として執行することは，国を守るために前線に赴くよう個人を強制する措置(つまり徴兵制)と同様に立憲主義の根本原則と正面から衝突するのではないかという疑問にいかに答えるかである.

立憲主義は，近世ヨーロッパにおいて，宗教戦争の経験から生まれた考え方

---

15)　Martin Ceadel, *Thinking about Peace and War* (Oxford University Press, 1987), pp. 102-03.

である[16]．憲法典の文言に従うことを自己目的とする考え方ではない．プロテスタントとカトリックとの対立は，それぞれの主観的意図からすれば，この世に「善」を実現するために生じたものである．宗教は，人の生き方や宇宙の存在に意味を与えてくれる根底的な価値観の典型である．そして，そうした価値観は一つでなく，複数存在する．異なる価値観は，異なる宗教がそうであるように，互いに両立せず，せめぎあう．ある宗教を奉ずる人からみれば，別の宗教を奉ずる人は「悪魔の手先」であり，相手の肉体に暴力を加えてでもその「魂」を救済するのが「善き生き方」であろう．それぞれの人が各自の「善き生き方」を完全に実現しようとすれば，血みどろの殺し合いが起こる．

立憲主義は，根底的に異なる価値観を抱く人々が，それでもなお平和に共存し，公平に社会生活のコストと便益を分かち合う枠組みを築き上げていくための考え方である．そのための基本的な手立ては，人の生活領域を公と私の場に人為的に区分することである．私の場では，人は自らの信ずる価値観にしたがって，その生を生きる．これに対して，公の場では，人は自らの信ずる根底的な価値観を脇において，異なる価値観を抱く人々を含めた，社会全体の利益に貢献する政策や制度は何かに関する，理性的な討議と決定に参与する．憲法典の規定の多くは，公と私の場を切り分け，それぞれの場が十全に機能するために定められたものである．

「善き生」に関する観念は多様であり，相互に比較不能であるという立憲主義の基本的前提，そして公的領域と私的領域とを区分し，万人の万人に対する争いを引き起こしかねない「善き生」とは何かに関する対立を私的領域に封じ込めることで，公共の事柄に関する理性的な解決と比較不能で多様な価値観の共存を両立させようとする立憲主義のプロジェクトと，ある特定の「善き生」の観念を貫くために，結果に関わりなく絶対平和主義をとるべきだという立場とは容易には整合しないはずである．それは，特定の「善き生」の観念でもって，公の政策決定の場を占拠しようとする企てのようにみえる．立憲主義と両立する形で自衛のための実力の保持禁止を唱導しようとするのであれば，この議論を，そうした根底的な価値観をともにしない人にとっても了解しうる議論

---

16) 以下，立憲主義に関する私見については，さしあたり，長谷部恭男『憲法学のフロンティア』（岩波書店, 1999）第1章参照．

で基礎づける必要がある．前節までの検討の結論は(そして **5** での検討の結論も)，そうした議論は成り立ちにくいというものである．

　結局，自衛のための実力の保持の全面禁止という立場は，準則として理解された憲法 9 条の文言を遵守することにはなっても，立憲主義に従うことにはならないことになる[17]．

5　「世界警察」，そして「帝国」

　自衛のための実力を保持することなく国民の生命や安全を保護しうるとするもう一つのアイディアは，世界統一国家による「全世界を覆う警察サービス」を実現することで，戦争を廃絶するというものである．この選択肢の課題は，それが果たして現実的か，そして現実的だとしても望ましいものかというものであろう．少なくとも，現時点ではこの種の警察サービスが継続的に組織されるという想定は現実的とはいえない．

　朝鮮戦争と湾岸戦争では，これに似た警察サービスが大規模に組織されたが，これらはいずれもアメリカ合衆国を中心とする当事国に，それを組織しあるいは参加することが自国の利益と一致するとの目算があったために実現したものである．大規模な国際的警察サービスを組織することと各国の利益とが一致するか否かはその時々の状況に依存し，それが常時一致すると期待すべき理由はない．1994 年に，ルワンダで何十万人ものツチ族がフツ族の掌握する政府によって系統的に虐殺されたとき，国連安全保障理事会は，それを傍観するだけであった．あたかも「全世界を覆う警察サービス」が常時存在するかのように前提しながら行動することは，賢明とはいえない．

　また，こうした警察サービスを標榜する諸国は，ときに自国の利害や自国の

---

[17]　逆の面からいうならば，憲法改正の可能性がゼロではなくなった今，憲法 9 条が人としての「善き生き方」を定めており，だからこそそれを守るべきだと主張することは，きわめて危険な反応を改正推進派から引き出す可能性がある．「それでは，我々がこれこそ善い生き方だと思う，その考え方を憲法に書き込もうではないか．そうすれば，その生き方に従うことこそが立憲主義に他ならない」という反応である．そうした「改正」が行われようとするとき，絶対平和主義を信奉する人々は，それが立憲主義に反するとはもはやいえない．残されているのは，「何が善き生き方か」を焦点とする，世界観をかけた闘争のみであろう．

唱導するイデオロギーを実現するために「警察サービス」という旗印を利用するおそれもある．怪しげな国際法上の正統性の下に，アメリカとイギリスの行った2003年の対イラク戦争がそうでなかったという保証はあるだろうか．

さらに，夢を押し進め，アドホックな警察活動を超えた立憲主義的世界国家，つまり「帝国」が成立可能だとしても，それは必ずしも望ましい事態とはいえない[18]．「帝国」の下では，国境は消失し，同一のルールに従って闘う対等者である「敵」と「味方」の区別は非対称的な「正」と「邪」の区別に置き換えられ，「ならず者」を取り締まり平和と秩序を回復する警察活動が全世界を通じて単一の権威により行われることになる．「帝国」の下では，「人権の尊重」という単一のイデオロギーが権力の行使を一元的に正当化する[19]．

現在われわれが生きる世界に存在する各国境の内部には，それぞれ他とは比較不能な固有の価値を持つ文化や生活様式が日々再生産されている．予想される統一国家が，現在のすべての国家が正しいと考える仕方でその警察権を行使する保証はない．巨大な世界国家の「不正」な支配を受けるぐらいであれば，独立を保ちながら多少の紛争発生の危険は甘受しようという国があってもあながち不合理とはいえない．国内の平和を保つために政治の領域から善悪の判断を排除することが肝心であったように，国際政治においても，善悪の判断が入り込むことには大きな危険が伴う．アメリカを頂点とする複合的ネットワークによって構成される「帝国」の出現を祝賀する言説は，「人権」という概念そのものが，多様な価値観の平和共存をはかる手段であることを，忘れているように思われる．

また，世界帝国は，その維持と運営に膨大なコストがかかるであろう．新たな「帝国」の出現を示唆する論者たちが指摘するように，そのコストにもかかわらず帝国が維持されるためには，アーレントが古典古代の市民について指摘したような「愛国心」ないし共通の善の観念が「帝国」の市民に共有され，しかも市民参加の渦巻きが限りなく膨張する運動として維持されることが要求される[20]．

---

18) 「帝国」については，Michael Hardt and Antonio Negri, *Empire* (Harvard University Press, 2000) 参照．
19) *Ibid.*, pp. 34–38.
20) Cf. *Ibid.*, pp. 162–64, 380–89.

カントが『人倫の形而上学』第一部「法論」の末尾で指摘したように，異なる言語，宗教，文化からなる世界全体を統一する国家よりも，より小さな単位からなる国家群が均衡を保つ方が，結局は紛争発生の危険は小さくなると考えることもできよう．『永遠平和のために』における彼の提言の背後にも，同様の配慮をみることができる．

6 平和的手段による紛争解決

以上で述べた議論は，当然のことながら，外交や経済支援，教育・民生等の分野での民間団体の協力等の平和的手段による国際紛争解決の努力が役に立たないという結論を導くものではない．むしろこれらの方策は，実力の行使に比べて，より低廉なコストにより永続的な平和の確立に貢献しうる点で，はるかに優れている．東西の冷戦が終結した現在，国家間の戦争よりもむしろ，住民から信従を調達しえない破綻国家で展開される紛争と，その中で行われる人権侵害こそが国際の平和に対するより重大な脅威となっているという認識からすれば（日本の置かれている状況がそうした認識に沿っているか否かはともかく），平和的手段の重要性はさらに増していると考えるべきである．しかし，それにもかかわらず，これらの平和的手段は，実力による平和の維持という方策に完全に置き換わりうるものではないというのが，常識的な受け止め方であろう．ジョン・ブレイスウェイト教授の近著『修復的司法と応答的規制』の示すアイディアは，二種の方策の関係を整理する手がかりになりうると思われる[21]．

修復的司法という犯罪への対処手法の中核をなすのは，修復的会談（restorative conference）である．加害者と被害者の双方が，それぞれの家族・知人など信頼する人々とともに顔を合わせ，それぞれの悲しみ，苦痛，現在の気持ちなどを語り合い，その中で加害者の更生と傷つけられた正義の回復への道を探り出そうとする．常に成功するとは限らないものの，被害者の満足度も，加害者の更生の蓋然性も，通常の刑事司法による対処に比べれば高まると，修

---

[21] John Braithwaite, *Restorative Justice and Responsive Regulation* (Oxford University Press, 2002).

復的司法の提唱者は指摘する[22].

　ブレイスウェイトは，この修復的司法の考え方を，やはり彼が提唱する応答的規制という観念と融合させることができるとする．応答的規制は，事業者規制について提示された考え方で，事業者は，個人にせよ企業にせよ，内部に互いに衝突するさまざまなペルソナを持つという認識から出発する．法や規範を無視した利潤最大化をもくろむ側面や部署もあれば，社会公共の利益に貢献することの重要性や，社会的利益と企業の利益との一致に気を配る側面や部署も存在する．環境や安全の保全等を目指した事業規制を行うにあたって，画一的な法令の遵守を一方的に押しつける規制の手法では，むしろ事業者側の計算高い功利的側面を引き出すことになり，執行により多くのコストがかかるとともに，規制機関側の資源不足から選別的な法執行のみが帰結し，事業者側の不公平感が増すという事態がもたらされかねない．むしろ，説得や行政指導等のソフトな手法をまず用いて，社会公共の利益に配慮しようとする相手方の側面を引き出すことに成功すれば，より低廉なコストで効果的・永続的に公益を実現することができる．もちろん，頑な功利的企業や確信犯的な違反者も存在するであろうが，規制機関としては，そうした相手に限られた資源を集中して振り向けることが可能となる[23].

　ブレイスウェイトは，犯罪への対処についても，まず修復的司法による和解と更生の試みがなされるべきであり，それが失敗したときにはじめて相手の功利的側面に訴えかける「抑止」的処罰を行い，それでもなお犯罪の防止をなしえない相手については，収監等の手段によって「無害化」をはかるべきだとする．こうして，修復的司法と刑事司法の全体を通じて，より低廉で効果的な犯罪対策が実現することになる．

　さらに，彼は，こうした考え方が破綻国家における平和の回復にも役立つと主張する[24].戦争法規や国際人道法も心得ない軍閥や民兵に対して，直ちに国

---

22) restorative justice の訳語として「修復的司法」が適切といえるかについては，なお検討を要する．少なくともそこでは，一般法の適用によって個別の事件を解決するという意味での「司法」が問題とされているわけではない．

23) Cf. Ian Ayres and John Braithwaite, *Responsive Regulation* (Oxford University Press, 1992), ch. 2.

24) Braithwaite, *op. cit.*, pp. 169ff

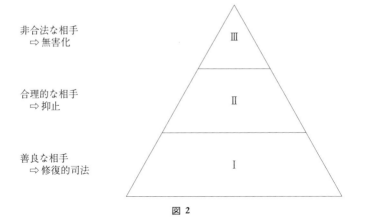

図 2

際的な刑事法廷での訴追を行っても，人的物的資源の限界によって訴追は勢い選別的となり，訴追される側は勝者による罰則の「遡及」適用であるとの恨みを深めるだけに終わるおそれがある．むしろ，地域ごとの加害者と被害者との修復的会談を試みることで社会関係を修復することがまず試みられるべきであり，良心に訴えても効果のない軍閥に対しては，暴行や略奪をやめて社会秩序が確立されることが自分にとっても長期的利益につながるという相手方の効用に訴え，それらの平和的手段に効果がみられないことが分かってはじめて，実力による介入や刑事訴追等の抑止や無害化が試みられるべきである．

図 2 は，こうした考え方を示すピラミッドである[25]．まず，修復的司法に対応する平和的手段による和解や説得が広く試みられるべきであり(I)，それが失敗すれば，抑止(II)さらには無害化(III)へと資源を振り向けることになる．注意すべきなのは，和解や説得が効果を生ずるのは，それが失敗すれば抑止や無害化というより強制的な手段がとられることがあらかじめ明確にされている場合に限られることである[26]．犯罪対策の場合でも，刑事司法という強制手段が存在しない場合に，加害者が自発的に修復的会談に参加しようとするとは考えにくい．和解や説得の試みは，強制的手段を背景とすることで効果をもたらすものであり，それに完全に置き換わりうるものではない．

---

25) Braithwaite, *op. cit.*, p. 32 所掲の図に基づく．
26) Braithwaite, *op. cit.*, pp. 34 & 205.

7　実力による平和維持の影と憲法第9条

　以上で検討した方策は，想定されうる選択肢を尽くしたとはいいがたいものの，主要なものは覆っているであろう．残された合理的な選択肢として第二次大戦後広く採用されてきたのは，平和的手段の有効性には十分配慮しつつも，国際の平和を確保するために，「チキン」として行動しがちな国家を集団的な安全保障の体制に組み込んで，他国の侵略に反撃するよう強制するというものである．この方策は，もちろん，各国が自衛のための実力を保持することを最低限の条件とする．こうした方策が，冷戦下においてしばしば見られたように，ときに当該国家の民衆の利益を十分に代表しない抑圧的な体制を，安全保障の名のもとに擁護したことも確かである．しかしながら，たとえ，こうしたそもそもの目的に反する濫用的運用がなされないとしても，この方策については，重大な困難を指摘することができる．憲法9条は，その困難に対処する試みとして解釈することができる．

　その困難とは，民主的政治過程が，防衛問題について合理的な審議と決定をなしうるか否かに関わっている．公共財の供給に関する民主的な決定が，社会全体の利益にかなうものであるためには，第一に，有権者やその代表が，各自の私的利益ではなく，社会全体の利益を念頭において審議・決定に参加する必要がある．第二に，有権者やその代表は，必要な情報をすべて正確に知り，冷静かつ合理的に社会全体の利益を計算した上で，採決に加わるべきである．第三に，採決の結果は，政府諸機関により，忠実にスムーズに執行されねばならない．

　これらの条件は，防衛サービスの提供に関して，十分に満足されているだろうか．もちろん，完璧な満足を要求するのは非現実的である．理想的とはいえない政治過程であっても，とくに大きな問題がなく民主的な決定が行われるのであれば，われわれは，次善の解決として，その決定に従うべきであろう．しかし，こと防衛問題に関しては，民主的政治過程の欠陥はあまりにも大きく，適切な結論が得られる蓋然性は高くないという見方も十分に成り立つ．

　第一に，有権者は，そしてその代表でさえも，防衛に関する情報を多くは知

らされないことが通常である．防衛に関する情報をすべて公開すれば，国の安全を損なうのは確かである．第二次大戦末期，連合軍がフランスに反攻するにあたって，ノルマンディーに上陸すべきか，それともカレーにか，それも何時そうすべきかについて，民主的に討議すべきだったと考える人は多くはないであろう．しかし，与えられる情報が限定されるならば，有権者および議会が軍事問題について的確な判断を下す能力も限定される．アメリカのヴェトナムへの本格介入の契機となった1964年のトンキン湾「事件」は，政府が議会や世論をミスリードする危険を鮮やかに示している．また，2003年の対イラク戦争の開始前，アメリカ・イギリス両政府が開戦を正当化するため，イラクの軍事力，とくにいわゆる大量破壊兵器に関してその脅威を誇張する情報を意図的に流布したのではないかとの疑惑があったことはなお記憶に新しい．

　第二に，防衛サービスに携わる政府諸機関が，果たして社会全体の利益を念頭において政策の立案や執行にあたるかという疑いがある．防衛組織は，いったん成立すると，自己の組織の人員・予算の最大化や受注先ないし天下り先の利潤最大化を目指して，公開する情報の範囲や有権者に提示する選択肢の幅を操作する危険がある．また，実際に防衛サービスが切実に必要となった危機的場面において，サービスを供給するはずの人々が本当に防衛サービスを真摯に提供する保証はやはりない．危機的場面になれば，誰しも自分の命が惜しくて，それに応じた行動をとるのが自然であろう．

　第三に，国の安全に関する決定は，誤りを犯した場合，人命・財産等に関して莫大な犠牲を国民全体に課する．正確な情報や冷静な計算能力を欠いた有権者やその代表が，一時の民族感情や根拠のない幻想につき動かされて決定を行う場合にその危険が大きい．民主政は政府の政策決定の正統性を高めるため，より多くの人員・物量が処分可能となる．とくに徴兵制がとられている場合には，コストの低廉な人員を政府は大量に「消費」することができる．独裁国家より民主国家の方が戦争を行うことは困難となるはずだという考え方は希望的観測にすぎない．

　第四に，以上のような問題が解決され，国内の民主的政治過程が理想的に機能したとしてもなお問題は残る．中央集権的な権威が存在しない自然状態特有の囚人のディレンマ状況が，国際平和を実現する途上に立ちはだかるからであ

る．国際社会全体としては，軍備を削減し戦争の危険を少なくすることが，すべての国家の利益にかなうはずであるが，各国政府は，他国が軍備を拡張し自国のみが弱い立場に置かれることを警戒して，軍拡競争に走る危険がある．

以上のような，国内の政治過程が非合理な決定を行う危険，そして個々の国家にとって合理的な行動が国際社会全体としては非合理な軍拡競争をもたらす危険に対処するためには，各国が，憲法によりその時々の政治的多数派によっては容易に動かしえない政策決定の枠を設定し，そのことを対外的にも表明することが，合理的な対処の方法といえる．憲法第9条による軍備の制限も，このような合理的な自己拘束の一種と見ることが可能である[27]．

トロイアでの戦いを終えた英雄オデュッセウスは，魔女セイレンの美しい歌声に惑わされることなく，故国イタケーへの船旅を続けるため，部下たちの耳を蜜蠟でふさいだ上で，部下に命じて自分を帆柱に縛りつけさせ，しかも，万一自分が縄を解いてくれと合図でもしたら，一層強く締め上げるようにと命ずる．こうすることで，オデュッセウスはセイレンの歌声を楽しみつつも，それに惑わされることもなく無事に旅を続けることができた．民主主義国家にとって憲法が持つ合理的自己拘束としての意味は，このオデュッセウスの寓話に分かりやすく示されている．日本国憲法第9条も，こうした意味を持つと考えることができる．「国際社会への協力」や「自国の領土の保持」などという美しい歌声に惑わされることなく，日本国民が将来へ向けて，安全な航海を続けていくことができるか否かが，そこにかかっている．ことに，第二次世界大戦前において，民主的政治過程が軍部を十分にコントロールすることができず，民主政治の前提となる理性的な議論の場を確保しえなかった日本の歴史にかんがみれば，「軍備」といえる存在の正統性を予め封じておくことの意義は大きいはずである．

---

27) 合理的な自己拘束とは，自らの理性の限界に気づいた主体は，行動の選択肢をあらかじめ限定することで，理性的に到達するであろう結果を間接的に獲得するという方策である．合理的自己拘束の観念については，Jon Elster, *Ulysses and the Sirens*, revised ed. (Cambridge University Press, 1984), Part II 参照．エルスターは，近著の *Ulysses Unbound* (Cambridge University Press, 2000) で，憲法は制憲者による「自己」拘束とはいえないとして，その見解を修正しているが，これは本文での議論の大勢に影響を及ぼすものではない．現在，拘束されている主権者と，過去の制憲者の構成が異なっているとしても，憲法によって拘束されていると考える現在の主権者の思考様式は，なお，合理的自己拘束の観念によって説明することが可能である．

このような，いわば穏和な平和主義が答えるべき第一の疑問は，果たして憲法第9条から軍備の保持および実力の行使に関する明確な限界を引き出すことができるか否かであろう．かりに第9条から明確な限界を引き出すことができないのであれば，合理的拘束といっても尻抜けに終わるおそれがある．そうであれば，むしろ完全な非武装を貫くという選択の方がすぐれているのではなかろうか．

たとえば，憲法9条の下では，個別的自衛権は認められるが，集団的自衛権は認められないと解釈されている．この解釈によると，日本と密接な関係にある外国が他の国から攻撃を受けたとしても，日本としては，その攻撃を日本の平和と安全を脅かすものとみなして，共同して防衛にあたることはできない．

国連憲章によって認められている権利を自国の憲法で否定するのは背理だと言われることがあるが，もちろんこれは背理ではない．アイスクリームを食べる権利は誰にもあるが，自分は健康のことを考えて食べないことにするというのが背理でないのと同様である．集団的自衛権は，自国の安全と他国の安全とを鎖でつなぐ議論であり，それが国家としての自主独立の行動を当然に保障すると考えるべき理由もない．自国の安全が脅かされているとさしたる根拠もなく言い張る外国の後を飼い犬のようについて行って，とんでもない事態に巻き込まれないように，あらかじめ集団的自衛権を憲法で否定しておくというのは，合理的自己拘束として，充分にありうる選択肢である．ドゴール将軍が喝破したように，「国家には同盟者はあっても，友人はありえない」[28]．自国の利害得失の計算を離れて国家間の関係はない．国家間に友情があると考える人は，国家を擬人化して考えすぎている．それは自国の利益にとってきわめて危険な情緒論である．

その上での問題は，憲法第9条の文言自体からは，集団的自衛権が否定されているという解釈は，一義的には出てこないではないかというものである．ただ，この問題は，憲法第21条の表現の自由をはじめとする他の憲法上の合憲性判断基準についても同様に生ずる問題である．表現活動に関する制約を一切認めないというのであればともかく，それについて何らかの合理的制約を認め

---

28) Cf. Régis Debray, *Charles de Gaulle* (Verso, 1994), p. viii.

るという立場をとる以上は,「明白かつ現在の危険の基準」や「LRA の基準」など,一切の表現の自由を認める憲法の文言自体には手掛かりのない具体的制約の基準を引き出してこざるをえない.しかし,いったん設定された基準については,憲法の文言には格別の根拠がないとしても,なおそれを守るべき理由がある.いったん譲歩を始めれば,そもそも憲法の文言に格別の根拠がない以上,踏みとどまるべき適切な地点はどこにもないからである.同じ状況は,憲法第 9 条の下で守られるべき具体的基準を設定する場合にも妥当するであろう.

ときに,憲法第 9 条から導かれるとされるさまざまな制約が,「不自然」で「神学的」であるとか,「常識」では理解しにくいなどといわれることがあるが,こうした批判は(大衆迎合政治としての効果は別として)的がはずれている.合理的な自己拘束という観点からすれば,どこかに線が引かれていることが重要なのであり,この問題に関する議論の「伝統」をよく承知しない人たちからみて,その「伝統」の意味がよくわからないかどうかは関係がない.そうした意味では,この問題は国境の線引きとよく似ている.なぜそこに線が引かれているかにはさしたる合理的理由がないとしても,いったん引かれた線を守ることには,合理的理由がある.

そして,主権者たる国民の行動をあらかじめ拘束することに憲法 9 条の存在意義がある以上,国民の意思を根拠として同条の意味の「変遷」を語る議論も背理だということになる.

第 2 章 「国内の平和」と「国際の平和」
―― ホッブズを読むルソー

1 ホッブズの戦争と平和

　国家は何のために存在するのか，なぜ国家の権威に従うべきなのかという問いは，憲法学の根底にある問題の一つである．17 世紀から 18 世紀にかけてヨーロッパで開花した社会契約論は，この問いに答えようとする試みとして見ることができる．

　社会契約論は，社会契約という人々の意思の合致にもとづく人為的構成物として国家を理解する．社会契約以前，少なくとも最初の社会契約以前には，国家は存在しない．それが自然状態である．自然状態で暮らす人々にはさまざまな困難がふりかかる．その困難を解決するために，人々は合意の上で国家を設立し，国家権力に服従するというわけである．したがって，自然状態で人々が出会う困難をどのようなものと想定するかによって，その困難を解決するための社会契約の内容も，そして国家権力の及ぶべき範囲も変わってくることになる．

　代表的な社会契約論者であるトマス・ホッブズの場合，自然状態の困難とは，人々が相互不信から各自の自己保存を目指して終わりのない闘争に陥ることである．この万人の万人に対する闘争状況では，労働の成果も確実でないため，人々は耕作も航海も建築もしようとしない．もちろん学芸や社会生活もありえない．あるのは引き続く恐怖と死の危険のみである．そこでの生活は，「孤独で貧しく，つらく残忍で短い (solitary, poore, nasty, brutish, and short)」[1]．

---

1) *Leviathan*, ed. by Richard Tuck (Cambridge University Press, 1996), p. 89; 邦訳『リヴァイアサン (一)』水田洋訳 (岩波文庫，1992) 211 頁．他の文献についても同様であるが，邦訳を参照している場合もそれに忠実に従っていないことがある．

しばしば誤解されることがあるが[2]，ホッブズは，人間にそもそも悪事を働く性向があるという前提からこうした自然状態像を導いているわけではない．ホッブズに言わせれば，何が善であり何が悪であるかは，各人の主観によってしか決まらない[3]．このため，放っておけば，誰もが自己保存を基本に据えた上で，各自の価値判断にもとづき，自分が善しとすることを行おうとする．それぞれの立場を離れて客観的に眺めれば，そこで展開されているのは，各人が自己保存を目指して可能なあらゆる行動をとる自然権を行使するという無秩序状態である[4]．

　しかし，本当に自己保存が大事なのであれば，死の恐怖が永続する自然状態を脱出する必要がある．そこで，人々は，共通の平和と安全のため，一人の人間(ないし一つの合議体)に，自然状態で持っていたすべての権利を与え，彼の判断を自らの判断として，それに従う．こうして国家という「あの偉大なリヴァイアサン，あるいは可死の神が生成する」[5]．

　こうして生み出された国家の命令，つまり主権者の判断に人々が従うのも，それが何らかの道徳的基準に照らして正しいからではない．人々が，主権者の判断が正しいと考えたときにのみ主権者に従うこととすれば，いつまで経っても「万人の万人に対する闘争」は終結しない．すべての価値判断がそうであるように，主権者の判断も一つの主観的判断にすぎない．それにもかかわらず，彼の判断を社会の共通の判断としてすべての人々が受け入れたとき，はじめて共通の法が生まれ，社会生活のルールが確定し，各自に保障される財産が何かが決まる．かくして，主権者の権威の下，国内の平和が実現し，人々は安全と文明的な暮らしを保障されることになる．

　ロック，ルソー，カントなど，ホッブズに続く社会契約論者も，自然状態における困難を解決するため，人為的に構成された権威として国家の存在を正当

---

2) Cf. Jean-Jacques Rousseau, Discours sur l'origine et les fondements de l'inégalité parmi les hommes, dans Œuvres complètes, III (Gallimard, 1964), p. 153; 邦訳『人間不平等起源論』本田喜代治・平岡昇訳(岩波文庫，1972) 69 頁参照.

3) Leviathan, op. cit., p. 39; 邦訳(一)100 頁.

4) Ibid., p. 91; 邦訳(一)216-17 頁. 人は悪人に生まれついているとはいえないとする Hobbes, On the Citizen, ed. by Richard Tuck & Michael Silverthorne (Cambridge University Press, 1998), p. 11 をも参照.

5) Leviathan, op. cit., p. 120; 邦訳(二)33 頁.

化するという議論の組立ては変わっていない．そして，自然状態における主要な困難として，人々の判断の相違にもとづく紛争が想定されている点も共通している[6]．

2 自然状態

ところでこうしたホッブズの議論は，本当に国家の権威の正当化に成功しているであろうか．ルソーは，この点について深刻な疑義を提起している．

ルソーのホッブズに対する批判は，自然状態の性格づけから始まっている．この論点は，すでにモンテスキューが指摘していたものである．モンテスキューによれば，自然状態での人間は自分の弱さしか感じないので互いに攻撃しあおうなどとは思わない．現に人に出会った未開人は，まずは逃げ出そうとするものである．ホッブズは，人々が武装して外出したり，鍵で家を戸締りしたりすることをもって，人間が生来，闘争状態にあることの証拠としているが[7]，これは社会生活が確立された後の人間に生ずることを自然状態の人間に投影しているにすぎない[8]．

ルソーも同様に，自然状態では人々は離散して暮らし，相互に関係を持たないので，自己保存のために攻撃しあう必要もないと主張する．「自然状態とはわれわれの自己保存のための配慮が他人の保存にとっても最も害の少ない状態なので，この状態は最も平和に適し，人類に最もふさわしいものであった」[9]．そして，自然状態では各自が自足して，心安らかに，健康かつ自由に暮らしているはずであり，そうした自然の生活は「悲惨 (misérable)」さとはほど遠い[10]．さらに，人間に生まれつき備わった同類を憐れむ感情も，やはり剥き出

---

6) ロックの場合，ホッブズと異なって，価値判断の是非は本来客観的に定まっており，そのことが，彼の抵抗権論の前提となっている．この点については，長谷部恭男「国家の暴力，抵抗の暴力——ジョン・ロックの場合」法社会学 54 号 (2001)(本書第 3 章)参照．
7) Cf. *Leviathan, op. cit.*, p. 89; 邦訳(一) 212 頁．
8) *De l'esprit des lois*, Première Partie, Livre Premier, Chapitre II; 邦訳『法の精神(上)』野田良之他訳(岩波書店, 1987) 12-14 頁．
9) Discours sur l'origine et les fondements de l'inégalité, *op. cit.*, p. 153; 邦訳 70 頁．
10) *Ibid.*, p. 152; 邦訳 67-68 頁．

しの自己保存欲と相互の攻撃欲とを抑制するはずである[11]．

　もっとも，この点でのホッブズとルソーの相違を過大に評価すべきではない．ルソーも，人々が交流を始め，土地の耕作が始まり，そこから私有財産制度が生まれるや，人間本来の必要とは無関係な利欲，嫉妬心，競争と対抗意識が生じ，そこから果てしない紛争と恐ろしい無秩序が到来したであろうことを認めているからである[12]．そして，この悲惨な状態を終わらせるため，とりわけ財産の危険に怯えた富者層のイニシァティヴで，しかしすべての人の安全を保障することを名目としつつ，国家が設立される．国家の利益を感ずるだけの理性を持ち合わせていたが，その危険を見通すだけの経験を積んでいなかった人々は，「誰も彼もが自分の自由を確保するつもりで，自分の鉄鎖へ向かって駆けつけた」[13]．おそらくホッブズの立場からすれば，彼の関心は最初からルソーの言う果てしない紛争と恐ろしい無秩序状態にあったということになるであろう．

3　戦争と戦争状態

　ただ，ルソーの批判は，この点にとどまっていない．彼が指摘するのは，そもそも人々の安全の確保を名目に設立されたはずの国家が，国家相互ではなお自然状態にとどまっているため，国民の間の戦争と殺戮とがはるかに大規模な形で生み出されるというきわめて悲惨な現状である．諸国家が地表をくまなくおおった結果，「自然状態の頃，幾世紀もかかり，地球の全表面にわたって行われたよりももっと多くの殺人がたった1日の戦闘で，またもっと多くの恐怖すべきことがたった一つの都市の占領に際して行われるようになった」[14]．人々がそれぞれの国家に服従するとともに，諸国家が互いに自然的自由を享受する二重状態を過ごす我々は，「そのため，両方の不便を味わいながらもなお

---

11)　*Ibid.*, pp. 154–57; 邦訳 71–75 頁．
12)　*Ibid.*, pp. 174–76; 邦訳 100–03 頁．
13)　*Ibid.*, pp. 176–78; 邦訳 104–06 頁．
14)　*Ibid.*, pp. 178–79; 邦訳 108 頁．

安全の保障は得られずにいる」[15]．社会生活に入ったことで，もともとおとなしく臆病であった人間は，名誉，利欲，偏見，復讐心などの感情にかられ，自然状態で恐れていた危険や死をも顧みなくなる．「人は市民 (citoyen) となってはじめて兵士 (soldat) となるのだ」[16]．

ルソーによれば，国家成立前の自然状態に比べて諸国家の並存が闘争と殺戮を大規模に増幅することには理由がある．自然状態では，人は他人の助けなしに大地の恵みによって自足して生きることができるため，他人のことを気にかける必要がない．また，個人の力や大きさには自ずと限度があり，満たすべき欲望も無限ではない[17]．

これに対して，国家は社会契約にもとづく人為的な構成物 (corps artificiel) であって決まった大きさもなく，いくらでも膨脹していくことができるし，より強い国が存在する限り，脆弱だと感じる．安全と自己保存のためにはすべての周辺諸国にまさる強国となることが要求される．人と違って自然の限界のない国家の場合，力の較差は一国が他のすべてを飲み込むまで拡大しうる．国家の規模が純粋に相対的なものであるため，国家はつねに自己を他国と比較せざるをえず，周辺で起こる事態のすべてに関心を向けざるをえない．このため，国家間の関係は常時脅かされかねない危険なものとなる[18]．諸国家の並存状態がおのずと相互の敵対関係をもたらし，いったん実際の戦闘が始まれば，自然状態よりはるかに大規模で際限のない殺戮がもたらされるのもそのためである．

ところで，ルソーは，戦争 (guerre) と戦争状態 (état de guerre) とを区別し

---

15) The State of War, in Rousseau, *The Social Contract and Other Later Political Writings*, ed. by Victor Gourevitch (Cambridge University Press, 1997), p. 163. ホッブズへの批判を含む戦争および戦争状態に関するルソーの草稿（プレイヤド版ルソー全集第 3 巻 *Œuvres complètes*, III では，601-12 頁および 1899-1904 頁に，'Que l'état de guerre nait de l'état social' および 'Guerre et état de guerre' として収録）については，その文章の配列に関してルソー研究者の間でも見解の一致がない．ここでは，グレイス・ルーズヴェルト (Grace G. Roosevelt) 教授の配列に従った前掲の *The Social Contract and Other Later Political Writings*, pp. 162-76 の英訳テクストに依拠し，プレイヤド版をも参照した．ルーズヴェルト教授の配列の根拠および彼女の英訳文については，*History of Political Thought*, vol. 8, pp. 225-44 (1987) を見よ．
16) The State of War, *op. cit.*, p. 166.
17) *Ibid.*, p. 168.
18) *Ibid.*, p. 169.

ている．後者は現在「冷戦 (guerre froide)」と言われるものに近い概念で，複数の国家が実際の戦闘行為にはいることなく，敵対的な関係にある状態である．他方，戦争とは，国家が互いにあらゆる手段を用いて相手を破壊し，あるいは少なくとも弱体化させようとの明白な意図のもとにとる実際の行動を指す[19]．いずれも，主体となるのは個人ではなく，国家である[20]．ルソーによれば，自然状態での個人間の関係は絶えず変転する流動的なもので，戦争ないし戦争状態という継続的な敵対関係が生まれることは考えられないし，人々が国家に服属する状態では個人間の私闘は禁じられるので，やはり戦争は国家間のそれに限られる[21]．

4 ルソーの解決策 その一：人民武装

自然状態の困難を解決し，国内の平和を確立することを目的として設立された国家は，当初の目的に反してかえってはるかに大規模な争乱に人々を巻き込むことになったというのがルソーの診断である．では，彼はどのような処方箋を描いたであろうか．彼は幾つかの提案を行っている．

第一は，『ポーランド政府論』に見られるもので，ルソーはここで，常備軍に代えて国民皆兵の民兵を組織するよう提案している．『ポーランド政府論』は，ロシアの支配の軛を脱し，政治改革をすすめようとするポーランドの貴族集団（主にローマン・カソリック）のためにルソーが1770年から71年にかけて執筆した憲法構想である．当時のポーランドは，ロシアやプロイセンなど，強力な常備軍を持つ大国に囲まれていた．そして，強者の権利がまかり通る国際関係では，自分より強力な国の侵略を防ぐ手立てなど実際上ありえない．かといって，自由な国家であろうとするポーランドにとって，他国以上に強力となって侵攻を企てることは，その国制にそぐわない[22]．

---

19) *Ibid.*, pp. 174–75. ホッブズは，ルソーのいう戦争と戦争状態との区分をさほど重視していなかったように思われる．「戦争とは，単に戦闘あるいは闘争行為にあるのではなく，戦闘によって争おうとする意思が十分に知られている期間にある」(*Leviathan, op. cit.*, p. 88；邦訳210頁)．ホッブズのいう自然状態の悲惨さとは，戦争状態を含む戦争の悲惨さである．

20) The State of War, *op. cit.*, p. 175.

21) *Ibid.*, pp. 166–67.

22) Considérations sur le gouvernement de Pologne, dans *Œuvres complètes*, III, pp. 1012–13.

第2章 「国内の平和」と「国際の平和」

　常備軍は周辺諸国を攻撃するか，あるいは自国民を隷属させるためにのみ有用なもので，いずれも自由な国家を目指すポーランドにとって無縁である．自由国家の国土防衛のためには，国民の愛国心を育てるとともに，かつてのローマそして当時のスイスと同様，すべての国民に兵役を義務づけるべきである．「善き民兵 (bonne milice)，訓練の行き届いた民兵のみが，［国土防衛という］目的を達することができる」[23]．地勢上，ポーランドはロシア等の周辺国家の侵攻自体を防止することは不可能であるが，彼らが無傷で撤退するのを困難にすることはできる．そして，それを知った周辺諸国は簡単に侵略しようとはしなくなるはずである[24]．

　常備軍を廃止し，訓練を経た民兵をもってこれに代えるべきであるとの提案は，カントの『永遠平和のために』の第三予備条項に受け継がれることになる[25]．日本国憲法の解釈論としても，第9条が政府による軍備の保持を禁じているにすぎないとの立場をとるならば，ルソーの提案する国民皆兵の民兵組織による国土防衛は，必ずしも憲法の禁ずるところではないとの結論が得られるであろう（もっとも，こうした解釈は人民による武装の権利を暗黙の前提とすることになるであろうが）．外国の侵略には武装した人民による群民蜂起の手段をもって対抗すべきであるとの有力な学説の主張も[26]，こうした系譜に位置づけることが可能と思われる．

　反面，侵略軍への抵抗にせよ，また国内紛争の過程にせよ（この両者を明確に区別しえないこともしばしばある），民兵組織の活動が，ときとして，一般市民を巻き込むきわめて悲惨かつ残虐な結末をもたらしうることは，旧ユーゴスラヴィアや東チモールの例を見ても明らかである．正規軍と一般市民，つまり戦闘員と非戦闘員とを区分することで，いったん開始された戦闘をいくらかでも人道的なものへと誘導しようとする試みと，ここでのルソーの提案とは齟齬をきたすことになる．民兵による実力行使の特徴は，戦闘員と非戦闘員との

---

23) *Ibid.*, p. 1014.
24) *Ibid.*, p. 1018.
25) Zum ewigen Frieden, in Philosophische Bibliothek, Band 443 (Meiner, 1992), S. 53 [A 345]; 邦訳『永遠平和のために』宇都宮芳明訳（岩波文庫, 1985）16-17頁．
26) 法学協会『註解日本国憲法（上）』（有斐閣, 1953）243頁, 芦部信喜『憲法〔新版補訂版〕』（岩波書店, 1999）61頁, 樋口陽一『憲法Ⅰ』（青林書院, 1998）447頁．

区別を系統的に不分明にする点にあるからである[27].

5 ルソーの解決策 その二: 国家同盟

ルソーの第二の提案は，国家間の同盟を通じて平和を達成しようとするものである．自然状態から帰結する無秩序と混乱を解決するために，人々が主権の下に服従する国家が構成されるというのが社会契約論の筋立てであった．そうである以上，国家の並存による戦争および戦争状態を終結させるためには，諸国家が各々その主権を単一の世界国家に移譲することで世界平和を達成するべきだというのが自然に導かれる答えである．現に，ルソーの同時代人であるサン・ピエール師 (l'abbé de Saint-Pierre) は，キリスト教国家の総体によって結成されるヨーロッパ大の共和国を構想していた．この構想に対するルソーの応答は，「採用されるにはあまりにも素晴らしすぎる (trop bon pour être adopté)」というものである[28]．各国の主権が一大共和国へと移譲されるこの構想を実現するためには，各国の為政者が自分や自国の利益よりも世界全体の公益を優先させる覚悟が必要であるが，それは望み薄というわけである[29].

これに代わるものとしてルソーが提案するのは，『エミール』で素描された，各国の主権を維持しながら，しかもあらゆる不正な攻撃者への対抗を可能とするような諸国家の同盟というアイディアである[30]．このアイディアもその後，カントによって展開されている．彼は『永遠平和のために』において，「啓蒙された強力なある一民族が共和国を形成するならば」，この共和国を中心として各国の自由を保障しつつ，永続的な国際平和を目指す諸国家の同盟を実現し

---

27) Cf. Michael Walzer, *Just and Unjust Wars*, 3rd ed. (Basic Books, 2000), pp. 176-96. なお，組織的な非暴力不服従運動による侵略への抵抗は，侵略軍による戦時国際法規の遵守を前提とするもので，いわば文明国による侵略を想定しない限り成り立ちにくい．この点については，本書第1章7-9頁参照．そこでは，群民蜂起による抵抗についても論評を加えている．

28) Judgement sur le projet de paix, dans *Œuvres Complètes*, III, p. 599.

29) *Ibid.*, p. 595. 同じ状況は，国家を構成する以前の自然状態の人々についてもあてはまるはずであるが，自然状態の人々には十分な経験が欠けているために，国家にすすんで服従しようとするということなのであろう．

30) *Emile ou De l'éducation*, Collection Folio/Essais 281 (Gallimard, 1969), p. 684; 邦訳『エミール（下）』今野一雄訳（岩波文庫，1964）243頁.

うるとの展望を示している[31]. この「啓蒙された強力な」民族による共和国とは，革命を経たフランスを念頭に置いたものであり，そこでの「同盟」としてはバーゼル条約が意識されている[32]. カントは，世界国家に対してはルソーより否定的で，諸国家を飲み込んで成立する世界国家は「魂なき専制 (seelenloser Despotism)」をもたらし，それは結局，無政府状態へと陥るであろうとする[33].

6 ルソーの解決策 その三: 社会契約の解消

ルソーはさらに，第三の独創的な提案を行っている．前述した通り，国家間の対立が大規模な殺戮へといたるのは，生身の人間と違って国家が社会契約にもとづく人為的構成物であり，自然によって与えられた限界を持ち合わせていないからであった．ところが，国家が人為的構成物にすぎないというこの事実が，戦争および戦争状態を瞬時に解決する途をも示すことになる．

ルソーによれば，戦争とは国家間でしか発生しないものである．したがって，それは生身の個人の命を全く奪うことなく，遂行することができる[34]．彼に言わせれば，この世のものはすべて二つの視点から見ることができる．土地は国の領土であると同時に私有地でもある．財産は，ある意味では主権者に属し，別の意味では所有者に帰する．住民は市民 (citoyen) であると同時に人間 (homme) でもある[35]．要するに，国家とは単なる法人 (personne morale) であり，理性の産物 (être de raison) にすぎない．社会契約という公的な約束事を取り払ってしまえば，国家はそれを構成している物理的・生物学的要素に何らの変更を加えることもなく消え去るものである．ところで戦争とは主権に対する攻撃であり，社会契約に対する攻撃であるから，社会契約さえ消滅すれば，一人の人間が死ぬこともなく戦争は終結する[36].

---

31) Zum ewigen Frieden, a.a.O. S. 67 [A 356]; 邦訳 43 頁.
32) Cf. Richard Tuck, *The Rights of War and Peace* (Oxford University Press, 1999), p. 222.
33) A.a.O. S. 80 [A 367]; 邦訳 69 頁.
34) The State of War, *op. cit.*, p. 175.
35) *Ibid.*, p. 176.
36) *Ibid.*

生物学的な人間の生命，物理的な私有財産の保持が肝要なのであれば，そしてそもそも国家という約束事が，こうした人の生命や財産を守るためにとりかわされたものであれば，生命・財産に対する重大な危機をもたらすであろう戦争を回避するために，むしろ国家という約束事を消滅させることが合理的な選択といえる場合もありうるであろう．もちろん，国家の消滅は国民の生命・財産に対する公的庇護者の消滅を意味する以上，それに伴うリスクも含んでいる．戦争のもたらすリスクとの慎重な衡量が必要となるであろう．

7 むすび

一見したところ，人命や私有財産を保全するために社会契約の解消を選べというルソーと，国民すべての愛国心を涵養し，パルチザン戦の遂行によって侵略軍に打撃なしの撤退を許すなと説くルソーを和解させることは困難であるかに見える．

『社会契約論』でルソーは，祖国がわれわれを必要としているとき，祖国への奉仕を免れるために国外へ去ることは脱走（désertion）であり，犯罪であると述べる一方，その祖国も全市民の集会による社会契約の破棄によって消滅し，人々はその自然的自由を回復することになると言う[37]．

祖国への愛と義務を説くルソーの背後には，国家はそもそも一定の目的のために構成された法人にすぎないという突き放した見方をするもう一人のルソーがいたと考えるべきであろう．当初の目的の達成にとって法人の存在自体が障害となるとき，法人はその存在意義を失う．いざとなれば社会契約を破棄し，国家を消滅させることで人命と財産の保全を優先すべきであるとのルソーの提言は，それとして筋の通ったもののように思われる．

こうしたルソーの考え方からすれば，「国家の自衛権」なる観念がいかに不条理なものであるかが理解されよう．人命や財産の保全を離れて，人為的構成物たる国家そのものに自衛権を認めるという発想は，ルソーとは縁遠いものである．

---

37) Du contrat social, dans *Œuvres complètes*, III, p. 436 et note; 邦訳『社会契約論』桑原武夫・前川貞次郎訳（岩波文庫，1954）142–43頁．

第3章　国家の暴力，抵抗の暴力
—— ジョン・ロックの場合

1　はじめに

　ジョン・ロックは近代立憲主義の骨格を形づくった思想家の一人である．近代立憲主義と呼ばれる観念や思想のネットワークの中には，比較不能な価値が多元的に対立する状況で，それでもなお人々が社会生活の便宜を平穏かつ公平に享受しうる枠組みをいかに構築すべきかという問題に答えようとする一連の議論がある．『統治二論』や『寛容に関する書簡』などに現れた成熟期におけるロックの政治思想も，近世ヨーロッパにおける宗派間の対立状況からいかにして平和で文化的な社会秩序を切り拓くかという一般的な問題に対する回答の試みと見ることができる．しかし他方で彼の議論は，彼の置かれた特殊な政治状況下で，カトリシズムと絶対主義に傾斜するスチュアート王朝に対する実力による抵抗，さらにはプロテスタント連合の盟主であるウィリアム III 世のイングランド征服を正当化すると同時に[1]，自然権と被治者の同意にもとづく国家権力の基礎づけが，フィルマーをはじめとする絶対主義者の批判にもかかわらず，政治社会の不断の攪乱をもたらしはしないことを論証しようとするものでもあった．

　ここでは，「国家の暴力，抵抗の暴力」というテーマに即して，国家が正当

---

1) 「名誉革命」といわれるウィリアム III 世のイングランド征服の歴史的背景については，Israel (1991), general introduction & ch. 3 参照．ウィリアムの主要な意図が，プロテスタントとしての義務を果たすとともに，イングランド人民に古来の自由と権利を回復するという高潔なものでなかったことについては，現在では共通了解がある．彼の冒険的行動は，むしろルイ 14 世のフランスの拡張的政策をいかにして抑制し，オランダの国益を守るかという観点から説明されるべきものである (Stroud 1999, pp. 125 & 189).

に行使しうる実力の由来とその範囲,そして人民の抵抗権がいかなる場合に,どのような根拠にもとづいて行使されうるか,という問題に焦点をあてながら,ロックの議論の筋道をたどっていく[2].

2 国家権力の由来とその範囲

国家が正当に行使しうる実力の由来とその範囲という問題に関するロックの出発点は,そもそも政治権力 (political power) を保有しているのは各個人だというテーゼである.国家が成立する以前の自然状態では,実定法は存在せず自然法のみが存在する.そこでは,人はみな自己を保全すべきであり,また自己保全が脅かされない限り他の人々をも保全すべきであるという二つの基本原理,およびそこから派生する法が妥当する.そしてこの自然法を適用し違反者を処罰する権限はすべての個人にある (Locke 1988, ss. 6, 7, 128).

人々は,自然状態における困難を解決するために社会契約を結び,政治社会を建設するにいたる (s. 123).ロックが指摘する自然状態の困難とは以下の3点である.第一に,善悪の判断基準となる公知の確定した法が存在しないこと (s. 124),第二に,公知の中立的な裁判官が存在しないこと (s. 125),第三に,正しい裁判がなされたとしてもそれを執行する実効的な権力が存在しないこと (s. 126) である.こうした困難のために,人々は自然状態にあって自己の利益にかたよった判断と執行を行いがちであり,公平で正しい裁判も実効性を欠くことになる.そこで,人々は各自の固有のもの (property) のより確実な保障を求めて政治社会を構成し,それに政治権力を委ねて共通の立法者と裁判官を

---

2) ここでは「暴力」をいかに定義するかという困難な問題は扱わない.宮沢 (1971) 143頁は,「暴力」ないし「実力」が何を意味するかが明瞭でないことから,「平和的抵抗権」と「非平和的抵抗権」の区別が正確でありえない旨を指摘する.また,ロックの提唱する「抵抗権」はあくまで「自然法上の抵抗権」であることに留意する必要がある.「自然法上の抵抗権」と「実定法上の抵抗権」の区別については,樋口 (1973) 304-18頁参照.「抵抗する各人がみずから,抵抗を許容しうるような法侵犯があったかどうかの認定権を持った」前近代ヨーロッパにおける抵抗権を「実定法上の抵抗権」として,近代国家下での「実定法上の抵抗権」と同じ呼称を用いる樋口 (1973) の用法 (306頁) については,芹沢教授の批判的コメントがある (芹沢 1983, 475-76頁).なお,ロックの抵抗権論については,菅野 (1977) 339-50頁における『統治二論』のテクストに即した紹介が参照にあたいする.

持とうとする (ss. 89, 129-31, 171). 結集された人々の政治権力は，政治社会の多数派の決定によって政府に信託 (trust) される．政府は自然法をさらに精密に成文化し，公知の刑罰をもってその遵守を強制する．こうして成立した政府の権力は，当然のことながら，人々の同意にもとづいて信託された権力の範囲に限られる (s. 135). この範囲を超えて，政府が人々の財産を侵害し，生命や自由の維持を危うくするようなことがあれば，政府への権力の信託は解消し，そもそもの保有者である各個人へと復帰する (ss. 149, 222).

政府による権限逸脱の典型例は，特定の信仰を国民に押しつけることである．政府の設立目的は，人々の固有のものをよりよく保障することにあるが，そこに含まれるのは人々の世俗的な利益 (civil interests)，つまり生命，自由，財産の保護に限られる．来世のこと，各人の信仰に関わることはこの範囲に入らない．信仰は各人の内心の問題であり，強制された信仰によって魂が救済されることはない．そうである以上，政府に信託される権限の中には，宗教に関わることはありえず，したがって，何人もその信仰を理由として現世における生命，自由，財産を奪われる理由はない (Locke 1997a, pp. 10-13, 35). そうした圧制を政府が行う場合には，政府への権力の信託は解消し，政府と人民とは戦争状態にはいる (Locke 1988, s. 222). 人民は自己に復帰した政治権力を用いて，政府との紛争を「天に訴える appeal to Heaven」こと (ss. 21, 241)，つまり反乱を起こすことができる．

3 抵抗権はなぜ不断の争乱をもたらさないか？

ところで，政府が正当にその権限を行使しているか，その範囲を逸脱していないかを判断しうるのは誰であろうか．ロックによれば，それを判断しうるのは人民の一人一人である (Locke 1988, ss. 240-41; cf. 菅野 1977, 345 頁). そして，政府がその権限を逸脱したと判断されるとき，人民は実力をもって抵抗する権利がある．

こうした考え方は，個々人の主観的判断による政府への反抗を常時，正当化することになり，万人が万人に対する闘争を展開する自然状態を帰結するとホッブズによって批判されていた (Hobbes 1996, ch. 29; Hobbes 1971, pp. 54-55).

同様の批判は、ロックが主要な論敵としたサー・ロバート・フィルマーによってもなされている[3]。ロック自身、前述のように、自然状態において各人が自己の利益に偏した判断・行動をとりがちであることを認めていた以上、なぜこうした考え方が無政府状態をもたらさないといえるかは、彼にとって深刻な問題といえる。

この問題に対するロックの回答は、以下のようにまとめることができる (Locke 1988, ss. 204, 208, 209, 223, 225; cf. Tully 1993, pp. 45, 305, & 317). 第一に、人々は現状維持的に行動するのが常であり、政府が少しでも過ちをおかせば直ちに反乱をはじめるわけではない。第二に、成功の見込みのない反乱を人々がはじめるインセンティヴはない。反乱が成功するためには、多数の人々がそれに参加する見込みがなければならず、したがって反乱が起こるのは、政府の圧制の害悪が、現実にあるいは潜在的に、過半数を超える人々に及ぶ場合に限られる。第三に、反乱が神の裁きを求める「天への訴え」である以上、人々は、自分たちの行動が正義にかなうとの確信がなければ反乱には訴えないはずである.

したがって、実際に反乱が起こり、争乱状態となるのは、真実、政府が社会の多数の人々を虐げている場合に限られるはずである。そして、人民が抵抗権を有しており、圧制の下に置かれれば反乱をおこしかねないことを承知している為政者は、そうでない為政者に比べて、圧制をしく蓋然性が低い (s. 226).

4 「天への訴え」と神の審判

ロックによれば、人民の実力による抵抗は、圧制をしく政府との闘争を天、つまり神に訴え、その審判を仰ぐ行為であった (Locke 1988, s. 241). このことの意味を知るためには、ロックにとって、善悪、幸福、そして賞罰がどのようにとらえられていたかを見ておく必要がある (cf. Tully 1993, pp. 308–14).

ロックによれば、人にとって何が善であり、何が悪であるかを決めるのは、快楽と苦痛である。人はより多くの快楽を求め、苦痛を逃れようとする。幸福とは極度の快楽であり、不幸とは極度の苦痛である (Locke 1975, II. 21. 41–42).

---

3) Filmer (1991) pp. 150–54; cf. Tully (1993) p. 44. グロティウスも、同様の立場から抵抗権を原則として否定していた (Grotius 1999, I. IV. II. 1).

人々はその自由，つまり自己の意思にもとづいて選択する能力 (II. 21. 21-27)，を用いてより多くの幸福を追求しようとする．ただし，ホッブズのような主観主義者の説くところと異なり[4]，ロックによれば，各人にとっての幸福が何であり，善が何か，つまり，人々がその自由を行使して追求すべき目的が何かは客観的に決定されており，人は理性によってそれを認識することができる[5]．そして，それを最終的に決めているのは，全宇宙に共通する立法者であり裁判官である神である．神の定める法こそが，善悪に関する唯一の真の基準であり，それへの服従と違反には，最大の幸福(つまり天国)と最大の不幸(つまり地獄)とが賞罰として与えられる (Locke 1975, II. 28. 5-8; Locke 1988, s. 135; cf. Dunn 1984, p. 68)．ここでは，神および神の法の存在と，人の行動を快楽と苦痛で説明する hedonistic な人間観とが結びついている．抵抗権の行使による「天への訴え」も，つきつめて言えば，この世では決着がつかなくとも，あの世ではつくはずだということになる．

神の存在を否定する者は，こうした来世の賞罰にもとづいて善悪を判断する能力を欠いている．したがって，神の存在を否定する者に寛容である必要はない (Locke 1997a, p. 47)．そして，善悪を自律的に判断する能力を欠いている点では，ローマ教皇等の外国勢力に盲従するカトリックも同じであり，やはり宗教的寛容の対象としては算入されない[6]．

---

4) Hobbes (1996) ch. 6 における善悪 (Good, Evill) に関する記述を見よ．善悪の判断が人によってラディカルに異なりうるという立場と，各人の自由な判断を許すことが不断の争乱状態をもたらすという議論との親和性は明らかである．カントも自然状態における人々の主観的判断の相違が，たとえすべての人が善意で行動したとしてもなお戦争状態をもたらすという点に関してホッブズに同意している (Kant 1991, s. 44; cf. Tuck 1999, pp. 207-08)．この前提からすれば，彼が抵抗権を否定したことも自然である (Kant 1991, s. 49. A)．なおこの論点については Tully (1993) pp. 24 & 295-96 参照．

5) したがって，ロックにとって「自由 liberty」とは，自然状態におけるそれでさえ，フィルマーが主張するような，「自分の考えつくことを何でもやり，好きなように生き，いかなる法にも拘束されない」ことではなかった (Locke 1988, s. 22; cf. Filmer 1991, p. 275)．もっとも，自然法を客観的に認識しうるとすることは，誰もが直観的に理解しうるほどそれが自明であることを必ずしも意味しない．ロックは道徳原理の自明性，生得性を否定しており (Locke 1975, I. 3.1)，また，たとえば，自然状態における自然法への違背者を被害者のみならず誰もが処罰しうるという彼の主張を，「きわめて奇妙 very strange」と思う人もいるであろうとする (Locke 1988, s. 9)．

6) ロックは「寛容に関する書簡」では，慎重にもイスラム教徒を例に挙げているが (Locke 1997a, pp. 46-47)，その含意は明白である．「寛容に関するエッセイ」では，明示的に，教皇の無謬性を信ずるカトリックに対して寛容であるべきではないとする (Locke 1997c, p. 146)．他方，無神論者や異教徒も，社会生活のルールを守り，各人の固有のものを尊重する限りでは，ロックの枠組みでも平和共存が可能のはずである．

善悪の基準が客観的に与えられており，しかも，それが神によって来世でサンクションされることが分かっているのであれば，抵抗権の発動について個人の私的な判断を許してもホッブズの描くような悲惨な自然状態に陥ることはなく，したがってフィルマーの批判も誤りである．ロックの抵抗権論を支えているのは，こうした想定である．

5　社会学的説明：人民の服従と「調整問題」

もっとも，抵抗権はさほど危険なものではないとするロックの議論は，神学的議論の文脈からは独立に，この世における利害の問題に限って，社会学的に説明することも可能かも知れない．なぜ人民が滅多に抵抗権を発動しようとしないかに関する前述のロックの議論は，政府への人民の服従を調整問題 (coordination problem) への応答とする議論として再構成することも可能である．

政府への人民の服従を調整問題，つまりどれでもよいがとにかくどれかに決まっていることが重要であるために，人がみな他の大多数の人々が行動するように自分も行動しようと考えているような問題への回答と見る考え方は，解釈の仕方によってはトマス・アクィナスにまで遡ることができる (Postema 1986, pp. 40-46).

政府は，交通規則や市場での取引のルールなど，社会的相互作用を調整するためのルールを設定・執行する一方，治安の維持，外敵からの防衛，治水や灌漑などの公共財を提供する．ところで，こうした役割を果たすべき人々が具体的に誰であるべきかは，それ自体，調整問題であるという見方も成り立ちうる．「勝てば官軍」という言い回しはこうした見方を典型的に示している．多くの人々にとって，誰が政府として振る舞うべきかは，実はどうでもよい問題であり，とにかく誰かが「勝って」政府となり，社会の大多数の服従を得ている状態が実現されることが大事だというわけである[7]．

こうした見方からすれば，人は，みな他の多くの人々が現に従っている人々に自分も従おうと考えているからこそ，現在の政府に従っていることになる．

---

7)　Hardin (1999) p. 87 は，ホッブズもこうした見解をとっていたとする．なお，人民の服従の慣習と調整問題との関連についての簡単な説明として，長谷部 (1999) 19-23 頁を参照

こうしたものの見方は，当然のことながら，誰が政府であるべきかについては，現状維持的に働く．どれでもよいがとにかく何かに決まっていることが，調整問題状況での肝心な点であり，しかもいったん安定した解決を別の解決へと動かす再調整 (re-co-ordination) は莫大なコストを要するからである．政府が音頭をとって右側通行を左側通行に変更するのも大変なのであるから，政府そのものを現在の政府から他の人々へ，しかも多数の人民が自発的かつ暴力的に動かすことが容易でないことは明らかである (Hardin 1999, pp. 16 & 180).

また，近代立憲主義が基礎に据える公私の二分論を個人主義的に解釈する立場からすれば，本来，各自にとって重要なのは私的空間における自由な生き方であるから，よほどのことがない限り，人々が反乱を起こそうとしないというのも自然な話である．人々にとって反乱よりも重要なことは人生にたくさんある．

他方，従うべき政府が誰であるべきかは調整問題であるとするこうした見方からしても，いったん反乱が社会全体に広がってしまえば，もはや従来の政府に従うことは意味をなさない．大多数の人々が反政府活動に参加している状況では，自分もそれに参加することが各自の利益にかなう (Hardin 1999, p. 282).

1989 年，東欧の人々は既存の政府に心服していたわけではなかったことを劇的な形で示したが，それでも彼らはそれまで長い年月，そうした政府に従っていた．しかも，多くの人々が反体制運動に参加し，政府が瓦解を始めるのを見ると，自らもそれに参加することをためらわなかった．銀行が，保有していると主張する預金を一気に引き出されると倒産するように，政府も，自ら行使しうると主張する実力のすべてを同時に行使せざるをえない局面に追い込まれると倒壊する．

6　通常の政治過程への信頼度

東欧革命にしろ，ロックがその抵抗権論で弁護しようとしたスチュアート王朝に対する実力による抵抗にせよ，選挙などによる平和な政権交代のメカニズムが信頼しうる形で機能していなかった状況で発生したことに留意すべきであ

る[8]．ロックが抵抗権論を展開したのも，カトリックであった王弟ジェームズの王位排斥問題（Exclusion Crisis）に関する，議会や宮廷政治という当時の通常の政治過程を通じた解決の試みが挫折し，もはや実力に訴えるほか途がないという局面に彼自身が追い込まれたからであった[9]．

彼が仕えたホイッグのリーダー，シャフツベリ伯は謀叛を疑われてオランダに亡命して客死し，ロック自身もライ・ハウス事件が発覚した 1683 年に亡命を余儀なくされ，イングランドに帰国したのは「名誉革命」が成功に終わったのちの 1689 年であった．王位排斥問題に関わる以前のロックが，ホッブズと同様，抵抗権を否定する絶対主義的国家像を弁護していたことはよく知られている[10]．

通常の政治過程が圧制を抑止しえない局面において実力行使に訴えざるをえない状況は，立憲的統治機構と民主的制度装置を備えた社会においても，発生しえないとはいえない．ロックも，権力分立，代表制，混合体制など彼の提唱する立憲的制度装置によっては圧制の危険性を完全に排除しえないと考えたからこそ，抵抗権論を提唱したのである（Tully 1993, p. 318）[11]．いいかえれば，国家の不正な暴力をただすための手段として，通常の政治過程をどの程度信頼しうるかにより，政府に対する抵抗権をそもそも認めるべきか，認めるとして実力の行使をも許容するかの判断が異なってくることになる．

---

[8] 選挙によって政権が交代する民主国家においても，選挙で勝利を収めた政権になぜ人民が服従しているのかという論点については，同様の回答が可能であろう．この点については，Hardin (1999) ch. 4 参照．

[9] 王位排斥運動を指導したシャフツベリ伯の誤算は，関税収入の増大やフランスからの財政支援のため，チャールズが財政運営上，議会に頼る必要性が薄れたことにもあるといわれる (Stroud 1999, p. 175)．

[10] Locke (1997b) がその例である．cf. J. Dunn (1984) pp. 29-32．

[11] 現在の政府になぜ多くの人民が服従しているのかという問題については，調整問題状況ではなく，チキン・ゲームへの回答として説明する見方も考えられる．本当は現在の政府に従うより従わないでいる方が自分にとって利益になるのだが，反抗したときに被る不利益のことを考えて仕方なく従っているだけだという理解である (Narveson 1996)．第 3 節で述べたロックの議論の中には，こうした見方を背景にしていることをうかがわせる要素もある．しかし，チキン・ゲームとしての性格が政府への服従に常に見られるのであれば，なぜ人民がある点を境にして反乱をはじめるかの説明が難しくなる．現在の政府に服従することが利益よりも不利益をもたらすと多数の人々が思うようになれば，残る問題は，政府の交代という再調整をいかにして遂行するかだと考える方が，少なくともロックの抵抗権論の解釈としては筋が通っている．とくに，Locke (1988) s. 228 は，人民の服従をチキン・ゲームの枠組みで説明する見解と衝突すると思われる．

7 ロック抵抗権論の限界と可能性

　最後にロックの抵抗権論の主な論点をまとめ，その限界と可能性について簡単なコメントを付すことにする．

　抵抗権論を重要な要素として含む彼の市民政府論は，宗派間の争いを収束して人々が各自の幸福を自由に追求しうる平和な社会秩序を創出することを目的とし，そのために必要な条件，つまり見解や立場の違いを超えて受け入れることの可能な条件は何かを探るものであった．多元的な世界観の共存をはかろうとするこうしたアプローチは，グロティウスやホッブズなど，17 世紀に活躍した他の思想家にも共通する (Tuck 1994, p. 163; cf. 長谷部 1999, 10-11 頁)．

　ロックによれば，人は生まれながらにして自然権を与えられている．お互いに他者の自然権を侵害することは許されず，侵害行為に対しては各人がこれを処罰する権利を持つ．自然状態における困難を解決するために，人々は結集して政治社会を構成し，各自の権利を政府に信託する．しかし，権力分立や代表制など，立憲的な政治制度にもかかわらず，政府が信託の条件に反して圧制をしくこと，典型的には信仰を理由に人民の生命，自由，財産を侵害することも生じうる．その場合には，信託は解消して政治権力は各人に復帰し，人民は政府に対して実力で抵抗することができる．このようにして，国家が主体となるものであれ，人民が主体となるものであれ，正当な実力の行使と不正な暴力とを区別する基準が得られる．しかも，抵抗権を認めても，不断の戦争状態がもたらされるおそれはない．

　こうした議論を究極的に支えているのは，人の行動を快楽と苦痛で説明する hedonistic な人間観と神の存在とである．自然状態で妥当する法が何かを示すのも，政府に対する実力での抵抗が正義にかなっているか否かを裁定するのも，最終的には神であり，神の法への服従と違背とは，それぞれ来世における永遠の幸福と永劫の不幸によって報いられる．だからこそ，人々には神の法，つまり善悪の「客観的」基準に従おうとするインセンティヴが生まれる．

　神の存在を信ずべき根拠も同様にして示される．神が存在しており，かつ罪が永劫の，つまり無限大の不幸によって報いられるという蓋然性がほんの少し

でもあるのであれば，神の存在を信じ，それに従う方が自分のためだからである (Locke 1975, II. 21. 70)．ロックはリバタリアニズムの祖とされることがあるが，彼の議論の総体は，むしろ来世をも勘定に入れた一種の功利主義というべきものである．

もちろん，キリスト教の神を信ずる者にしてはじめて受容可能な議論では，少なくとも現代社会において立憲主義が直面する課題を処理することは困難である[12]．神の存在に関するロックの論証も，クリスチャンでない者から見れば，単なる論点の先取りとみなされよう．キリスト教の神の存在を信ずる者に対して永劫の罰を下す別の神々が存在する可能性も，少なくともキリスト教の神が存在する可能性と同程度にはあるからである．彼の議論に説得されて新たにクリスチャンになる者がそれほど多いとは思えない．

この限界に対処する方法として直ちに思い浮かぶものは二つある．一つは，来世の問題を切り離し，現世の問題に限った功利主義を構想するというもので，ヒュームやベンサムはこの道筋を辿った．ただ，そもそも功利主義が多元的社会の構成原理としてふさわしいかという問題はなお残ることになる．

いま一つは，社会生活の便宜を享受しあうメンバーの中に，クリスチャン以外の者も算入するというものである．グロティウスは『戦争と平和の法』の序言の中で，彼の提唱する最小限の自然法，つまり自己保存と他者危害の禁止は，たとえ神が存在しないとしても，あるいは神が人事に無関心であったとしてもなお妥当すると述べており，宗教の枠を超えて世界観の異なる者に共通する政治社会の最小限の存立条件，つまり希薄 (thin) な道徳を探究するという方向を示唆している (Grotius 1999, prolégomènes, s. XI; cf. Tuck 1993, pp. 197-98).

政治と宗教の分離，公権力行使の限界づけなど，ロックが提示する社会の構成に関する構想の中には，クリスチャン以外の者であっても，価値の多元性を事実として認める以上は受け入れることのできるものが多いであろう．そして，算入されるべきメンバーの範囲を拡大するというこの方向は，ロックにつ

---

12) Dunn (1984) p. 30 は，現代の敬虔なクリスチャンにとってさえロックの議論は理解しがたいであろうとする．宮沢 (1971) 155 頁は，カトリックの抵抗権論について同様の指摘を行う．神のかわりに「歴史」の審判を仰ごうとする立場も，客観的「歴史法則」への信仰を共有しない人々にとってはやはり受け入れがたいであろう．

いてしばしば指摘される問題点，つまり女性や先住民の地位，さらには将来の世代を考慮した場合の地球環境保護などが視野にはいっていないという問題点についても (cf. Tully 1993, ch. 5)，解決の一応の出発点となるはずである.

　ただし，キリスト教による「客観的」な善悪の判断基準が失われたとき，それでも抵抗権の私的発動を許すことが悲惨な争乱状態をもたらさないかについては，見解が分かれるであろう．この問題への回答は，抵抗権の危険性を過大に見積もるべきではないとするロックの社会学的説明をいかに評価するかに依存するとともに，当該社会の通常の政治過程が多元的な価値への寛容をどこまで認めるものか，社会内部の価値の対立がどこまで深刻なものかというその時々の現実認識にも大きく依存すると思われる．ロックの回答も，具体的な政治状況に応じて変化していることは第6節で述べた通りである．

　この問題は，リベラルな民主国家で暮らす人々にとっても無縁ではない．ロックの抵抗権論は，いかなる場合に正当に実力を行使することができるかという一般問題の応用である．「天への訴え」は自然状態での自然法違反にも認められるものであった．そして，自然状態は国家成立前の個人間の関係であると同時に，独立国家間の関係でもある (Locke 1998, s. 14). そもそも「自律的個人」という観念は，近代ヨーロッパで形成された主権国家をモデルとして形成されたものである (Tuck 1999, esp., pp. 9 & 226-34). ところが，今日の国際世論は，個人の人権を尊重すべきだとする一方，国家の自律性についてはこれを相対化する方向に歩みだしているように見える．そして，この方向と自然状態での法の執行権がすべての個人に認められるとのテーゼを組み合わせるならば，国際社会で妥当する自然法を実力を用いて執行する権利も，すべての国家に認められることになりそうである．しかし，当該国家の通常の政治過程では解決しえない問題を処理するために，国際世論に後押しされた他の国家が実力を行使しようとするとき，ロックの指摘するような歯止めが働くかどうかは疑わしい．

　他方，抵抗権の私的発動を許すロックの議論には，現在広く流布しているリベラリズムの思考枠組みを超える可能性を見いだすこともできる．ロックの議論では，既存の政治体制内での実践を経ることなく，それとは独立に人は政治的判断能力を獲得しうるし，それにもとづいて既存の政治体制をそれから距離

を置いた立場から根底的に，しかも暴力的に覆すこともできると想定されている．政治権力はもともと各個人のものであり，国家が有する権利で本来個人が有していない権利は存在しない (Locke 1988, ss. 168, 171)．これは，既存の政治体制への参加の意義を強調する civic humanism と異なることはもちろん，既存の西欧型リベラル・デモクラシーの正当性を前提としつつ，その背景にあるコンセンサスを探り発展させようとするロールズやローティなどのリベラリズムとも異なる立場である．

　ロックが宗教的寛容の対象として念頭においていた「名誉革命」前における非国教徒（Dissenters）にとどまらず，参政権を認められない女性，アメリカ大陸の先住民など，既存の政治過程から系統的に疎外された人々も，政治体制の善悪を判断する能力を備えているし，場合によっては暴力的に抵抗することも許されるという帰結が，ロック自身の意図を超えて，こうした前提からは導かれる可能性がある．そして，民主政がそれを正当化する哲学に先行するというローティ流の考え方 (Rorty 1991) よりは，ロックの素朴な自然権論の方が，89年の東欧革命を事態の推移に即した形で説明することができるという見方には (Tully 1993, p. 323)，ある程度の説得力がある．当時の東欧には，いまだ実践された民主政は存在せず，一般人民は政治過程から系統的に疎外されていたからである．もっとも，これに対しては，東欧の民衆が反政府運動を起こしたのは，国境を超える放送等による西側の教育宣伝活動が，既存の民主体制への東欧の民衆の取り込みに成功したことによるものだという，よりローティに近い見方を対置させることができる．

* 本章は，2000年5月14日に行われた日本法社会学会学術大会全体シンポジウム第2分科会「国家の暴力，抵抗の暴力」における筆者の報告をほぼそのまま再現し，註を付したものである．同分科会でご意見ご質問をいただいた方々，および事前に報告内容について貴重なコメントをいただいた愛敬浩二氏に謝意を表したい．

参照文献

Dunn, John (1984)　*Locke*, Oxford University Press.
Filmer, Sir Robert (1991)　*Patriarcha and other Writings*, edited by Johann P. Sommerville, Cambridge University Press.
Grotius, Hugo (1999)　*Le droit de la guerre et de la paix*, traduit par P. Pradier-Fodéré,

Presses universitaires de France.
Hardin, Russel (1999) *Liberalism, Constitutionalism, and Democracy*, Oxford University Press.
Hobbes, Thomas (1996) *Leviathan*, edited by Richard Tuck, Cambridge University Press.
Hobbes, Thomas (1971) *A Dialogue between a Philosopher and a Student of the Common Laws of England*, edited by Joseph Cropsey, University of Chicago Press.
Israel, Jonathan (ed.) (1991) *The Anglo-Dutch Moment*, Cambridge University Press.
Kant, Immanuel (1991) "Introduction to the Theory of Right", in *Political Writings*, 2nd ed., edited by Hans Reiss, Cambridge University Press.
Locke, John (1975) *An Essay concerning Human Understanding*, edited by Peter H. Nidditch, Oxford University Press.
Locke, John (1988) The Second Treatise of Government, in *Two Treatises of Government*, edited by Peter Laslett, Cambridge University Press.
Locke, John (1997a) "A Letter concerning Toleration", *The Works of John Locke*, vol. V, Routledge.
Locke, John (1997b) "Two Tracts on Government", in *Political Essays*, edited by Mark Goldie, Cambridge University Press.
Locke, John (1997c) "An Essay on Toleration", in *Political Essays*, edited by Mark Goldie, Cambridge University Press.
Narveson, Jan (1996) "The Anarchist's Case", in *For and Against the State*, edited by John T. Sanders and Jan Narveson, Rowman & Littlefield.
Postema, Gerald J. (1986) *Bentham and the Common Law Tradition*, Oxford University Press.
Rorty, Richard (1991) "The Priority of Democracy to Philosophy", in his *Objectivity, Relativism, and Truth*, Cambridge University Press.
Stroud, Angus (1999) *Stuart England*, Routledge.
Tuck, Richard (1993) *Philosophy and Government*, Cambridge University Press.
Tuck, Richard (1994) "Rights and Pluralism", in *Philosophy in an Age of Pluralim*, edited by James Tully, Cambridge University Press.
Tuck, Richard (1999) *The Rights of War and Peace*, Oxford University Press.
Tully, James (1993) *An Approach to Political Philosophy: Locke in Context*, Cambridge University Press.

菅野喜八郎 (1977)「J. ロックの抵抗権概念」岡田与好他編『社会科学と諸思想の展開』創文社.
芹沢斉 (1983)「近代立憲主義と『抵抗権』の問題」現代憲法学研究会編『現代国家と憲法の原理』有斐閣.
長谷部恭男 (1999)『憲法学のフロンティア』岩波書店.
樋口陽一 (1973)『近代立憲主義と現代国家』勁草書房.
宮沢俊義 (1971)『憲法 II〔新版〕』有斐閣.

第4章　冷戦の終結と憲法の変動

1　はじめに

　冷戦は，1980年代終わりに終結を迎え，その結果は1990年の「パリの講和」で確認された．ところで，冷戦とは何であり，なぜそれは発生し，それはいかに終結したのであろうか．本章の結論を先取りして述べると，冷戦とは，他の多くの戦争がそうであったように，相手方の権力の正統性原理である憲法を攻撃目標とする二つの陣営の敵対状況であり，それは，一方の陣営（東側）が自らの憲法を変更することで終結した．第二次大戦がドイツと日本の憲法の変更によって終結したのと同様である．

　ここでいう憲法とは，憲法典に記された法規範の総体ではなく，国家の基本となる構成原理を指す．カール・シュミットの言い回しを使えば，憲法制定権力の担い手による決定の内容たる憲法である[1]．こうした意味での憲法は，憲法改正の限界をなし，国家緊急権による保障の対象となる．この意味での憲法が変更されたとき，新たな政治秩序が発足する[2]．

　最後に，こうした分析視角が日本の憲法典の改正に関して，いかなる考慮を要求するかを検討する．

---

1) カール・シュミット『憲法理論』尾吹善人訳（創文社，1972）30頁．
2) 国家緊急権は憲法によって構成される国家ではなく，憲法以前に存在する事実上の社会を保障するものだとの理解もありうるかも知れない．しかし，第2節で紹介するように，ルソーは，憲法以前の人命や財産を保護するためには，むしろ国家の消滅を選ぶべき場合がありうるとする．憲法典の枠を踏み越えても緊急権によって保障しなければならないのは，突き詰めていえば，憲法によって構成される国家であり，それ以前の社会ではない．もちろん，憲法によって構成される国家を保障することが，前憲法的な社会の保障につながることはありうるが，それはあくまで派生的な結果である．

2 ルソーの戦争状態論

　第2章で紹介したように，ルソーは，その遺稿「戦争および戦争状態論」で，ホッブズの描く国家設立による平和の実現という議論を批判している[3]．そこで述べたように，ルソーによれば，国家間の対立が大規模な殺戮をもたらすのは，生身の人間と異なり，国家が社会契約に基づく人為的構成物であり，自然によって与えられた限界を持ち合わせていないからである．この，国家が人為的構成物にほかならないという事実が，戦争および戦争状態を即時に解決する途をも指し示していた．

　戦争は国家間でしか発生しない．しかし，だからこそ，それは生身の個人の命を全く奪うことなく，終結させることができるというのが，ルソーの構想でもあった．というのも，国家とは単なる法人であり，理性の産物にすぎないからである．社会契約という公的な約束事を取り去ってしまえば，国家はそれを構成している物理的・生物学的要素に何らの変化を加えることもなく，消え去る．ところで，戦争とは主権に対する攻撃であり，社会契約に対する攻撃であるから，社会契約さえ消滅すれば，一人の人間が死ぬこともなく戦争は終結する．つまり，生物学的な意味での人間の生命や，物理的な意味での私有財産の保持が肝要なのであれば，そして国家という約束事が，そもそもこうした人の生命や財産を守るために取り交わされたものであれば，生命・財産に対する重大な危機をもたらす戦争や戦争状態を回避するために，むしろ国家という約束事を消滅させることが適切となる場合も生じうる[4]．

　このルソーの想定は，単なる空理空論ではない．それはわれわれの知る最近の事件として発生した．冷戦の終結がそれである．全人類を滅亡させるに足る大量破壊兵器をもって，しかも敵対する陣営の消滅を目標として二つの陣営が

---

[3]　本節の議論については，別稿「『国内の平和』と『国際の平和』──ホッブズを読むルソー」法学教室244号68頁以下(本書31-32頁)でより詳しく扱っている．引用等についても，同稿を参照されたい．

[4]　社会契約によって構成される国家ないし社会と，いったん構成された団体が決定する憲法とを区別する視点もありうるが，「戦争および戦争状態論」におけるルソーの議論は，むしろ，彼のいう「社会契約」を国家を構成する憲法と同視することでよりよく理解できる．

対峙するとき，終末論的帰結に至ることなく対立を終結させる手段としては[5]，ルソーの描いたもののみが考えられる．

3 三種の国民国家

ルソーの分析から明らかになるのは，戦争は，「熱い」それも「冷たい」それも，少なくとも典型的には，国家と国家の間に発生するものであり，しかも，敵対する国家の憲法に対する攻撃という形をとることである[6]．では，冷戦はなぜ発生したのであろうか．それが相手方の憲法を目標とする敵対関係なのであれば，そこで問題となったのはどのような国家のいかなる憲法であろうか．

テキサス大学のフィリップ・バビット教授は，近著『アキレスの楯』[7]において，冷戦は第一次大戦に始まるきわめて長期にわたる大戦争(彼はこれをthe Long War と呼ぶ)の一環であったと指摘している[8]．この大戦争をもたらしたのは，19世紀後半の軍事技術の革新と，それによる国家像の変貌である．ビスマルク指導下でのプロイセンおよびドイツの戦略は，高度に訓練され，統率のとれた大量の兵員を分散・展開することで敵軍を包囲し，致命的打撃を与えることを基本としており，このため，徴兵制を通じて，大量の国民を長期に

---

5) 「自然状態の頃，幾世紀もかかり，地球の全表面にわたって行われたよりももっと多くの殺人がたった」の一瞬で起こりうる冷戦下で，日本国憲法第9条の文言をことば通りに受け取る非武装平和主義が人々の心を捉えたことも，不思議ではない．

6) この典型的な状況が崩壊していく過程については，カール・シュミット『パルチザンの理論』新田邦夫訳(ちくま学芸文庫，1995)参照．パルチザンの活動は，戦闘員と非戦闘員との区分をあいまいにし，子どもから老人にいたるまですべての人民を巻き込む全面戦争をもたらす．母国を離れたパルチザンといいうる国際テロリストの活動についても同様である．冷戦終結後の民族紛争およびテロをめぐる論議に関するシュミットの含意については，Jan-Werner Müller, *A Dangerous Mind: Carl Schmitt in Post-War European Thought* (Yale University Press, 2003), pp. 220–29 参照．

7) Philip Bobbitt, *The Shield of Achilles: War, Peace, and the Course of History* (Anchor Books, 2003). バビット教授は憲法学および戦略論を専門とし，国務省，国家安全保障会議その他のワシントンの官庁に勤務した経験を持つ．900頁を超えるこの大著は，世界各国の外交防衛政策担当者の必読文献とされている．

8) この長期にわたる戦争は，フランス革命に始まり「ウィーンの講和」で終結した大戦争から生まれたヨーロッパの諸帝国に置き換わる新たな国家形態は何かを決するプロセスでもあった (*ibid.*, p. 24).

わたって戦争ないしその準備に参加させることを強いる体制を要請した[9]. 当時の他国の徴兵制に比較して, プロイセンの徴兵の対象は広範であり, しかも実際の就役への要求度も高かった. こうした体制は, それに対応して, 国民の政治参加の範囲を拡大させて政治の民主化を押し進め[10], かつ, 国民全体の福祉を大きな較差なく向上させることを目指す福祉国家政策を導く. 国民総動員を正当化するためには, それに応じた国家目標の設定が必要となる. 大衆の戦争参加への強制が, 全国民の安全の保障と福祉の向上, そして文化的一体感の確保を国家目標とする国民国家を登場させたわけである.

その後の国際政治史は, いかなる国家形態が, 国民全体の安全と福祉と文化的一体感の確保という国民国家の目標をよりよく達成しうるかをめぐって諸国が相争う闘争状態, つまり国家権力の正統性に関する争いとして理解することができる. そこで主要な敵対者として浮かび上がったのは, リベラルな議会制民主主義, ファシズム, そして共産主義の三者であった[11]. この三者が第一次大戦後の各国の政治の基本的な枠組み, つまり憲法を決定するモデルとなったことは, カール・シュミットの『現代議会主義の精神史的地位』[12]で明確に描かれている.

もっとも, シュミットによれば, このうちリベラルな議会制民主主義はすでに過去の統治形態である. 自由なプレスによって醸成される世論を背景としつつ, 議会での公開の審議と決定を通じて真理(真の公益)に到達することを目指す議会制は, 教養と財産を備えた階級のみの政治参加を前提とする体制であり, 軍事上の必要性によって大衆が政治に参入し, それを組織する硬い紀律を

---

9) *Ibid.*, pp. 184–204. ナポレオンが得意とした, 多くの兵力を敵陣の一点に向けて集中的に投入する戦法は, 19 世紀中葉における兵器の高度化により, もはやとりえなくなった. 攻撃側は, 射程が長く精度の高い銃火器の反撃により, 敵陣に到達する前に壊滅しかねない.

10) 政治参加の範囲と当該国家の戦略との密接な関係については, たとえば Robert Dahl, *Democracy and Its Critics* (Yale University Press, 1989), pp. 245–48 参照. 古典古代のギリシャ都市国家において民主政が発展したことは, 当地における戦争が陸上では重装歩兵集団, 海上では多数の漕ぎ手を必要とするガレー船団によって遂行されたことと無縁ではない.

11) バビットは, 第一次世界大戦後半から, とりわけ, ロシアとドイツにおいて, この三者が激しい角逐を繰り広げたことを指摘する. ドイツにおいてファシズムが, ロシアにおいて共産主義が勝利を収めると, それぞれは, 自己の体制を全世界に押し広げるべく大規模な闘争を開始した (*supra* note 7, pp. 24–33).

12) Carl Schmitt, *Die geistesgeschichtliches Lage des heutigen Parlamentarismus*, 2nd ed. (Duncker & Humblot, 1926); 稲葉素之訳 (みすず書房, 1972).

備えた政党が対峙する現代の議会制民主主義国家では，すでに意義を失っている．組織政党が議会内での公開の審議を通じて真の公益を目指して熟慮を重ね，見解の一致にいたることは期待できない．議会制民主主義は，今や，競合する多様な私益を組織的に代表し，密室での取引を通じてその場限りの妥協を実現するにとどまる，野卑で弱々しい多元国家をもたらす[13]．その結果，国家と社会との区別は希薄化し，国家は社会生活のあらゆる局面への介入とあらゆる私益保護とを要求される「全体国家 totaler Staat」へと堕落している．

議会制民主主義に対するこうしたシュミットの診断は，近代国家の理想型に関する彼の想定と接続している．近代国家は，自らの敵と友とを截然と区別し，社会内部の敵対関係を国家間の関係へと括り出す単位という意味で「政治的なるもの das Politische」でなければならない[14]．「国家という概念は，政治的なるものという概念を前提としている」[15]．

かつては現に，「国家」という概念と「政治的なるもの」という概念との同視が意味をなす時代があった．古典的なヨーロッパの国家は，ありそうもないことを実現しえたからである——それは，領域内の平和を確立し，敵対行為（Feindschaft）を法的概念として排除した．それは，中世の法制度であった私闘（Fehde）を廃止し，正戦として闘われた 16, 17 世紀の宗教戦争を終結させ，領域内に平和と安全と秩序を創出することに成功した．「平和，安全，秩序」という定式は，行政（Polizei）の定義として知られる．こうした国家の内部にはもはや行政しかなく，政治は存在しない[16]．

---

13) シュミットによれば，いまや「議会制度は，結局のところ，諸党派と経済的利害関係者の支配のための性悪な外装（Fassade）になって」いる（*ibid.*, pp. 28–29；邦訳 29 頁）．
14) 友と敵とは，道徳における善悪，美学における美醜に対応する．それは，連合・対立関係の強度を示すもので，人種，宗教，道徳，経済等の他のカテゴリーに還元することができない．逆にいえば，いかなるものであれ，他のカテゴリーにおける連合・対立関係が熾烈化すれば，それは政治的な友敵関係を生み出す（Carl Schmitt, *Der Begriff des Politischen* (Duncker & Humblot, 1963), pp. 37–39；『政治的なものの概念』田中浩／原田武雄訳（未來社，1970）33–36 頁）．
15) *Ibid.*, p. 20；邦訳 3 頁．
16) Schmitt, Vorwort, in *supra* note 14, p. 10；この 1963 年版序文は邦訳書には収録されていない．

敵対関係が国家間の関係に括り出された結果，シュミットにとっても，戦争ないし戦争状態は国家と国家の関係となる．他方，敵対関係が存在せず，政治的なるものが存在しない国家の内部では，全国民に共通する利益が，立法活動を通じて実現されるはずである．ところが，友敵の区別にためらいがちなリベラリズムの下では立法過程が多数の利益集団に占拠され，簒奪された結果，国家は自己と対立する「敵」を識別する機能さえ失い，社会内部の競合する団体に満遍なく配慮する利益配分装置へと退化していく．

こうした議会制民主主義に代えてシュミットが指し示す道は，治者と被治者の自同性という意味での民主主義原理を貫徹することである．もはや実現不可能な「討議を通じた真の公益への到達」は放棄すべきである．そして民主主義を貫徹するためには，秘密投票によって代表者を選ぶという中途半端な議会制民主主義ではなく，反論の余地を許さない公開の場における大衆の喝采を通じた治者と被治者の自同性を目指すべきである．院外の人民に対して責任を負わない代議士の討論は，こうした人民の意思の前にはもはや存在理由を持たない[17]．

こうした提言を直ちにドイツ型ファシズムとしてのナチズムの正当化を目指したものとして性格づけるのは，シュミットにとって酷であろう．彼は，少なくともナチスの政権掌握当初までは，ナチズムに対して好意を抱いてはいなかった[18]．とはいえ，1926年に発行された本書第二版への序文ですでに，シュミットは，時代遅れの議会制民主主義に代わって直接的な民主主義を実現しうる体制として，ファシズムと共産主義を掲げている[19]．いずれも，治者と被治者の自同性の前提となる被治者の同一性を，ファシズムは民族を基準として，共産主義は階級を基準として，達成する．いずれも，国家の多元化と分裂を認めず，友敵を明確に識別する強力な国家を実現する．国民の同一性・均質性が達成され，すべての国民が単一の結論に同意する実質的基盤がなければ，いかなる民主政も単なる諸利害の機能的算術計算に堕し，正統性は単なる合法性へ

---

17) Schmitt, *supra* note 12, p. 21; 邦訳23頁.
18) ヒトラーが首相に任命された翌日，彼は失意のあまり授業を休講としている (cf. Helmut Quaritsch, *Positionen und Begriffe Carl Schmitts* (Duncker & Humblot, 1989), p. 91, note 187).
19) Schmitt, *supra* note 12, pp. 21-23; 邦訳23-26頁.

と還元されることとなる[20]．軍事的必要性から生まれた大衆の政治参加，そこから生じた議会主義の危機は，ファシズムか共産主義かのいずれかによって克服されるという展望がこうして開かれる．

他方，議会制民主主義の側からすれば，ファシズムと共産主義の均質性への傾向は，次のように説明される[21]．国民全体の福祉を格差なく向上させるという国民国家の目標は，実現困難である．国家の政策は，通常は勝者と敗者とを生む[22]．議会制民主主義では，この勝敗がある限界点を超えれば多数派の交代が起こり，勝者と敗者が入れ替わる．他方，議会選挙を通じたこうした交代を否定するファシズムと共産主義の下では，一等国民たるインサイダーとスケープゴートたる二等国民の対立，支配階級と被支配階級の間の激烈な闘争，あるいはそれらを反映する国家間の対立が，国策によって必然的に生み出される矛盾・対立を説明し解決する道具とされる．こうしたイデオロギーが，国内の均質性を標榜するのは当然である．

実際には，第二次世界大戦では，リベラルな議会制民主主義諸国と共産主義国家との連合軍によってファシズムが粉砕された．民主主義に基づく福祉国家を実現する統治形態として真っ先に排除されたのは，ファシズムである．日本の憲法は，アメリカの要求によって根本的に書き改められてその陣営に加入し，ドイツは東西に分断されて，西ドイツは議会制民主主義国家として，東ドイツは共産主義国家として出発することとなった[23]．

バビット教授は，太平洋戦争末期の米軍による日本都市部への爆撃および原

---

20) Carl Schmitt, Legalität und Legitimität, in *Verfassungsrechtliche Aufsätze*, 3rd ed. (Duncker & Humblot, 1985), pp. 281, 284-85；『合法性と正当性』田中浩/原田武雄訳（未來社，1983) 35, 40-41 頁．合法性を支配の正統性の一類型として認めるウェーバーと，この点でシュミットは袂を分かつ．

21) Cf. Bobbitt, *supra* note 7, p. 572.

22) 社会の主要なセクターの協調を通じて政治を運営しようとする多極共存型デモクラシー (consociational democracy) は，敗者を生み出すことなく全体の福祉を向上させようとする議会制民主主義の企てである．

23) 大嶽秀夫教授は，日本国憲法が，ボン基本法と同様，軍国主義とファシズムを排除するというそれぞれの政府と連合国との「条約」としての意味を有していたことを指摘する (Hideo Otake, Two Contrasting Constitutions in the Postwar World: the Making of the Japanese and the West German Constitutions, in Yoichi Higuchi ed., *Five Decades of Constitutionalism in Japanese Society* (University of Tokyo Press, 2001), p. 43).

爆の投下を批判する最近のアメリカの思想潮流は，憲法原理の対立という戦争の様相を正面からとらえていないとする[24]．本土決戦がもたらしたであろう日米両国への膨大な犠牲と損失を回避し，早期に戦争を終結させることが，非戦闘員への悲惨な被害をもたらすこうした都市部への爆撃の正当化理由なのであれば，むしろ，当時の日本政府が受容可能な条件で戦争を終結すればよかったのであり，原爆投下か本土決戦かという硬直的な前提をとるべきではなかったというのが，こうした近年の批判論の主旨である[25]．しかし，バビットの視点からすれば，戦争の原因が両国の憲法の相違，国家の正統性原理の対立にある以上，日本の憲法を書き換え，日本をファシズム陣営から議会制民主主義陣営へと組み込まない限り，日米の対立はいつか再燃したはずである．それは，ファシスト国家日本の核武装による，日米ソの三極対立という深刻な状況をもたらしたかも知れない．アメリカとしては，自国の憲法を維持しつつ，国際平和を実現するためには，対立する憲法原理を有する諸国に侵攻し，占領してでも，相手の憲法を書き換えることが必要となるわけである[26]．

　冷戦は，異なる憲法原理，国家権力の異なる正当化根拠を掲げる二つの陣営の戦争状態であった．表面的には，それは市場原理に基づく資本主義陣営と計画経済に基づく共産主義陣営の対立と見えたかも知れない．しかし，資源の配分方法に関する対立は，そもそもの憲法的対立から派生する二次的対立にすぎない．体制の正統性をめぐる対立であったからこそ，相互の殲滅の可能性をも視野に含めた軍事的対立が現出した．

　両陣営は，それぞれ，核兵器による大量報復の可能性を確保するとともに，アメリカは西欧と日本，ソ連は東欧に大量の自国兵士を駐留させることで戦線

---

24) Bobbitt, *supra* note 7, p. 217, note and pp. 677–78.
25) Michael Walzer, *Just and Unjust Wars*, 3rd ed. (Basic Books, 2000), pp. 266–68; John Rawls, Fifty Years after Hiroshima, in his *Collected Papers* (Harvard University Press, 1999), pp. 565–72. 簡単な紹介として，長谷部恭男『憲法学のフロンティア』(岩波書店，1999) 101–05 頁．
26) ウォルツァーも，相手国の政治体制の根本的転換が要求される例外的状況では，その国への侵攻や核兵器の使用が正当化されうることを認める．しかし，ナチス・ドイツと異なり，戦前の日本は周辺諸国民の生存そのものを脅かすほど邪悪な国家ではなく，その体制変更はアメリカにとって不可欠ではなかったという認識が，彼の議論の前提にある (*op. cit.*)．彼にいわせれば，広島への原爆投下はテロの典型である (Michael Walzer, *Arguing about War* (Yale University Press, 2004), p. 130).

を膠着させ，その周縁地域では実力行使を厭わず抵抗するという戦略をとった．いずれも，長期的には相手陣営が内部矛盾によって崩壊することを期待していたからこそ──西側陣営は資本主義経済の内部矛盾によって，東側陣営は計画経済の非効率性によって──こうした戦略がとられたわけである[27]．核兵器を中心とする大量破壊兵器の展開による「封じ込め」，マス・コミュニケーションによる宣伝手段を含む通信技術の発展，そしてコンピュータ技術の進展が相まって，ソ連は冷戦状態を維持する能力と気力を失い，その憲法を変更することに同意することとなった．1990年11月，欧州安全保障協力機構は，ソ連をも含む参加各国が議会制民主主義を採用することで合意に達し，国民国家の憲法原理をめぐる the Long War は終結した[28]．

4　立憲主義と冷戦後の世界

　リベラルな議会制民主主義の体制は，立憲主義の考え方を基本としている．この世には，比較不能といえるほど根底的に異なる世界観・宇宙観が多数，並存しているという現実を認めた上でその公平な共存をはかる考え方である．人の生活領域を公と私の二つに区分し，私的領域では，各自の世界観に基づく思想と行動の自由を保障する一方，公的領域では，それぞれの世界観とは独立した形で，社会全体の利益に関する冷静な審議と決定のプロセスを確保しようとする．シュミットは，議会制民主主義における立法過程の偽善性を攻撃するが，公開の審議と決定のプロセスが一般的公益に対する譲歩を個別の特殊利益に対して迫る点に，つまり，偽善的に振る舞うよう強いる点に，この政治体制の特長がある．観衆の存在を意識せざるをえないこうしたプロセスが多様な利害を整序し，長期的にみれば，社会一般の利益にかなう立法をより多く実現することにつながる[29]．大衆の政治参加と組織政党の登場が理想の議会政治を不可能にしたからといって，民族や階級を基準として国民の均質化を図らなけれ

---

27) Bobbitt, *supra* note 7, p. 50.
28) *Ibid.*, p. 61.
29) 長谷部恭男「討議民主主義とその敵対者たち」法学協会雑誌118巻12号1900頁以下（本書第12章）参照．もっとも，シュミットからすれば，こうしたアングロサクソン流の弁証は私的・経済的ニーズの領域からの政治の領域の屹立を保障するものではないであろうが．

ばならないという結論に直結するわけではないし，議会制民主主義の通常のプロセスで解決の困難な紛争が存在しうることは，シュミットを援用する左翼思想家の攻撃にもかかわらず，リベラリズムがそうした対立を抑圧していることを意味するわけでもない．

丸山真男は，日本型ファシズムの特徴が，公私の区分を知らない点にあるとする[30]．人の生活領域のすべては，究極の価値の体現者であるはずの天皇との近接関係によって評価され，この評価の物差しは国境を越えて他民族に押し及ぼされる．そして，日本人にとって真善美の中心にあるはずの天皇でさえ，皇祖皇宗へと続く「伝統」への従属から自由ではない．自らの良心に照らして自由に判断し，活動しうる領域は誰一人として持ち合わせておらず，同時に，誰もが上位者への服従と奉仕を名目としていかなる行動をも正当化しうる社会がこうして立ち現れる．

公私の区分の否定は，戦前・戦中の日本社会に特有のものではない．ファシズムと共産主義とは，いずれも公私の区別を否定する点で共通する．思想，利害，世界観の多元性の否定と裏腹をなす国民（人民）の同質性・均質性の実現が前提である以上，多元的価値の共存に意を用いる必要もなく，したがって公私の区分も不要となる．

冷戦の終結は，リベラルな議会制民主主義が，したがって立憲主義が，共産主義陣営に勝利したことを意味する．樋口陽一教授が指摘するように，ベルリンの壁の開放は，東側諸国への立憲主義の普遍化をもたらした[31]．シュミットの診断にもかかわらず，議会制民主主義は，その「敵」を明確に認識し，その排除に成功したことになる．

しかし，それは世界がより安全となったことを直ちには意味しない．「冷戦終結」にもかかわらず，イラン，ミャンマー，中国をはじめとして，リベラルな議会制民主主義に基づかない国家は世界各地になお存在する．国家としての体をなしていない破綻国家も珍しくない．冷戦の終結をもたらした大量破壊兵器，通信技術とコンピュータ技術の進展は，新たな種類の脅威をもたらしてい

---

30) 丸山真男「超国家主義の論理と心理」同『増補版 現代政治の思想と行動』（未來社，1964）所収．
31) 樋口陽一『転換期の憲法?』（敬文堂，1996）3-5頁．

る．ビスマルクから第二次大戦までの世界と異なり，戦争にあたって高度に訓練された大量の兵士を調達する必要はもはやない．社会生活の中核をなす交通網や基幹的通信網にテロ攻撃を仕掛けることで，より低コストでしかも効果的な打撃を与えることが可能となっている[32]．核兵器による大規模な相互報復可能性の脅威の下に置かれていた冷戦状況では，戦時と平時の区別は否定され，子どもから老人まであらゆる国民が常時「動員」されていたが，その必要ももはやない[33]．他方で，地球規模での環境破壊という，いままで人類が想定していなかった危険も新たに現れている．

　国家の置かれた状況の変化は，国家目標にも影響すると考えるのが自然であろう．バビットは，国民総動員の必要性から解放された冷戦後の国家は，すべての国民の福祉の平等な向上を目指す福祉国家であることを止め，国民に可能な限り多くの機会と選択肢を保障しようとする市場国家 (market state) へと変貌すると予測する[34]．そうした国家は，社会活動の規制からも，福祉政策の場からも撤退をはじめ，個人への広範な機会と選択肢の保障と引換えに，結果に対する責任をも個人に引き渡すことになる．

5　日本の現況と課題

　日本が置かれている状況は，どのようなものであろうか．将来，アメリカ合衆国を凌ぐ経済大国となることが予想されている中国は，少なくとも現在は，リベラルな議会制民主主義国家ではない．その他の東アジア各国の多くも，経済発展によって得た富の相当部分を軍備拡張にあてている．中国は「国土統

---

32)　もっとも，9.11 テロが逆に照射したように，ネットワークと化した現代国家にはもはや明確な「基幹」は存在せず，致命的打撃を与えることはむしろ困難となっているとの見方もありうる．脱中心化し，定まった領域を持つこともなく常時，緊急事態の名に下に「警察力」を行使する帝国と，それに抵抗する国籍を脱した群衆 (the multitude) を描く文献として Michael Hardt & Antonio Negri, *Empire* (Harvard University Press, 2000) 参照．本書もその例であるが，Müller, *supra* note 6, pp. 229-32 が指摘するように，冷戦終結後，知的資源の枯渇した左翼の思想潮流へのシュミット理論の流入は顕著である．

33)　大規模テロに対する警戒体制は，全国民の常時「動員」をもたらしているとの意見もあるかも知れない．しかし，冷戦下で生じえた災厄に比べれば，テロの脅威は限定的である．

34)　Bobbitt, *supra* note 7, ch. 10.

一」を名目に台湾に対して武力を行使する可能性を否定していない．「国土の一部」の人民が自由な選挙と思想・表現の自由を享受する事態は，中国の現体制の正統性を脅かしている．ある観察者によれば，ナショナリズムが渦巻く現在の東アジアは 21 世紀初頭の欧米諸国よりははるかに 19 世紀のヨーロッパに似ている[35]．

東アジアにおいて近い将来，正規軍同士の大規模な会戦が発生する蓋然性が大きいとはいえないであろう．前述した通り，現在の技術の下では，戦争はより安価に，しかも効果的に遂行することが可能である．とはいえ，憲法の相違に基づく武力行使の可能性は，体制の正統性を賭けた冷戦がなお終結していない東アジアでは，消滅したとはいえない．そして，日本が安全保障条約を締結するアメリカは，もともと他国の憲法が自国の利害と合致しないと考えるならば，武力の行使あるいはその脅威を通じて，憲法の変更を迫ることにさしたる躊躇いを感じない国家である[36]．9.11 以降のアメリカは，独裁体制を打倒し，自由を他国へと押し広げることが，自国における自由の保持に直結するとし，盟友を守るためであれば，武力行使を厭わないと宣言している[37]．

かりに日本がその憲法典を変更しようとするのであれば，その前提作業として，第一に，日本の基本的な骨組みとなる憲法は何なのかを見定める必要がある．その変更の如何は，日本が他の諸国といかなる関係に立つかを基本的に決定する．同一の憲法原理をとる国同士の間にのみ長期的に安定した関係がありうる．そのためには，第二次世界大戦での敗戦とその結果としての憲法の変更が何を意味したか，冷戦の終結の結果として普遍化した立憲主義はいかなる考

---

35) Henry Kissinger, *Does America Need a Foreign Policy? Toward a Diplomacy for the 21st Century* (Free Press, 2002), p. 110, quoted in Timothy Garton Ash, *Free World: America, Europe, and the Surprising Future of the West* (Random House, 2004), p. 144.

36) もっとも，アメリカが異なる憲法原理を有するあらゆる国家に対して，実力でその変更を迫ってきたわけではないことには留意を要する．冷戦下では，南アメリカの独裁政権を支持してきたし，現在のサウジアラビアやエジプトに比較して，かつてのイラクがとりわけ非民主的な人権抑圧国家であったわけではない．

37) ジョージ・W・ブッシュ大統領の 2005 年 1 月 20 日の就任演説参照．ブッシュ政権の対外政策には新保守主義 (neo-conservatism) が色濃く反映しているといわれるが，ネオコンといわれる人々の多くは，シュミットの学統を継ぐレオ・シュトラウスの直接・間接の影響を受けているといわれる．この間の消息については，Anne Norton, *Leo Strauss and the Politics of American Empire* (Yale University Press, 2004) 参照．

え方を指し示すかをまず認識する必要がある．日本が，現在でもなお民族としての同質性にこだわり，公私の区分に否定的な社会とはいえないか，改めて足元を確かめる必要があろう．

　第二に，冷戦後の世界において，日本がいかなる目標を持つ，どのような憲法原理に立つ国家となろうとしているのかを決定する必要がある．福祉国家としての任務分担を放棄し，機会の拡大と引換えに各個人へと責任を転嫁していく国家へと変貌を遂げようとしているのであれば[38]，そうした国家を「愛する」よう国民に求めたとしても，さしたる成果は期待できないであろう．

　戦略と憲法との密接な相互関連性は，バビットが指摘するように，近代国家の歴史を理解する上でも，また今後の国家のあり方を考える上でもたしかに重要な論点である．しかし，軍事的な意味での安全確保の必要性は国家権力の正当化根拠の一つにとどまる．その他の考慮に基づく国家の活動範囲の画定は当然，可能であり，その途は，国民の審議と決定に委ねられている．

　第三に，国民の生命と財産の安全の確保という国家としての最低限の任務を果たすために，そして，立憲主義という基本的な社会基盤を守るために，日本は外交・防衛の面で何をし，何をすべきでないかを改めて確認する必要がある．冷戦下において共産主義の脅威に対処するためにアメリカの核の保護を受けたことは，立憲主義に基づく議会制民主主義国であり続けようとする以上は，合理的な選択であったといえる．しかし，それ以上に，他国の体制の変更を求めて武力を行使することを厭わない特殊な国家との深い絆を求めるべきか否かについては，より慎重な考慮が必要であろう．深刻な環境問題に対処するために必要な地球規模の協力関係を構築していく上で，そうした特殊な国家と深い絆を結ぶことの有効性をいかに評価すべきかも重要な考慮要素となる．

　以上のような課題は，憲法典の改正に乗り出そうとするか否かにかかわらず，検討されてしかるべきである．こうした課題について国民の合意を練り上げる作業は，憲法典の改正よりはるかに重要なその前提作業である一方，この作業の結論に比較するならば，憲法典の改正自体は，二次的な意義しか持たないであろうことが予想される．もともと，成熟した民主国家にとって，憲法典

---

38) 樋口教授が描く「撤退してゆく国家」である．樋口陽一「撤退してゆく国家と，押し出してくる『国家』」憲法問題14号(三省堂，2003) 182頁以下参照．

の改正を通じてしかなしえない事柄は、さほど多くはない[39].

---

39) この点については、長谷部恭男「憲法改正の意識と意義」全国憲法研究会編『法律時報増刊 憲法と有事法制』(2002) 参照. アメリカ合衆国における南北戦争後の「憲法」の変更は三か条の憲法修正条項の追加を伴ったにとどまり、ニューディールを契機とする「憲法革命」は憲法典の修正を伴っていない.

第Ⅱ部　人権と個人

第 5 章　国家権力の限界と人権

　本章の扱う問題は，憲法上の権利はいかなる理由にもとづいて制約しうるか，逆に言えば，いかなる理由によっては制約しえないか，である．この問題は，伝統的には「人権の限界」あるいは「公共の福祉」という題目の下に論じられてきた．筆者がこのような伝統的に受け入れられてきた標題を用いないのは，後に述べるように，「人権」および「公共の福祉」という概念に対する従来の支配的な捉え方に筆者が疑問を感じており，本章ではこれらの概念に関する新たな理解を提唱しようとしているからである．

　以下，憲法上の権利の制約原理に関する従来の議論を概観し，ついで公共の福祉および人権に関する筆者の所見を展開する．最後に，私見から導かれる憲法12条および13条の位置づけを述べる．

1　従来の学説とその限界

(1)　学説の展開

　支配的な見解によれば，憲法上の権利の制約原理に関する従来の議論は，初期の一元的外在制約説から，二元的制約説へ，そして，現在の通説である一元的内在制約説へと展開してきた[1]．

　一元的外在制約説によれば，憲法上の権利は，憲法12条，13条の示すように公共の福祉に合致する限りにおいて尊重されるものであるから，公共の福祉は，憲法上の権利を一般的に制約する根拠となる外在的原理である[2]．そして，

---

1) 芦部信喜『憲法学II』(有斐閣, 1994) 188-200 頁．
2) 美濃部達吉『日本国憲法原論』(有斐閣, 1948) 166 および 196 頁．柳瀬良幹『憲法と地方自治』(有信堂, 1954) 160 頁．

公共の福祉の判断権が第一次的には政治部門に委ねられる以上,憲法上の権利を制約する法律が裁判所によって違憲と判断されることはありそうもないことである.これでは,臣民の権利を一般的に法律の留保の下においていた大日本帝国憲法と変わりはないこととなり,このような考え方が,日本国憲法の基本的人権尊重の理念と整合しうるか否かはきわめて疑わしい[3].また,公共の福祉が憲法上の権利一般の制約原理であるとすると,憲法22条および29条がなぜ特に公共の福祉を各条項の制約原理として掲げたのか,その意義が説明しにくくなる.

このような問題を解決する議論として提出されたのが,二元的制約説である.この議論は憲法12条および13条の法的意義を否定し,したがって憲法第3章に定める基本的人権につき,公共の福祉を根拠として法律をもって一般的に制約することは許されないとする.公共の福祉による制約が許されるのは,特にその旨が述べられている憲法22条および29条の保障する経済的自由と,国家権力による積極的な保障を求める権利であり,したがって国家権力の政策的な判断にもとづく規律をそもそも予想している社会権に限られる.それ以外の自由権については,権利自由に内在する制約のみが許され,その制約の程度は客観的に定まっているものであって,立法者がこれを左右することはできない[4].この二元的制約説については,社会権と自由権とを画然と区別することは不可能であること,そして,この説が主張するように憲法13条の法的意義を否定すると,同条を根拠として「新しい人権」を基礎づけることができなくなることが,その難点として指摘されてきた[5].

現在,支配的な見解である一元的内在制約説は,日本国憲法の下において人権の制約原理として認められるのは,それに対抗する他の人権のみであるとする.そして,この人権相互間に生ずる矛盾・衝突の調整をはかるための実質的公平の原理が,「公共の福祉」にほかならないとする.この制約原理は,自由

---

3) 芦部・前掲註1, 188-90頁参照.
4) 法学協会『註解日本国憲法(上)』(有斐閣, 1953) 293-98頁.鵜飼信成『憲法』(岩波書店, 1956) 72-76頁.
5) 芦部・前掲註1, 192-94頁参照.

権を各人に公平に保障するための制約としては，必要最小限度の制約のみを認める自由国家的公共の福祉として，社会権を保障するために自由権の制約として働くときには，必要な限度の規制を認める社会国家的公共の福祉としてあらわれるが，このような意味での制約は，すべての人権に内在しているとされる[6]．

(2) 一元的内在制約説の限界

　一元的内在制約説に対する批判として，それが憲法上の権利がいかなる理由にもとづいていかなる程度まで制約されうるかを具体的に判定する基準を示しえないという点がしばしば指摘される．この批判は，一元的内在制約説が，人権の制約を正当化する原理としては妥当であるとの前提に立ちながら，具体的な問題を解決しうるほどにはその内容が豊富でないという限界を指摘するものである．芦部信喜教授のいわゆる憲法訴訟論は，このような立場から，「人権規制の限界を画定する基準」を具体的に明らかにしようとするものであり，その核心をなすのが，精神的自由権と経済的自由権とでは，それぞれを規制する立法について異なる違憲審査基準が妥当するとのいわゆる二重の基準の理論である[7]．

　もっとも，一元的内在制約説については，より根底的な点で，その妥当性に疑問を呈することもできる．第一に，この説は，人権を制約する根拠となるのは，必ず他の人権でなければならないとの前提から出発するが[8]，これは我々

---

[6] 宮沢俊義『憲法II〔新版〕』(有斐閣, 1974) 228-39 頁．芦部・前掲註1, 195-96 頁．
[7] 芦部・前掲註1, 198-200 頁．浜田純一「基本権の限界」杉原泰雄編『憲法学の基礎概念II』(勁草書房, 1983)．二重の基準の正当化根拠については，さまざまな議論がある．この点については，長谷部恭男『権力への懐疑』(日本評論社, 1991) 第5章を参照．判例も，少なくとも一般論としては，二重の基準論を受け入れている．たとえば，「憲法は，国の責務として積極的な社会経済政策の実施を予定しているものということができ，個人の経済活動の自由に関する限り，個人の精神的自由等に関する場合と異なって，右社会経済政策の実施の一手段として，これに一定の合理的規制措置を講ずることは，もともと，憲法が予定し，かつ許容するところ」とする最高裁判所の小売商業調整特別措置法判決(最大判昭和47年11月22日刑集26巻9号586頁)がある．
[8] 宮沢教授によれば，「各人の人権の享有およびその主張に対して，なんらかの制約が要請されるとすれば，それは，つねに他人の人権との関係においてでなくてはならない．人間の社会で，ある人の人権に対して規制を要求する権利のあるものとしては，他の人の人権以外には，あり得ないからである」．宮沢・前掲註6, 229頁．

の常識と衝突する．たとえば表現の自由を規制する根拠として持ち出される街の美観や静穏，性道徳の維持，電波の混信の防止などは，いずれも個々人の人権には還元されえないものであり，せいぜい社会全体の利益としてしか観念しえない．一元的内在制約説のよって立つ前提は，政府が必ずしも個々人の人権には還元しえない社会全体の利益としての公共の福祉の実現をその任務としているという明白な事実をあいまいにするばかりでなく，現にある人権が制約されている以上，その制約根拠となっているのも人権であるという誤った思考を導く危険がある[9]．

　第二に，一元的内在制約説は，人権が本来互いに矛盾・衝突するものであって，それを調整するために公共の福祉に従って制約されざるをえないものであるとの前提に立っているが，この前提に対しても疑問を提起することができる．この前提の当否は，実は「人権」の輪郭の引き方に依存している．山本桂一教授が指摘する通り，初期の一元的外在制約説，そしてある程度までは一元的内在制約説も，暗黙のうちに「人権」を一般的な行動の自由と同視してい

---

9)　この点については，長谷部・前掲註7，第6章3を参照．公共の福祉が相互に衝突する複数の人権へと還元されるという通説の思考モデルは，実は日本国憲法第3章の持つある特徴に相応するものでもある．憲法第3章の人権宣言に掲げられている「権利」の中には，「健康で文化的な最低限度の生活を営む権利」，「能力に応じて，ひとしく教育を受ける権利」あるいは「勤労の権利」のように，権利というよりはむしろ，国政がその実現を目指すべき，社会全体としての福利厚生の目標を示していると考えられるものが多い．これらの目標が憲法の条文に示されていることは，立法権や行政権の裁量を制約する裁判上の規範となる可能性を含意するが，これらは本来は公共の福祉の一環と考えられるべきものである．したがって，少なくとも憲法第3章の人権宣言の一部は，公共の福祉の一部を構成していると言いうる（この点については，世界人権宣言に関するジョン・フィニス教授の分析を参照せよ．J. Finnis, *Natural Law and Natural Rights* (Oxford University Press, 1980), pp. 214-15)．

　もっとも，そこから直ちに，人権宣言に掲げられている権利はすべて公共の福祉の一環に他ならないとか，全体としての公共の福祉によってあらゆる権利の行使は制約されるとの結論が導かれるわけではない．国家が実現すべき公共の福祉には，明らかに，個人の権利には還元しえないものが含まれており，第2節で示す通り，それを実現することは，国家の権威の正当性を基礎づける国家の第一義的な任務と考えられる．公共の福祉という概念は冗語ではない．社会における一定の衛生水準の維持，寛容な精神が行き渡ること，他者が性的衝動にかられて行動したり，暴力を振るったりしないであろうと期待できる生活環境，かなりの程度まで契約は守られ，財産が侵害される危険も小さいという予測が成り立つ状況，猛烈な騒音や汚れた空気にさらされないで生活できる環境，これらはいずれも，個々人の権利には還元されえない社会のすべての構成員に同様に享受される公共財であり，言い換えれば，公共の福祉である．

る[10]. この前提によれば，およそ人は自らの好むことは何であれこれをなしうる天賦の人権を有する．したがって，人は財産権や思想良心の自由，表現の自由を有するのみでなく，人殺しをする自由，強盗をする自由，他人を監禁，暴行する自由などを天賦人権として有する．このような無制限の自由を各人が好むところに従って行使したとき，社会生活が成り立たないことは明らかである．したがって，「人権」は公共の福祉の観点から制約されねばならない．殺人や強盗，暴行，監禁が制約されることと，所有地の建築制限，デモ行進の時・所・方法の規制，職業の許可制などは，同じ公共の福祉という概念で一元的に説明がつくことになる．

しかし，このような考え方は我々の直観に反する．まず，表現の自由や思想・良心の自由など，我々が通常「人権」として想定するものは，殺人の自由や強盗の自由と同列に論じられるべきものではない．標準的な社会契約論によれば，人々は天賦の人権をよりよく保全し，共同生活の利便を享受するためにこそ国家を設立したはずであるが，その際，人々がよりよく保全しようとした自然権に，殺人の自由や強盗の自由が算入されていたとは考えにくい．そもそも他者と共存可能な存在として人間を考える限り，他者へ害悪を加える自由は，そのような人間の属性に含まれえないはずである[11].

---

10) 山本桂一「公共の福祉」『日本国憲法体系8巻』(有斐閣，1965) の分析を見よ．また，樋口陽一『憲法〔改訂版〕』(創文社，1998) 192-95 頁をも参照せよ．両者が指摘するように，判例は一貫して，憲法13条による公共の福祉の制約は，あらゆることをなしうる一般的な行動の自由をまず前提しているとの立場をとってきた．たとえば，食糧緊急措置令第11条の合憲性が争われた事件で，最高裁は，「新憲法下における言論の自由といえども，国民の無制約な恣意のままに許されるものではなく，常に公共の福祉によって調整されなければならぬ」とする (最大判昭和24年5月18日刑集3巻6号839頁)．なお，内野正幸『憲法解釈の論理と体系』(日本評論社，1991) 325-26 頁は明確に，公共の福祉による制約が一般的な行動の自由を前提としているとの立場をとるべきであるとする．内野氏がその理由として掲げるのは，そう考えない限り，国家が何らの正当化を要することなく個人の自由を制約しうる範囲が拡大するという点である．しかし，この問題は，**2** の **(4)** で述べるように，国家は公共の福祉の要請する範囲内でしか行動しえないと考えることによって解決しうる．

11) 註10掲記の山本桂一，樋口陽一両教授の分析を見よ．フランス人権宣言第2条は，「あらゆる政治的結合の目的は，生来でかつ不可譲の人権の保障にある」とする．また，ジョン・ロック (John Locke) の統治二論 (*Two Treatises of Government*, 2nd ed. by P. Laslett (Cambridge: 1967)) によれば，「人がその生来の自由を放棄し，市民社会の拘束を受けるようになる唯一の方法は，他人と合意して一つの共同社会に加入し，結合することであるが，その目的は，それぞれ自己に固有のもの (properties) を安全に享有し，社会外の人に対してより大きな安全性を保つこ

68　第Ⅱ部　人権と個人

　また,「人権」を本来, 無制約とするこの考え方は, 公共の福祉を名目とする国家による規制をも無制約とする危険をはらんでいる. 他者にほしいままに害悪を加えようとする生来, 邪悪な存在として人間を想定する限り, 平和な社会生活を成立させ, 維持すべき国家の行動範囲が無制限に及んでいくことも不思議ではない. その結果, あらゆる人権は, そもそも公共の福祉の観点からの制約を内在する「一応の自由」にすぎないとの結論が導かれる. 社会に完全に飲み込まれない形で「個人を尊重」するためには, 公共の福祉の観点からしても制約されるべきでない「人権」を保障する必要がありはしないかという問題は, このような観点からは見失われることになる[12].

(3)　「国家権力の限界」と「個人の人権の限界」

　一元的内在制約説を代表とする従来の学説の大勢は, 暗黙のうちに個人には無限定の行動の自由があると仮定し, その行動の自由をなぜ国家権力が制約しうるのかという問題に答えようとしてきた. その答えを抽象的な形で与えるのが「公共の福祉」という概念であり, 学説はその概念の内容を分析しようとしてきた. 国家の法令が個人の行動の自由を制約し, 義務づけることを通じて, その目的を達成するものである以上, 公共の福祉に関する諸学説は, そもそも

　　　とを通じて, 相互に快適で平和な生活を送ることである」(Bk. II, ch. VIII, para. 95). その際, 人々は自然権として,「自分自身の生命を絶ったり, 他人の生命や財産 (property) を奪ったりするような, 絶対的で気ままな権力を自分自身や他人に対してもっていない」のであるから, 人々からその権利を委任される立法権にも, そのような権利は含まれておらず, その射程は「社会の公共善 (publick good of the Society) に限定される」(Bk. II, ch. XI, para. 135).

　　　通説のモデルに合致するのは, むしろホッブズの描く自然状態である. 万人が万人と争う自然状態では,「すべての人がすべてのものに対して, お互いの身体についてさえ権利を持つ」ため, いかなる権利も安全に確保することはできない (Thomas Hobbes, *Leviathan*, ch. 14).

12)　これは, ホッブズの結論でもある. 人々が戦争状態を抜け出すためには, その権利をすべて放棄して主権者に服従しなければならない. そのとき, 国民には主権者によって行動を規制されない限りでの自由が残される (*ibid.*, chs. 17 & 21). 一般的な行動の自由論の克服の試みとして, 奥平康弘教授の表現の自由に関する検討がある(『なぜ「表現の自由」か』(東京大学出版会, 1988) 第1章). それは, なぜ表現の自由を厚く保障する理由があるのかその根拠を探り, それに応じて保障の範囲と程度を考え直そうとするもので, 一般的な行動の自由の一環として表現の自由を捉え, その制約の根拠を検討しようとする従来の考察方法とは出発点を異にしている. また, 教授の議論は表現の自由の根拠として, 社会全体の利益に属するものと, 個人の自律を理由とするものの二種があることを示しており(同書59頁), その点でも示唆に富む. この点については, 後出 3 の (2) 参照.

国家権力一般の正当性の根拠を問題にするものでもあったと言うことができる[13]．一元的内在制約説の場合で言えば，人々が国家の権威に服従すべき理由は，相互に衝突する他者の人権との調整にあると答えたことになる．

しかし，国家によって制約されない以上，本来，個人に無限定の自由があるとの前提が妥当でないとすれば，しかも，公共の福祉の名に下に包括される国家の行動の正当性根拠が，個々人の人権に限られてはいないとすれば，国家権力の正当性の限界と，個人の人権の限界とは自動的には一致せず，両者はそれぞれ独立に検討されねばならないこととなる．以下，各問題を「公共の福祉」（第2節）と「人権の限界」（第3節）で取り扱う．

2　公共の福祉

(1)　権威の正当化根拠

国家という権威の正当性，言い換えれば，人々はなぜ国家の法令を尊重すべきなのかという問題を考えるにあたっては，ジョゼフ・ラズ（Joseph Raz）教授の権威（authority）に関する分析が参考に値する．彼は，一般的に権威なるものが人々の実践的推論（practical reasoning）において果たす特殊な役割の検討を通じて，権威が服従を要求しうる場合に，必ず備えていなければならない諸条件を提示する．そのうちの二つまでは，非常に弱い，したがって多くの人々の賛同を得られるであろう条件である[14]．

第一に，権威が命ずるよう行動しなければならないのは，権威に命じられたか否かにかかわらず，そう行動するべき独立の理由があるからである．名宛人には，権威の命じた行動であるからという理由以前に，そのように行動すべき理由があることになる．ラズは，権威がこのような性格を備えているという主張を「依存テーゼ（dependence thesis）」と呼ぶ．権威の命令の拘束力は，命

---

13) 国法は，人々に命令し義務づける他にも，人に権利自由を保障し，義務を解除し，あるいは権限を付与することがある．しかし，権利自由の保障とは，それを侵害しないよう他の主体を義務づけることであり，権限の付与とは，付与された者の命令に従うよう他の主体を義務づけることである．また，義務の解除が一般的な義務づけを前提とすることは自明である．このように，国家の権力的活動はすべて義務づけの作用に還元することができる．

14) J. Raz, Authority and Justification, *Philosophy and Public Affairs*, vol. 14 (1985), pp. 3 ff.

令の存在とは独立に名宛人に妥当する理由の存在に「依存」しているからである[15]．

　第二に，そのような独立の理由の存在にもかかわらず，なお権威の存在に意義があるのは，各人がそれぞれ独自に彼(女)に妥当する理由に合致した行動をとろうとするよりも，むしろ権威の命令に従った方が，その独立の理由によりよく合致した行動をとることができるからである．ラズは，これが権威の通常の正当化根拠であることから，この主張を「通常正当化テーゼ (normal justification thesis)」と呼ぶ[16]．

　一般に，権威と呼ばれる存在が，このような性格を有していること，そしてこのような性格を有しているからこそ権威に従うべきであることは，さしたる異論なく承認されうるであろう．英会話の教師の言う通りに表現し，発音すべきなのは，教師の指示に従うことによって，生徒が独自に調査し練習するよりも効率的に，正しい英会話を習得することができるからであり，しかも生徒としては，教師の指示だから従うという理由以前に，正しい英会話を習得すべき独立の理由(たとえば海外出張をしなければならない等)があるからである．我々がテレビの天気予報や法律問題に関する弁護士の助言に依拠して行動するのも同様の事情からである．国家が典型的な権威の一種である以上，もし国法

---

15) J. Raz, *supra* note 14, p. 14. 依存テーゼは，権威によって命ぜられるか否かにより，名宛人のとるべき行動に何の変化も生じないことを意味するわけではない．次の通常正当化テーゼからすれば，権威の存在は，名宛人のとるべき行動に明らかに変化をもたらすし，註16で述べる第三のテーゼが主張するように，権威の命令が従前の理由に置き代わると考えるならば，たとえ権威の命令が誤っていたとしても，名宛人はその命令に従う理由があることとなる．この点については，J. Raz, pp. 15-18 above 参照．

16) J. Raz, *supra* note 14, pp. 18-19. ラズは，この他に，権威がある行動を命じているということ自体がその行動をとる理由になるとともに，その理由は，命令以前に独自に存在していたはずの理由に置き代わるという，より論議を呼ぶテーゼをも提示している．たとえば，裁判所の判決は，請求の事実上および法律上の当否にもとづいて下されるが，いったん判決が確定すれば，本来の請求の当否に関わりなく，当事者は判決に従って行動する義務を負うことになる．この際，ハートのように (H.L.A. Hart, *Essays on Bentham* (Oxford University Press, 1982), p. 253)，権威に従う者は，権威と独立に行動の適否について判断すること自体を遮断されるとの強い主張をする必要はなく，判断の当否と関わりなく行動が権威の命令に適合しているだけで十分である (J. Raz, pp. 7-8 above)．この第三のテーゼについてはさまざまな批判と論議があるが (cf. J. Raz, pp. 25-27 above)，現在の文脈では，我々はこのテーゼに賛同する必要も，またそれを検討する必要もない．なお，長谷部・前掲註7，第2章4—Bは，ハートおよびかつてのラズがとっていた強い主張に則って，第三のテーゼを論じている．

に従うべき正当な理由があるとすれば，やはり国法に従うことによって，人々が本来とるべき行動をよりよくとることができるという理由であろう[17]．

アンドレイ・マルモー（Andrei Marmor）博士は，ラズ教授の議論を発展させて，国家の命令に従うことにより，各人が独自に考えて行動するよりも，本来とるべき行動をよりよくとりうる事情として，次の二つの類型を挙げている[18]．第一は，子どもがいかに行動すべきかについて親の方がよくわかっているように，人々が直面している問題について，国家が私人よりすぐれた知識を有している場合である．問題の専門性・技術性を理由に行政機関の判断が尊重されるべき場合がその例である．もっとも，多くの問題について国家が私人よりもすぐれた知識・経験を有していると考えるべき理由は明らかでない．すぐれた知識を有しているというのであれば，まずその知識を開示して，いかにそれがすぐれているかを主張立証すべきであり，それが示されていないにもかかわらず，抽象的に専門的・技術的知識の存在が主張されていることを理由に権威を認めることには慎重でなければならない．

第二に，国家が特にすぐれた知識を有しているわけではないが，国家が一般人よりも，問題を解決する上でより適切な立場にある場合がある．典型的には，以下で述べる調整問題と公共財の供給の問題を挙げることができる．

(2) 調整問題

ラズは，調整問題（coordination problem）を，大多数の人が，大多数の人がとるような行動をとろうとする状況として性格づけている[19]．厳密な定義とはいえないが，分析の出発点としては十分である．

世の中には，どれでもよいが，とにかくどれかに決まっていてくれなければ困る事柄が沢山ある．車は道の右を通るべきか左を通るべきか，有効な契約を

---

17) もちろん，これ以外に国家に服従すべき理由がありえないとは言えない．しかし，そのような理由があるとしても，それは例外的であり，国家としては，その存在を証明する重い主張・立証の責任を負うこととなろう．
18) A. Marmor, *Interpretation and Legal Theory* (Oxford University Press, 1992), pp. 123, 177-78.
19) J. Raz, *Morality of Freedom* (Oxford University Press, 1986), p. 49. なお，調整問題については，長谷部・前掲註7，第2章2―Cおよび第3章3―A参照．

結ぶためには書面や証人が必要か否か,燃えるゴミを出す日は月・水・金か火・木・土か,これらの事柄は,人によって多少の便・不便の差はあっても,いずれが正しいかより,いずれかに決まっていること自体が,そして,それに大多数の人々が従うことが肝要な問題である.

調整問題状況においては,各当事者は複数の選択肢に直面する.各当事者の利得は,他の当事者の選択にも依存しており,当事者は互いに他の当事者の行動をコントロールすることができない.当事者が満足するのは,すべての当事者が一致してある選択を行った場合であるが,そのような選択は一通りには限られていないため,各当事者は他の当事者の出方を予想しながら,各自の行動を調整しようとする.

車の通行する側や,契約の方式,ゴミを出すべき曜日など,ある種の調整問題状況は,反復・継続して発生する.このような状況は,社会の自生的な慣習 (convention) によっても,また国家の権威に従うことによっても解決できる.この種の調整問題に直面した人々は,すべて,いずれかの選択肢を指定する慣習や法令に一致して従うことに利益を見いだす.デイヴィッド・ヒューム (David Hume) は,私有財産制度そのものが,反復・継続する調整問題を解決するために生まれた制度であると指摘している[20].何が誰に帰属するかについてアプリオリに正当と言える唯一のルールの体系が存在するわけではない.ただ,人々が自分の生活を維持し,財を相互に交換し,社会生活の便宜に与るためには,他のすべての人々があるルールの体系を遵守することを条件に,自分もそれを守るという選択が必要となる.ここでも,可能なルールの選択肢は複数あるが,とにかくそのうちどれか一つに大多数の人々が服従することが,すべての人の利益にかなう.そして,日本であれフランスであれ,ある社会に所属した以上は,その社会の財産制度に従って生きることが,各人にとって最善の利益となる.

国家の法令による解決は,既存の慣習が存在しない新たな調整問題状況が発生した場合に適している.今まで車の存在しなかった社会に,新たに車が導入された場合が,その例である.また,たとえ慣習が存在していたとしても,そ

---

20) D. Hume, *A Treatise on Human Nature*, ed. L. A. Selby-Bigge, 2nd ed. revised by P. H. Nidditch (Clarendon Press, 1978), bk. III, pt. II, sec. ii.

れが法令として明確に公示されるならば,人々の行動の指針としてより効率的に機能することができる.

　調整問題を解決する場合,国家は,大部分の私人よりもすぐれた知識があると主張する必要はない.国家は,国家として存在し,実際上大部分の人々に服従されているということ自体によって,一般の個人や団体よりも目立つ (salient) 存在であり,そのため調整問題をより効果的に解決しうる立場にある.いったん国家が法令によって特定の選択肢を指定すれば,大多数の人々は,各自の利益を理由に,その法令に従おうとするはずである[21].

(3) 公共財の供給

　公共財の供給が問題となる状況は,いわゆる囚人のディレンマ状況の一種である[22].囚人のディレンマ状況においては,各当事者がそれぞれ独立に,各自にとって最善の利益を目指して行動すると,かえって全体としては最善の結果

---

21) 2の(3)で述べる囚人のディレンマ状況をも含めた広い意味で調整問題という概念を使用する例もある.例えば,ジョン・フィニスは,調整問題という概念を,本来それが由来するゲーム理論的な狭い意味で用いるべきではなく,当事者の利害が必ずしも一致しない状況をも,また個々の当事者の利益ではなく,社会全体としての利益が人々によって追求されている状況をも含めた広い意味で用いるべきだとし,そのような調整問題状況を解決することが,法の権威を説明し,正当化すると主張する.長期的に見れば,人々の立場は相互に入れ替わるため,利害が対立する状況についてもその解決が示されることこそが重要だというのがその理由である (J. Finnis, *supra* note 9, p. 255; J. Finnis, Law as Co-ordination, *Ratio Juris*, vol. 2, no. 1 (1989)). しかし,このように調整問題の意味内容を希薄化してしまうと,その正当化の力の如何も疑わしくなる.

　現実の世界では,調整問題と囚人のディレンマ状況とは相互に入り組んだ形で生起するし,人によってある問題を調整問題と見るか,囚人のディレンマと見るかは異なりうる.また,多くの社会問題は,「恋人の争い (Battle of the Sexes' game)」(たとえばデートに出掛けようとする二人の恋人のうち女はボクシングを,男はバレーを好むが,二人とも一人で好きなものを見に行くよりは,一緒にデートする方を選好するという状況)に示されるように,対立する人々が,社会的な協力を放棄はしないものの,コンセンサスを自らの好む方向へ変えたいと考えることから生ずるものであり,あらゆる人にとって純粋な調整問題状況が生起することはむしろ稀であると考えられる.しかし,なお,理念型として調整問題と囚人のディレンマ状況を区別して論ずることには,社会的な協調のあり方を理解する上で意義があると考えられる.以上の点については,G. Postema, Bentham on the Public Character of Law, *Utilitas*, vol. 1, no. 1 (1989), pp. 49–56 参照.

22) 囚人のディレンマ状況と権威との関係については,E. Ullman-Margalit, *The Emergence of Norms* (Oxford University Press, 1977), ch. II および L. Green, *The Authority of the State* (Oxford University Press, 1988), ch. 5 参照.

に到達しえない．しかし，各当事者が協調して全体の利益を増大させようとしても，あまりにも当事者の数が多いなどの事情から相互のコミュニケーションと協調は困難である．

　警察，消防，防衛などの典型的な公共財は，通常の私的財と異なり，消費の排除性・競合性が働かないため，市場においては消費者が自己の選好を誠実に顕示せず，そのため，適切な供給がなされない．警察や消防のようなサービスを市場において対価と引換えに供給しようとすると，そのサービスは対価を支払わない人々にも一般的に及ぶため，自己の効用の最大化を求める「合理的」な個人はいずれも，フリー・ライダーとして可能な限りサービスにただ乗りしようとするはずである．そして，すべての人がこのような行動をとれば，公共財を対価に応じて提供する事業は立ち行かなくなり，結局市場を通じて公共財が供給されることはなくなる．その結果，誰もその公共財を適切に入手することはできなくなり，すべての人が不利益を被ることになる．

　このような場合，多数人の私的なイニシアティヴにつきまとう社会的協調の困難を解決するためには，国家を通じて公共財を供給することが適切となる．供給の費用は，すべての人から公平にかつ強制的に徴収され，供給の範囲や量は，民主的な手続を通じて決定される．この場合も，国家は，本来，公共財の供給のあり方についてすぐれた知識を持つと主張する必要はない．社会が置かれた囚人のディレンマ状況を解決する点で，国家が私的な個人や団体よりも適切な立場にあると主張するだけで十分である．公共財の供給に関しては，私人は，各自が自己の最善の利益を目指して行動するよりも，国家の指示に従う方が，全体としてはよりよい利益を獲得することができる．

　この問題に関連して留意しなければならないのは，憲法上保障されている権利の中に，社会の利益を増大させる公共財としての性格を有し，その性格を有するからこそ保障されている権利があるということである．典型的な例としては，表現の自由を挙げることができる．表現の自由が広範に認められ，社会にさまざまな情報が行き渡ることで，政治を理性的に判断しうる市民が育成され，批判や論議が活発となって民主政治が活性化し，また多様な人生観，価値観が提供されることで人々の間に寛容の精神が育つことなど，重要でしかも社会全体に及ぶ利益が実現される．つまり，自由な表現活動の利益は，表現者個

人のみでなく，社会全体に及ぶものであり，大部分の人は，それについて対価を払うことはしない．このため，もし，表現の自由の保障範囲の決定を市場に委ね，各人がどれだけ表現活動を行いうるかを各人の支払い意思（willingness to pay）によって決定しようとするならば，社会全体としては過少な表現活動しか認められないおそれが強い（たとえば，表現の自由を一般的に禁止した上で，表現活動を免許制の下におき，免許を入札制で配分する制度を考えよ）．同じことは，営業の自由のような経済活動の自由についてもあてはまる．

この種の憲法上の権利が，同じ公共財でありながら，議会や政府のその時々の決定ではなく，憲法によって保障され司法権によって擁護される理由は何であろうか．公共財の中には，警察・消防サービスの提供や，道路・橋の建設など，日常的な生活上の必要や利便に答えるべく，時宜に応じて促進され，提供されるべきものと，社会生活のより根底にあり，社会に生きる人々の生き方や考え方の基礎をなすようなものとがある．ラズ教授が指摘するように，民主的な政治体制や，その不可欠の構成要素である表現の自由，マスメディアの報道の自由などは，後者にあたる．そして，このような価値や利益については，これを憲法上の価値と認め，その時々の議会多数派による安易な変更を許さず，政治過程から独立した裁判所にその擁護を委ねるという制度上の工夫が，立憲主義諸国において通常とられている[23]．表現の自由や営業の自由に憲法上の地位が認められ，より厚く，あるいはより薄く保障される根拠は，それぞれの自由権の公共財としての価値によるところが大きい[24]．

(4) 国家の権威の内在的限界

国家の権威の根拠が，今まで述べてきたように，すぐれた知識，あるいは調整問題や囚人のディレンマ状況をよりよく解決しうる能力にあるとすれば，それに応じて，国家が正当に私的領域に介入しうる限度が内在的に定まってくる．

第一に，国家がすぐれた知識を有するとの理由から権威を要求している場合には，法令の根拠となる知識が，主張されるような妥当な知識でない限り，そ

---

23) J. Raz, *Ethics in the Public Domain* (Oxford University Press, 1994), pp. 40-43, 152-54.
24) 以上の点については，長谷部恭男『テレビの憲法理論』（弘文堂，1992）第1章―2(3)参照．

れに従う必要はないこととなる．第二に，法令が調整問題の解決に失敗し，それと異なる解決が自生的慣習によってもたらされている場合には，人々はむしろ後者に従うべきであり，国法に従う理由はない．第三に，国家が公共財の適切な供給を行っておらず，かえって社会全体の利益の低下が予想される場合，たとえば，マスメディアの報道の自由を必要以上に制約している場合にも，その法令に従う理由はない．

　以上のような場合には，国家は社会全体の利益，つまり公共の福祉に貢献せず，むしろそれを低下させていることになる．したがって，裁判所はそのような法令の適用を拒否すべきである．実際にも，経済的自由の制約立法について違憲判断がなされた例を見ると，日本の最高裁判所は，むしろ問題となった法令が，政府の主張するような適切な知識・経験にもとづくものではなく，かえって社会全体の利益の低下につながると判断しているかに見える[25]．その前提となっているのは，国家は，第3節で述べるような狭義の人権を侵害していない場合においても，公共の福祉に反して個人の行動の自由を束縛するべきではないという判断であろう．国家は公共の福祉に従ってのみ正当に行動しうるのであり，そのような妥当な根拠なしに個人の行動の自由を束縛することは，個人の人権の侵害である以前に，国家権力の内在的制約を逸脱している．つまり，これらの事件で，財産権や職業選択の自由などの憲法の各条項は，実際には，公共の福祉を維持するための根拠として用いられていることになる．政府が財産権や職業選択の自由を法律によって制約しうるのは，各条項が明示しているようにあくまでそれが「公共の福祉」に適している限りにおいてである．裁判所は，これらの「人権条項」を国家権力の境界線として用いており，その境界を守ることが公共の福祉の実現につながるとの判断を有していると見ることができる．残された問題は，国家が妥当な専門的知識にもとづいて行動し，適切に調整問題を解決し，公共財を提供しているにもかかわらず，なお国家の法令に従わないことが正当化される状況はありえないかである．もし，国家の権威の内在的限界，つまり公共の福祉を促進するか否かの判断が，

---

[25] 薬事法による薬局の配置規制の非合理性を理由に違憲判断を示した判決（最大判昭和50年4月30日民集29巻4号572頁），および，森林法の共有林分割制限条項の非合理性を根拠に違憲判断を行った判決（最大判昭和62年4月22日民集41巻3号408頁）が代表的な例である．

個人の人権を侵害するか否かの判断と合致するのであれば，そのような状況はありえないであろう．従来の通説の立場からすれば，二つの判断は幸福にも一致するはずであり，したがって，公共の福祉の限界は同時に人権の限界であった．しかし，そのような考え方は，**1 (2)** で述べた通り，常識にも直観にも反する．

本章は，以下，国家の権威を外在的に制約するものとして，個人の人権が存在するとの主張を行う．人々が直面する実践的問題の中には，よりよい知識や他者との協調の如何ではなく，むしろ，各自が自ら考え，決定し，自らそれを行うこと自体に意味のある問題がある．この種の問題について，国家が専門的知識や，社会的調整の必要等を口実に介入するならば，個人の人権を侵害することになる[26]．

3　人権の限界

(1)　個人の自律

もし人権保障の根拠が，通説の主張するように，結局は社会全体の利益に還元されてしまうのであれば，公共の福祉と独立に，人権とは何かを考える意味はほとんどない．自らの人生の価値が，社会公共の利益と完全に融合し，同一化している例外的な人を除いて，多くの人にとって，人生の意味は，各自がそれぞれの人生を自ら構想し，選択し，それを自ら生きることによってはじめて与えられるはずである．その場合，公共の福祉には還元されえない部分を，憲法による権利保障に見る必要がある．少なくとも，一定の事項については，たとえ公共の福祉に反する場合においても，個人の自律的な決定権を人権の行使として保障すべきであり，言い換えれば，人権に，公共の福祉という根拠にもとづく国家の権威要求をくつがえす「切り札」としての意義を認めるべきであ

---

[26]　もちろん国家の権威を外在的に制約する事由は，個人の人権以外にも存在しうる．たとえば反乱軍によって制圧されたために国家の権威が及ばなくなった地域の住民は，国家よりもむしろ反乱軍の命令に従うべき理由があろう．外国の軍隊によって占領された地域の住民についても，同じことが言える．

る[27]。

　もっとも、個人の自律を根拠に認められる「切り札」としての権利の内容と射程については、慎重な考慮が必要である。少なくとも、個人が自律的に選択したことだからという理由のみから、社会全体の利益に反してまで、具体的な行動の自由が保障されねばならないとは言いにくい。個人が自らの選択した目標の実現に向けて行動しようとするとき、他の人々は、必ずしもそれを援助すべき義務や、それから生ずるコストを受忍すべき義務を負うわけではない。たとえば、隣家の人がベートーヴェンのピアノ・ソナタを全曲弾きこなしたいとの決意を固め、それを実行に移したからといって、私として、彼(女)を援助すべきだとか、どんな理由があってもそれを妨げてはならないとはいえない。このような行為は、それを自律的に選択したからこそ、そして選択した人にとってのみ価値のある行為であり、誰にとっても価値のある行為とはいえない[28]。

　個人の自律的選択は、一般に、それにもとづく個々の具体的な行動の自由を基礎づけることはできないと考えられる。その人自身にとってしか意味のない行動に、社会全体としての、誰にとっても共通の価値をくつがえす「切り札」としての意義を認めることは難しい。さらに、自分で決めたことについて、すべてそれを実行する自由を認めるとすれば、そのような広汎で無内容・無限定な自由は、社会生活のあらゆる局面で衝突を繰り返すであろう。そのため、実定法規によってそのような衝突を調整し、解決することが必要となる。つまり、具体的行動の自由を広汎に認める一般的な自由は、広汎な立法による制約を前提とすることではじめて成り立つ。このような広汎な制約を存立の前提

---

27) 「切り札」としての権利という概念は、ロナルド・ドゥオーキン教授によって広められたものである。R. Dworkin, *Taking Rights Seriously* (Harvard University Press, 1978), chs. 18 & 19 を参照。社会全体の利益あるいは公共の福祉は、確かに人がいかに行動すべきかを考えるにあたって大きな比重を占めるべき要素である。しかし、それは人の生き方を全面的に支配する要素ではない。人には、それぞれ自己のコミットした人生の目標、自己のコミットした友人、夫婦、親子関係のように、そもそも社会全体の利益には十分には組み込まれえないような行動の理由がある。問題となる社会全体の利益がきわめて緊急で深刻なものと言えない限りは、そのような個人的な理由を根拠として、社会全体の利益に対抗することも認められるべきである。勿論このような対立が生じた場合に、個人的事情を犠牲にして社会公共のために尽くすことは崇高なことではあるが、あらゆる人に対し個人レベルの事情にかかわらず常に社会全体の利益の要求にのみ従って生きることを求めるのは非人間的であろう (cf. Th. Nagel, *The View From Nowhere* (Oxford University Press, 1986), pp. 200-04)。

28) cf. Th. Nagel, *supra* note 27, pp. 166-71.

する自由は,「切り札」としての権利ではありえない.

　「切り札」として機能することを認められる権利であるためには,いかなる個人であっても,もしその人が自律的に生きようとするのであれば,多数者の意思に抗してでも保障してほしいと思うであろうような,そうした権利でなければならない.そのような権利がもしあるとすれば,個人の人格の根源的な平等性こそが,このような権利の核心であろう.他人の権利や利益を侵害しているからという「結果」に着目した理由ではなく,自分の選択した生き方や考え方が根本的に誤っているからという理由にもとづいて否定され,干渉されるとき,そうした権利が侵害されているといいうる.このような制約は,その人を他の個人と同等の,自分の選択にもとづいて自分の人生を理性的に構想し,行動しうる人間としてみなしていないことを意味する.

　たとえば,ポルノグラフィーは道徳的に堕落したものであるから,その出版を禁止することは正当であるという理由づけは,ポルノの読者の道徳的な自律性の否定の上に成り立っており,ここにいう「切り札」としての権利を侵害することとなる.また,マルクス主義は誤った理論であるから,マルクス主義学説の発表は禁止できるという理由づけも,同様に,個人の自律的な判断を政府が先取りしようとするものである.この種の法律は,個人の根源的な平等性を否定している.個人はそれぞれ自分の考えに従って自由にその生き方を決め,それを自ら生きていくべき存在であり,この点に関する限りいかなる差別も認められない.

　このように,個人の自律にもとづく「切り札」としての権利は,個々人の具体的な行動の自由を直接に保障するよりはむしろ,特定の理由にもとづいて政府が行動すること自体を禁止するものと考えられる.このような意味での「切り札」としての権利は,あらゆる問題について社会の大勢に順応して生きようとする人にとって,また現に社会の多数派と同じ考えを持っている人にとってはさして価値のない権利であろう.それは,少数者にとってのみ意味のある権利である[29].

---

29) 以上の点については,長谷部・前掲註24,第1章—2(4)を参照せよ.個人の自由を制約しようとする際に政府が提示する正当化理由に十分な根拠がない場合には,政府は実際にはここで問題となっているような少数派の思想や生き方への偏見から立法を行っている蓋然性が高いと言える.したがって,実際の違憲立法審査の場面では,当該立法に公共の福祉の観点からの十分な基

(2) 「切り札」としての人権と公共の福祉にもとづく権利

「人権」ということばは，さまざまな意味で用いられ，現在では，憲法上保障された権利をすべて人権と言う用法が一般的である．しかし，個人が生来，国家成立前の自然状態においても享有していたはずの権利という，人権本来の意義に即して言えば，個人の自律を根拠とする「切り札」としての権利のみを人権と呼ぶのがより適切である．

前述の通り，憲法上の権利の中には，公共財としての性格のゆえに保障されるべき権利もあり，また，判例を見ると，しばしば公共の福祉に適合するか否かという観点から，憲法上の権利が侵害されているか否かが判定されてきたと考えられる．「公共の福祉」の観点からの判断をくつがえす「切り札」としての性格を持つ権利が存在するということ自体は，「公共の福祉」を根拠とする権利の存在を否定すべきことを意味しない．むしろ，憲法上保障された権利には，「切り札」としての人権と，公共の福祉にもとづく権利の二つの種類のものがあることを正面から認識すべきである．

いわゆる「営業の自由」論争を提起した岡田与好教授の議論の核心には，憲法上保障された経済的自由は，基本的人権としての個人的自由の不可欠の一環をなす部分と，公共の福祉の観点からする政策的選択の結果として保障され，ときには社会の構成員に強制される部分とからなる，との主張があった[30]．本章の枠組みで言えば，前者は「切り札」としての人権であり，後者は公共財としての憲法上の権利である．このような複合的な性格は，経済的自由のみではなく，表現の自由のような，典型的な精神的自由権についても見ることができる．たとえば，マスメディアに認められる報道の自由は，マスメディアが法人であり，個人ではないという理由のみからしても，個人の自律を根拠とする

礎づけがあるか否かの判断と，当該立法が「切り札」としての権利を侵害しているか否かの判断とは密接に関連している場合が多いであろう．しかし，この関連は，概念上の論理的な関連性ではなく，事実上の関連性である．

30) 岡田与好『経済的自由主義』(東京大学出版会，1987) 13 頁．別の言い方をするならば，「ひとが『自分の従事すべき職業を決定すべき自由』をもつということと，決定するさいの特定の『その職業をおこなう自由』が保障されているということとは別個の事柄であり，前者の自由は論理必然的に後者の自由をふくむものではない．むしろ逆に，前者の自由は，後者の自由の範囲と程度によって実質的に制約されざるをえない」ことになる(岡田与好『独占と営業の自由』(木鐸社，1975) 34 頁)．

「切り札」としての人権ではありえない．マスメディアの報道の自由は，それが民主的政治過程の維持に貢献し，生活に必要な多様な情報を供給する等の，社会全体の利益を理由に厚く保障されるべき権利であり，もし，その同じ理由が，放送制度の規制に見られるように，自由の制約を要請するときには，正当に制約されるべき権利である．公共の福祉という概念は，ある憲法上の自由を制約する根拠になる一方で，その自由をより厚く保障する理由にもなる．

わが国においては，「法人の人権」という概念の下に，政治行動の自由をも含めた憲法上の権利を法人に認めようとする議論が有力であった．憲法上の権利の持つ複合的性格からすると，法人に認めることが許されるのは，そのうち公共の福祉を理由とする権利にとどまる点が強調されるべきである．そして，個人の自律を保障しようとする観点からは，むしろ強大な社会的権力たる法人からの自由を個人に認める手段として，「人権規定の私人間効力」が重視されることになる[31]．

(3) 「人権規定」の「私人間効力」

私人間における「人権規定」の効力の問題は，「法の支配」の射程の問題として理解することができる．ここで言う「法の支配」とは，近代立憲主義の要請を包括的に指すものではない．それは，法が公示され明確であること，不可能な行動を要求しないこと，事後立法が禁止されること，過度に不安定でないこと，法が相互に衝突しないこと，個別の法が一般的抽象的な法にもとづいて定立されること，独立した裁判所による公平な適法性審査へのアクセスが保障

---

[31] 法人が自然人と同様に政治的行為をなす自由を有するとしたいわゆる八幡製鉄事件最高裁判決（最大判昭和45年6月24日民集24巻6号625頁）が，「法人の人権」が承認された顕著な例である．もっとも，この判決は，「憲法第3章に定める国民の権利および義務の各条項は，性質上可能な限り，内国の法人にも適用されるもの」としたにとどまり，法人に「人権」があると明確に宣言しているわけではない．ここで述べた論点については，樋口・前掲註10, 176–78頁および224–26頁参照．法人に与えられる憲法上の権利が，個人の自律を根拠とする権利を含まない点については，長谷部・前掲註24, 第1章ー3および4を参照．筆者の見解に対しては，樋口陽一『近代国民国家の憲法構造』（東京大学出版会，1994）137頁註2における批判がある．

なお，木下智史「団体の憲法上の権利享有についての一考察」神戸学院法学22巻1号は，アメリカ合衆国の判例においても，団体は個人が集合したものであるという団体観が強く，基本的には団体の構成員の利益にかなう限りで当該団体の憲法上の権利享有が認められてきたと指摘する．

されていることなど，一国の法秩序において，法が法として機能するための要請，言い換えれば人が法に従いうるための最低限の条件が整っているという要請である[32]．

　この要請は，私人に対し行動の帰結について予測可能性を保障することを眼目としている．それが保障されてはじめて，人の恣意によってではなく法による支配がなされていると言うことができる．予測可能性を保障しえない統治は公正 (fair) であるとはいえない．そして，私人に対し行動の予測可能性を保障することは，結果として社会の厚生の最大化に貢献し，あるいは個人の自律的な生を保障することにつながる．予測可能性を保障された私人は，各自の効用の最大化を目指した計算とそれにもとづく行動が可能となり，それは結局，社会全体の厚生の最大化につながる．また，自らの行動がいかなる法的な結果を導くかがわかってはじめて，個人は自律的な人生の選択が可能となる．

　人権規定の私人間効力の問題とは，このような法の支配の要請を満たした既存の法秩序を前提として成り立っている私人の行動に，国家が「人権」条項違反を理由にアドホックに介入し，法律行為の効力を否定することが妥当か否かという問題である[33]．憲法上の権利条項は，私法上の諸規定と異なり，法的結論を all-or-nothing で決する明確な内容を持たない．それは一定の方向へ法的結論を導く指針として働き，別方向へと働く他の指針と衝突しうる．それぞれの指針に与えるべき重みは，個別具体の事情に応じてはじめて定まるため，ある指針を考慮した結果を事案を離れて抽象的に予測することはできない．ドゥオーキン教授の用語法を使うならば，憲法上の権利は，準則 (rule) ではなく，

---

32) ここで述べた「法の支配」の観念については，長谷部恭男「法の支配が意味しないこと」小林直樹教授古稀祝賀論集『憲法学の展望』(有斐閣，1991) [後，長谷部恭男『比較不能な価値の迷路』(東京大学出版会，2000) 所収] を見よ．

33) 私人間で，「人権」侵害を根拠とする差止あるいは損害賠償が問題となる場合には，人格権ならびに民法 709 条をはじめとする実定私法上の不法行為法制によって保護された利益が侵害されるか否かが問題とされることになり，それに関しては，本文で述べたのと同様の考慮が妥当するであろう．これに対して，公権力が大きく関わっていたり，高度に公的機能を遂行したりする私人の事実行為を国家行為 (state action) とみなして，憲法の規定を直接適用すべきだとの議論 (芦部・前掲註 1，314 頁以下) は，憲法上の権利が侵害されるときは，物権的請求権類似の救済が直ちに与えられるとの前提をとっているかに見える．私人の事実行為についてこの種の救済が与えられるとの議論は，さらに，現在の日本の実定法制において国家の事実行為による人権侵害については当然この種の救済があるとの前提をとっているはずである．

原理(principle)にすぎない[34]．原理は，準則と同様の意味で「適用」されるものではなく，具体の事案に応じて「考慮」されるものである．憲法上の権利の重みと射程は，明確な結論を示す形式的なルールの集合には還元されえない[35]．

　私法行為の効力を判定する際，憲法上の権利条項に反するか否かという考慮を加えるならば，私人の予測可能性はある程度低下するであろう．もっとも，上述のような狭い意味での法の支配の要請は，それを完全な形で充足することはそもそも不可能であることに注意する必要がある．憲法条項の私人間効力が問題となるような事件は，その妥当な解決について専門の法律家の間でも結論が対立しうる事案であり，予測されるべき法的結果自体がそもそも論争の対象となっている．また，法の支配の要請は法体系が充足すべき唯一の要請ではなく，同様に法体系が充足すべき他の要請と衝突しうる．憲法上の権利が法体系全体において尊重されるべきことは，そのような他の要請の一つである[36]．

　もし，既存の法秩序を前提とする私人の行動に，国家が「人権」条項違反を理由にアドホックに介入し，法律行為の効力を否定することを基本的に肯定するのであれば，それを憲法規定の直接的な「適用」の結果として説明するか，それとも民法90条をはじめとする私法上の一般条項の解釈適用の問題として処理するかは，実はさほど重要ではない．憲法規定が直接に考慮されうることが明示され，予告されれば，私人はそれを前提として効用計算をし，選択をするまでのことである．憲法条項と同様，原理を定めているにすぎない民法90条の問題として処理される場合に比べて，法の明確性や予測可能性について，それほど違いがあるとは考えにくい．そうである以上，判例・通説が「間接適用説」をとるのであれば[37]，あえてそれに異を唱えるまでもない．

---

34) Cf. R. Dworkin, *supra* note 27, pp. 22-28, 71-80. なお，長谷部恭男「厳格憲法解釈論の本質と精神」同『比較不能な価値の迷路』(前掲註32) 所収をも参照．

35) Cf. T. R. S. Allan, *Law, Liberty, and Justice* (Oxford University Press, 1993), ch. 6. もっとも，H.L.A. Hart, *The Concept of Law* (Oxford University Press, 2nd ed., 1994), pp. 259-63 が指摘するように，準則と原理との相違は截然としたものではなく，程度の違いとみる余地がある．

36) 長谷部・前出註32, 122-24頁．

37) 間接適用説をとる判例としては，いわゆる三菱樹脂事件最高裁判決がある(最大判昭和48年12月12日民集27巻11号1536頁)．間接適用説をとる代表的な学説としては，芦部信喜『現代人権論』第1部(1974) がある．なお私人間適用に関する最近の詳細な研究として，棟居快行『人権論の新構成』(1992) 第1章がある．

憲法規定の私人間効力が問題とされる場合，通常，一方の当事者は強大な社会的権力を有する株式会社，大学，労働組合等の法人である．このような場合，個人の選択の自由を保障するという観点から，法人に対する法の支配の保護を貫徹する必要は乏しい．法の支配による法人への保護がなお要請されるとすれば，社会的相互作用を調整し，社会の厚生の最大化をはかるという功利主義的観点から説明されねばならない．

これに対し，法人と対立している当事者の権利が，個人の自律を根拠とする「切り札」としての人権であるとすれば，直接適用であれ間接適用であれ，その人権を保障すべきだとの結論が導かれよう．このような意味での人権は，国家成立前の自然状態においても，また何人に対しても主張できるはずの権利であり，対国家防御権にとどまるものではない．当然，社会的権力たる法人に対しても主張できるはずである．

他方，問題となっている個人の権利が一般的な行動の自由であったり，公共財として憲法によって特に保障されているような権利であるとすると，対立する法人の利益との比較衡量が必要となる．「切り札」としての人権が問題となっているか否かは，3 の (1) で述べた通り，いかなる理由にもとづいて私人の自由が制約されているかによって判断されるべき部分が大きい．もっとも，その判断は，果して当該法人の設立・運営の目的という観点から，問題となっている自由の制約が合理的に説明できるか否かの判断と重なり合うことが多いであろう．後者の答えが否であれば，社会的権力によって個人の根源的な平等性が否定されているとの推定が成り立つと考えられる[38]．

4　憲法 12 条, 13 条の構造

(1)　憲法 12 条の意味

以上のような考え方からすると，憲法 12 条および 13 条は何を要求しているものと考えられるであろうか．

憲法 12 条は，「この憲法が国民に保障する自由及び権利」について，国民は

---

38)　前出註 29 参照．

「常に公共の福祉のためにこれを利用する責任を負ふ」とする．ここで言う「国民の自由及び権利」が，前述したような個人の自律を保障するための自由や権利を意味しているとは考えられない．個人の自律を保障する権利の範囲が，常に公共の福祉によって支配され，画定されるという考え方は，憲法13条前段の言う「個人の尊重」の原理と真っ向から衝突する．この原理と整合するように12条を解釈しようとすれば，そこで言う「国民の自由及び権利」とは，人類普遍の人権ではなく，「この憲法が国民に保障する自由及び権利」と解さねばならない[39]．人類普遍の，そして個人の尊重の原理から当然に導かれる「人権」に加えて，憲法が特に「国民」に対して，一定の「自由及び権利」を保障する理由は，それが人権のより有効な保障に役立つから，あるいは，その保障が何らかの公共の福祉の実現に役立つから，といういずれにしても手段的な権利として保障するという理由に帰着するであろう．

　憲法12条の言うのは，これら憲法が特に国民に与えた自由及び権利が，その保障の根拠からして，公共の福祉に反しえないことを明らかにしたものと解される．逆に言うと，常に公共の福祉のために利用されるべき権利・自由を，この憲法が，特に，人権に加えて国民に与えている旨を示していることになる．このような権利・自由としては，マスメディアに与えられた報道の自由や，営利目的の法人に与えられた営業の自由を例として挙げることができるであろう．法人は，自然人と異なり，「切り札」としての人権を享有するいわれはない．法人が享有しうるのは，せいぜい公共の福祉を根拠として特に憲法によって与えられた権利のみである．

(2) 憲法13条の意味

　他方，憲法13条後段は，「生命，自由及び幸福追求に対する国民の権利」についての「立法その他の国政の上」での尊重に関し，「公共の福祉に反しない

---

39) これは，小嶋和司・大石眞『憲法概観〔第4版〕』(有斐閣，1993) 63-64頁で示唆されている解釈である．この解釈からすると，12条の言う「この憲法が国民に保障する自由及び権利」と憲法11条の言う「基本的人権」とは同一ではありえない(同上)．なお，土井真一「憲法解釈における憲法制定者意思の意義」法学論叢131巻1・3・5・6号は，11条に言う「基本的人権」とは自然権を意味し，およそ基本的な人権と考えられるものをすべて含む趣旨とするのが日本国憲法の起草者の見解であったと指摘する．

限り」という条件を設けている．上述の議論と整合的にこの条項を解する一つの道は，この条項が，「立法その他の国政」のみに関する指針を設けたもので，裁判所による裁判の基準を与えようとするものではないというものである．立法，行政など，国政を担当する政治部門の国家機関が，第一次的には公共の福祉の実現に努めるべきであり，またそれに適した組織と決定方法をとることは一般に受け入れられた見解であろう．だとすると，13条は，そのような第一次的任務に加え，かつその任務に反しない限りで，生命，自由および幸福追求に対する国民の権利一般についても，これを最大限尊重すべきことを，政治部門に対し要請するものと考えられる．前述したような，個人の自律を保障する人権を，公共の福祉の要求に抗しても保護すべき任務は，政治部門よりは司法機関に委ねられるべきである．個々の当事者の請求に応じて手続を開始し，個別の事情や理由をつぶさに勘案して，事件毎に解決を下す司法機関こそが，このような任務を適切に果たすことができる．もっとも，このような解釈は，13条後段に裁判規範性を認めようとする通説の立場と衝突するという難点がある[40]．

いま一つの，より説得力に富むと思われる解釈として，「立法その他の国政」は司法をも含むが，「生命，自由及び幸福追求に対する国民の権利」は，個人の自律を保障するための人権ではなく，いわゆる一般的な行動の自由を指しているとの考え方がありうる．前述した通り (1の(2)および3の(1))，このような一般的な自由は，相互に広範囲にわたって衝突する可能性があるため，裁判所を含む国政上の機関は，この衝突を調整し，対立と摩擦を最小化するための指針を社会生活のルールとして確立する必要がある．市場における取引のルールや，道路・公園などの公共の場の利用を調整するルールはその典型である．一般的な自由は，これらのルールの確立によって，はじめてその効用を発揮し，人々に正当な期待と幸福追求の機会とを与えることができる．このような考え方からすれば，一般的自由に関する国政上の規律が公共の福祉と両立することは明らかである．そして，憲法がこのような一般的な自由を特に国民に対して

---

[40] 芦部・前掲註1, 338-41頁．佐藤幸治『憲法〔第3版〕』(青林書院, 1995) 403頁など．これに対し，伊藤正己『憲法〔第3版〕』(弘文堂, 1995) 228-31頁は，13条後段の定める幸福追求権は，一般的にはそれのみでは具体的な人権を生みだすものではないとする．

認めた目的は，憲法上の権利について広くあてはまるように（前出 2 の (4)），国家権力の活動範囲を公共の福祉と適合する範囲内に抑えることにあると解される．憲法は国家権力が公共の福祉の許す範囲内でのみ行われるよう，国民に対して一般的自由を与え，国家権力の側にこの自由の制約を正当化すべき責任を課したものと考えることができる．

この第二の解釈に従うならば，13 条前段と 13 条後段は，それぞれ異なる権利について定めを置いていることになる．第一，第二のいずれの解釈からしても，プライヴァシーの権利など，個人の自律の核心に関わる権利は，13 条後段ではなく，13 条前段によって保障されていると考えることとなる[41]．さらに，13 条前段は，個人の自律を保障する「切り札」としての権利の存在を一般的に宣言した原則的条文として受け取るべきである．他方，13 条後段は，国家権力が公共の福祉に適う範囲内においてのみ行使されるべきことを一般的に定めた規定として理解することができる．

5　むすび

本章の内容を要約すると，以下の通りである．

第一に，公共の福祉を相互に衝突する人権を調整する実質的公平の原理とする支配的見解に対しては，公共の福祉の理解としても，また人権の理解としても，重大な疑義を提起することができる．

第二に，国家権力の正当性根拠として公共の福祉を捉えた場合，それを実質的に支えるのは，国家の専門的・技術的知識の存在か，あるいは，調整問題および囚人のディレンマ状況を適切に解決しうる国家の能力にあると考えることができる．国家権力の正当性は，これら実質的理由の妥当性によって内在的に

---

41) いわゆる『宴の後』事件で，東京地方裁判所は，「私生活をみだりに公開されないという法的保障ないし権利」としてのプライヴァシー権を，「近代法の基本理念の一つであり，また日本国憲法のよって立つところでもある個人の尊厳という思想」から導いている（東京地判昭和 39 年 9 月 28 日判時 385 号 12 頁）．もっとも，「個人の人格的生存に不可欠な利益を内容とする権利」が 13 条後段によって保障されているとしつつ，それについては，必要不可欠な利益を実現するための手段として厳密に設計されているか否かという厳格な審査基準が妥当するという見解によれば，結果としては，筆者の見解と同一に帰することになる．

限界づけられる.

　第三に，個人の自律を根拠とする人権は，公共の福祉にもとづく国法の権威をくつがえす「切り札」として機能する．憲法上の権利は，この「切り札」としての人権と，公共財として保障される権利とから複合的に構成される．

　第四に，憲法12条および13条は，いずれも本章の議論と整合的に，これを理解することができる．この場合，12条は，公共の福祉を根拠として国民に特に憲法上認められた諸権利は，その性格上，公共の福祉に即して行使されるべきことを示す一方，13条前段は，個人の「切り札」としての人権を保障するものと解される．さらに，13条後段は，国家権力の行使を公共の福祉に適う場合に限定するために，一般的な行動の自由が国民に認められている旨を規定したものと理解することができる．

第6章　芦部信喜教授の人権論
——放送制度論を手掛かりとして

　放送制度論およびそれと関連する「切り札としての人権」論を通じて，芦部信喜教授の人権論の一端を垣間見るのが本章の目的である．筆者は放送制度論についていくつかの小論を公表してきたが，この分野に関心を抱いたのは，芦部教授を座長とする放送問題総合研究会(財団法人放送文化基金委託研究)に事務局員として参加を許され，かつ浜田純一教授とともに研究会の報告書案の起草に関わったことを機縁としている[1]．芦部教授は伝統的な人権論の諸テーマだけではなく，科学技術の進展が生み出す先端的な憲法問題にも積極的に取り組んだ．当研究会の座長をつとめたのも，そうした関心のあらわれと見ることができる．

　しかし，芦部教授は，この研究会の報告書の骨格をなした放送の規律根拠論に対して一定の理解を示しながらも，最終的にはそれを十分に説得力のあるものとは考えなかった[2]．その理由は，報告書の規律根拠論の背景をなしたマスメディアの自由論，および「切り札としての人権」と「公益にもとづく憲法上の権利」とを区分する議論が，芦部教授にとって受け入れがたいものであった点にあると推測される．教授がこうした結論にいたったことについては，「一致点よりは相違点を強調しようとする」筆者の悪癖に大きな責任があると思われる[3]．以下に述べる通り，芦部教授の人権論を全体として考察したとき，「切り札としての人権」論と調和する形でそれを理解することは困難とはいえないと考えられるからである．

　本章は遅すぎた弁明の試みである．

---

1) 『放送問題総合研究会報告書——メディアの多様化・融合化時代の放送制度』(放送文化基金, 1988)．
2) 芦部信喜『宗教・人権・憲法学』(有斐閣, 1999) 186頁．
3) 1999年3月，東京大学で開催された「日英情報政策シンポジウム」でパネリストであったTony Prosser教授がシンポジウムにおける筆者の姿勢について述べたコメントである．

1 「報告書」の議論

　放送問題総合研究会報告書[以下,「報告書」と略称する]に示された放送規律に関する議論は,以下のようなものである[4]。

　放送に関する伝統的な規律根拠論は,「周波数帯の稀少性」と「放送の特殊な社会的影響力」であるが,伝送路数の劇的な増加とメディアの多様化によって,少なくとも事実上の問題として,伝送路が稀少であるとも,また放送メディアの影響力が他のメディアに比べて一律に特殊であるともいいにくくなっている.また,そもそもある財が稀少であることからその財の利用を公的機関が規律しうるという結論を導くことは困難であり,「放送の特殊な社会的影響力」も十分に説得力のある形で根拠づけられてはいない.そのため,放送固有の規律を廃止してプリント・メディアと同様の表現の自由を認め,あわせて市場原理を導入することで視聴者の効用の最大化と視聴者および放送事業者の自律(自由な決定)を保障しようとするさまざまな構想が各国で提唱されている.

　しかし,視聴者の効用の最大化という目的からすれば,放送サービスの持つ極端な公共財的性格のゆえに,従来の広告と受信料を主な財源とする放送制度の変更は,むしろ視聴者の効用の低下をもたらす蓋然性が高い.また,視聴者の自己決定という観点からしても,現在の多元的民主主義社会で,社会生活を送る上で誰もが必要とする「基本的情報」を社会全体に公平な立場からできるだけ安価に提供することはきわめて重要であり,従来型の規律の下にある放送サービスはこうした役割を果していたことが指摘される.

　もっとも,社会全体に生活の基本となる情報を伝える点では,総合編成の日刊紙も同様の役割を果たすことができる.それにもかかわらず放送のみを規律の対象とし,新聞に十全な表現の自由を保障する点については,いわゆる部分規制論を援用することが可能である,と報告書は指摘する.つまり,現代社会

---

[4] 「報告書」の概略は長谷部恭男『テレビの憲法理論』(弘文堂, 1992) 第2章第2節以下で紹介されている.また,浜田純一「憲法とコミュニケーション秩序」法学教室229号84頁以下(1999)は,関連する論点を整理する最新の文献である.

においてマスメディアが持つ情報のボトルネック性に着目するならば，たとえ放送メディアと新聞との間に稀少性や社会的影響力等の点でほとんど差異がないとしても，なお，放送のみに規律を加え，他方で自由な新聞を確保することには十分な理由がある．そうすることで，放送には社会の多様な見解を公平に伝える義務が課される一方，そうした規制権限が政府によって濫用される危険は，自由な新聞がこれを抑制することができる．結局，マスメディア全体としては，規制された放送と自由な新聞とを併存させることで，社会全体に多様で多元的な情報を公平に送り届けることができる．

2 芦部教授の放送制度論

前節でスケッチした「報告書」の議論を，研究会の座長であった芦部教授は肯じなかった[5]．芦部教授は，あくまで放送の規律根拠を，放送メディアとそれ以外のメディアとの実体的な差異に求めようとした．稀少性は全体としては緩和されているが，なお「基幹的な帯域」の周波数帯については稀少性は失われていないとの指摘[6]，広告料を主とする財源の構造からして電波メディアでは番組編成が「大衆受けのする通俗的なものに画一化する傾向」があり，それに対応するためには番組内容規制が必要となるとの指摘[7]，さらに「基本的情報」の公平な提供という「報告書」の議論は，財源の構造にもとづく規律根拠論と同旨と見ることができるとの指摘[8]は，いずれも，芦部教授が，放送とプリント・メディアの間に十分な実体的差異がない限り，両者の取扱いの差異を正当化することもできないと前提していたことをうかがわせるものである．

部分規制論に対して教授が提起する疑問も，この理論が実は放送と新聞との間に何らかの実体的差異のあることを前提としているのではないかとの疑念に集約されるように思われる[9]．それ以外の，規制がもたらしうる負の効果の指

---

5) 芦部信喜『憲法学III』(有斐閣，1998) 303 頁以下，前掲『宗教・人権・憲法学』186 頁．
6) 芦部・前掲『憲法学III』305 頁．芦部信喜『人権と議会政』(有斐閣，1996) 76 頁をも参照．
7) 芦部・前掲『憲法学III』307 頁．前掲『人権と議会政』77 頁をも参照．
8) 芦部・前掲『憲法学III』311 頁．
9) 芦部・前掲『憲法学III』308–09 頁参照．

摘は[10]，放送への規制一般にあてはまるもので部分規制論のみにあてはまる疑問ではない．そして，放送と新聞の間に取扱いの差異を正当化するような実体的差異があるのであれば，もはや部分規制論は不要である．「報告書」も，前節で述べたように，「基本的情報」の公平な提供という役割のみでは放送と新聞との取扱いの差異を説明しえないと考えたからこそ部分規制論を援用するという論理の流れになっている．あくまで実体上の差異を求めつづけた芦部教授とは根本的に異なった視点がとられている．

　しかし，芦部教授が「報告書」の議論を承認しえなかった理由は，より深いところにあると思われる．そのことは，「報告書」の議論が前提とする，「表現の自由を『切札』としての個人の人権と社会全体の利益に基づく政策決定によってくつがえされる権利の二種に分けて捉える考え方」についての「異論」の存在の指摘によってすでに示唆されており[11]，さらに，遺著である『宗教・人権・憲法学』に収められた以下のコメントによっても裏書きされる．

　　このような最近の論議[「人権論の基本にかかわる問題」に関する論議を指す
　　──筆者注]の中で目を引く一つの問題は，人権の観念をめぐって，私のような考え方と異なり，「人一般の権利としての人権，という定式のもつ意味の重みを重視し，人権というよび名を限定的に使うことによって『切札としての人権』を確保しようとする立場」の人権論が注目されていることである．ただ私は，哲学的ないし理念的な意義はきわめて大きいことを認めつつ，人権の呼び名を個人が生まれながら，国家成立前の自然状態においても享有していたはずの権利という，人権本来の意味に限定して捉えることが，国際人権規約等に謳われた人権や20世紀諸国の憲法に宣言された人権の観念と，いかに接合するのか，また，実定憲法の解釈論にとっていかなる有効な具体的意味をもちうるのか，という点について，疑問を禁じえないものがある．それについては，未公刊であるが，『注釈憲法』第2巻(有斐閣)所収の第11条注釈で触れたので，併せて参照を乞いたい[12]．

---

10)　芦部・前掲『憲法学III』309頁．
11)　芦部・前掲『憲法学III』310頁．
12)　芦部・前掲『宗教・人権・憲法学』240頁．引用註を省略した．

「切り札としての人権」論が放送の規律根拠論に関わるのは，次のような文脈においてである．「報告書」の議論からすると，放送メディアはその社会的機能等の実体において新聞と明確な差異はないにもかかわらず，そうすることが多様で多元的な情報の公平な提供に資するという理由によって表現の自由の制約を受ける．いいかえれば，社会全体の利益（公益）を理由としてその表現の自由が制約されることになる．こうした規制が許されるのは，放送メディアが保有する表現の自由，より広くいえばマスメディアの表現の自由が，それ自体，公益を根拠として憲法上保障されているからだというのが，「報告書」の立場である．

個人の言論の自由は，個人の自律性の直接の現れである．個人の言論の自由について，部分規制論を云々することは不可能である．他者と実体的な差異がないにもかかわらず，特定の人々に対して，自分の考えることだけではなく，少数派を含めた社会全体の意見の動向をも考えて公平な観点から発言するようにとの規制を加えるならば，憲法違反となることは免れない．しかし，放送事業者を含むマスメディアの表現の自由は，マスメディアが「個人」ではない以上，こうした人権としての表現の自由ではありえない．また，マスメディアに属する記者やカメラマン，ニュース・リーダー等が，通常の個人よりも広範で強力な人権を持つこともありえない．そうした事態は個人の人格の平等に反する．

実際にはマスメディアは，通常の個人と比べてはるかに強力な表現手段を保有し，それを活用することができる．こうしたマスメディアの自由は社会全体の利益，より具体的には，民主的政治過程の維持，視聴者の効用の最大化，寛容な社会の涵養と再生産等といった利益にもとづいて「政策」的に保障された自由であり，その同じ根拠が自由の制約を要求する場合や，他のより重要な社会的利益，たとえば基本的情報の公平な提供の確保という利益と衝突する場合には，くつがえされるべき利益である．

このことは，マスメディアは，個人の根源的な平等性を確保するために，個人にのみ認められる「切り札としての人権」を享有しえないことを示している．「切り札としての人権」は，公益を理由とする議会や政府の「政策」的決定に対してそれをくつがえす「切り札」として働く．マスメディアは個人では

なく，個人の根源的平等性を保障されるいわれはない．したがって，その自由は，自らの根拠となっている「公益」を上回る「公益」を理由として制約されることがありうる．

これに対して，芦部教授は，上掲の引用に示されているように，「切り札としての人権」論を是認しえなかった．そうである以上，それを前提とする「マスメディアの自由」論を受け入れることもできず，「マスメディアの自由」論を前提としてはじめて許容しうる部分規制論も，当然受け入れることはできない．法人たるマスメディアも個人と同等の資格において表現の自由を享受しうるのであれば，放送事業者と新聞社との間に取扱いの差異を正当化しうるほどの実体上の差異がない以上，放送事業者にも新聞社と同じ十全の表現の自由を保障すべきだというのが自然な結論である．芦部教授としては，放送に対する規制を違憲とするか，あるいは，放送への規制を正当化しうるような何らかの実体的な差異が存在すると主張せざるをえなかったことになる．教授が選んだのは後者の道であった．

3 「切り札としての人権」論の危険性？

「切り札としての人権」論に対する芦部教授の批判の全貌，そしてそれが教授の人権論全体においてどのような位置を占めるかを確定するためには，前掲の文章で引用されている教授の遺稿「憲法11条」の公刊を待つ必要がある[13]．以下では，芦部教授の批判の背景にあると思われるいくつかの論点にコメントを付すことで，教授の人権論と「切り札としての人権」論とを調和的に理解しうることを示すよう努めたい．

「切り札としての人権」論に対する教授の批判は，この議論が有する危険性にもとづくものと，この議論の有用性に対する疑念とに区別することができる．

この議論がもたらす危険性としてしばしば指摘されるのは，マスメディアが有する自由を「公益」を根拠とする「政策」的自由にすぎないとすることは，

---

13) 筆者は芦部教授の御厚意によりゲラ刷りを参看することができた．

その軽視を導くのではないかとの懸念である[14]．ヴェトナム秘密文書事件など，マスメディアが表現の自由を武器として国家権力に果敢に対抗した事件を主な素材としながら現代人権論の解明をすすめた芦部教授にとって，マスメディアが個人と同等の立場で表現の自由を享受するという捉え方は不自然ではない[15]．

　この懸念に対して，筆者はすでに応答したことがある[16]．マスメディアの自由を含む表現の自由が経済的自由権をはじめとする一般的な自由に対して優越的地位を占める理由として，芦部教授を含む従来の支配的見解は，主として，表現の自由が民主的政治的過程の不可欠の構成要素を成しているとの事情を掲げる[17]．民主的政治過程が健全に維持されている限り，たとえ経済的自由権に対する不当な制約がなされたとしても，世論による批判や国民代表の選出の手続を通じて誤った制度を改善することが可能であるが，表現の自由が損なわれた場合，民主的政治過程を通じてそれを是正することは不可能であるため，民主的政治過程から独立した裁判所による介入が必要となるとする理論である．この支配的見解からすれば，表現の自由が優越的地位を占めるのは，それが民主的政治過程の維持というきわめて重要な「公益」に資するからである．したがって，こうした見解を前提とする限り，マスメディアの自由が「公益」を根拠とする憲法上の権利であるとすることは，それ自体としては，マスメディアの自由の軽視を導くことにはならないはずである．それがマスメディアの自由の軽視を導くとすれば，マスメディアの自由の根拠となっている「公益」がさして重視するにあたいしないものである場合に限られるであろう．

　もっとも，マスメディアの自由が「政策」的考慮にもとづく権利であるとの表現については，いま少し詳細な説明を加えるべきであったかも知れない．「政策」ということばの語感からすれば，この表現はマスメディアの自由が立法府の政策的考慮によって，保障されるか否か，保障するとしてどの程度まで保障するべきかが決まるという意味に受け取られるおそれがあった．

---

14) 伊藤正己「表現の自由の優越的地位」天野勝文他編『岐路に立つ日本のジャーナリズム』(日本評論社，1996) 12-13頁もほぼ同旨の懸念を指摘する．
15) 芦部信喜『現代人権論』(有斐閣，1974) 第Ⅹ章．
16) 長谷部恭男『憲法学のフロンティア』(岩波書店，1999) 第8章註5．
17) 芦部信喜『憲法学Ⅱ』(有斐閣，1994) 218頁，同『憲法〔第3版〕』(岩波書店，2002) 175-76頁．

筆者の用いた「政策」ということばは、ロナルド・ドゥオーキンによる「原理 principle」と「政策 policy」の区別に示唆を得たものである。ドゥオーキンによれば、「政策」とは、経済成長、国防など、社会全体の共通の目標を設定する基準であり、これに対して「原理」とは、公正、正義など、何らかの道徳的理由にもとづいて個人もしくは団体の権利を設定しているがゆえに守られるべき基準である[18]。問題となる公益が民主的政治過程の維持のように、きわめて重要であってその時々の政治的多数派の意図によって左右されるべきでないものであれば、それに応じて手厚い司法の保護が必要となる。この種の公益は、憲法レベルの「政策」的決定によって通常の政治過程から隔離されている。こうした考え方からすれば、「20世紀諸国の憲法に宣言された」新たな権利や、「国際人権規約等に謳われた」権利のように、国家の積極的給付を要求する権利についても、裁判規範性を失うことにも、また直ちに立法府の広範な裁量に委ねられるべきことにもならないはずである[19]。

4 「切り札としての人権」論の無用性?

むしろ、「切り札としての人権」論に関する批判として注目しなければならないのは、その「哲学的ないし理念的な意義」はともあれ、「実定憲法の解釈論」にとって有用性に乏しいのではないかとの論点である。この批判の理論的背景を遡っていくことで、芦部教授の憲法理論の深層に触れることもできるかに見える。

個人が「国家成立前の自然状態においても享有していたはずの権利」という観念は、公共の福祉に関する一元的内在制約説を批判する文脈において筆者が比喩的に用いたものである[20]。一元的内在制約説は、しばしば指摘されるように[21]、「人権」を暗黙のうちに「一般的な行動の自由」と同視しており、その

---

18) R. Dworkin, *Taking Rights Seriously* (Harvard University Press, 1978), ch. 4.
19) この点については、長谷部恭男「国家権力の限界と人権」樋口陽一編『講座憲法学 3——権利の保障 (1)』(日本評論社、1994) 66 頁註 9 (本書第 5 章註 9) で触れたことがある。
20) たとえば前掲拙稿「国家権力の限界と人権」58 頁(本書第 5 章 67 頁)参照。
21) 山本桂一「公共の福祉」『日本国憲法体系 8 巻』(有斐閣、1965)、樋口陽一『憲法〔改訂版〕』(創文社、1998) 194-95 頁参照。

ため人は「殺人の自由」や「強盗の自由」までをも天賦の人権として保有するが，こうした無制限の自由を各人が好むところに従って行使すれば社会生活が成り立たないがゆえに，公共の福祉の観点からそれは制約されることになるという筋道をたどる．しかし，標準的な社会契約論によれば，人々は天賦の人権をよりよく保全し社会生活の便宜を享受するためにこそ国家を設立したはずであるが，その際，人々がよりよく保全しようとした自然権に「殺人の自由」や「強盗の自由」が算入されていたとは考えにくい．

自然権の中に「他人の生命や財産を奪ったりするような，絶対的で気ままな権力」は含まれないとしたジョン・ロックはもちろん[22]，自然状態においては各人がその自己保存のために自らの判断の下にいかなることもなしえ，その結果「すべての人がすべてのものに，お互いの身体に対してさえ権利を持つ」と述べたトマス・ホッブズも，そうした「万人の万人に対する闘争」を終結させ，互いに危害を加える権利を放棄することで国家を設立し，地上の平和を確保しようとした以上[23]，国家の下で保障されるべき権利の中に「殺人の自由」や「強盗の自由」は含まれないはずである．

こうした議論に対する芦部教授の応答は，さきに見た通り，現代の人権状況との関連で，自然状態や社会契約という概念を用いて「人権」を構想することにいかなる実践的意味があるかを問いただすことであった．これは，一元的内在制約説への批判に対して，論理の一貫性を問題にすることなく，「殺人の自由」や「強盗の自由」は憲法上の権利に含まれないこととすればよいとのアドホックな結論を便宜上組み込むことでこの問題の憲法学説史上の意義に目を瞑ろうとする凡庸さとは，教授が無縁であったことを示している．

それでは，自然状態および社会契約という道具立てで人権の観念を検討し，それに対応して正当な国家権力の限界を画すことにいかなる意義を見いだすことができるであろうか．別稿で触れた通り[24]，現存する国家が実際にその支配下にある人々すべての自発的な意思の合致によって成立したことを論証しうる見込みはまずないし，他方，かくかくしかじかの制度および条件を備えた国家

---

22) *Two Treaties of Government*, Bk. II, ch. XI, para. 135.
23) *Leviathan*, ch. XIV.
24) 長谷部恭男『比較不能な価値の迷路』(東京大学出版会, 2000) 1-3 頁.

の下での暮らしは、そうでない暮らしよりも優れている(のであるから、自然状態で暮らす人々は社会契約を結んで国家を設立するはずだ)という社会契約の帰結に着目する議論では、括弧の中で使用された自然状態や社会契約という観念は独自の正当化の力を持っていない。括弧内の文章を除去しても、当該国家形態の正当性の程度は全く変化しないはずである。つまり、社会契約は、「歴史的事実」として提示することは困難であり、説明のための「フィクション」として用いられる場合には無くても済ませることができる。その限りで、自然状態や社会契約等の概念を用いる議論の意義に疑義を示す芦部教授の指摘は適切である。

 しかし、フィクションが不要だとしても、そのことでフィクションによって語られている議論の実質までが否定されるわけではない。近世ヨーロッパに現れた自然権論は、根底的に異なる文化に属する人々が公平に共存するための最低限のベースラインを見出すために構想されたものであった。ヨーロッパにおける宗教戦争、そしてヨーロッパとそれ以外の世界、とくに農耕文化前の諸民族との出会いは、深刻な文化の相剋をもたらした。そこから、いかに異なる価値を奉ずる人であっても、人として生きる以上は受け入れざるをえない最低限の規範があるのではないか、その規範を手掛かりに異なる文化の共存は可能となるのではないかが探究されることとなった[25]。根底的に異なる価値観、世界観を持つ人々が、それにもかかわらず社会生活の便宜を公平に分かちあい、協働しうる枠組みをいかにして構築するかという問題は、現代のリベラル・デモクラシーに生きる我々にも同様に課されている。

 問題は、「切り札としての人権」と「一般的な行動の自由」のいずれが、多様な価値観が競合する社会におけるベース・ラインとしてふさわしいかである。一見したところ、単に各人がやりたいと思うことをあまねく保護することに特別の論拠は不要であり、したがって「切り札」としての権利がそれとは別に存在するという主張よりも広く受け入れやすいかのように見えるかも知れない。しかし、この感覚は見かけの上のものである。人のやりたいこと、つまり各人の選好にはすべて一様に価値があり、したがってそれを同等に保護すべき

---

[25] 長谷部・前掲『憲法学のフロンティア』第1章参照.

だという主張は，それ自体特殊な立場(選考功利主義)にコミットしており，誰もが容易に受け入れることのできるものではない．

激烈な価値の対立の中から社会全体の利益について理性的に審議し決定する場である公共空間を切りわけ，それと裏腹に，各自が選び構想する価値観・世界観に従って自律的に生きる空間を保障することで安定したリベラル・デモクラシーを構築するためには，二つの生活空間を切りわける主要な境界標識として「切り札としての人権」を保障することが最低限必要となる．この権利は，帰結主義的に「算出」される社会全体の利益(公共の福祉)によって個人の自律的な生が押しつぶされないよう保護する役割を果たす．多様な価値観が対立し競合する世界では「政策」的決定に対するこうした歯止めが必要である．

芦部教授自身，しばしば，個別的利益衡量を批判する文脈で，公益計算に個人の利益が飲み込まれる危険性を指摘し，政府の主張する「公益」が表現の自由など対立する憲法上の権利を制約しうる根拠となる事情を，政府が適切に主張・立証しているかを精査すべきだとする[26]．全面的な帰結主義に対して個人の生の自律を守るために何らかの歯止めが必要だという前提がとられているのであれば，「切り札としての人権」論と芦部教授の人権論との実質的な差異は小さい．後は，「人権」ということばの「呼び名」の問題，つまりことばの定義に関する「立法論」的妥当性が残るだけである．

もっとも，個別的利益衡量に対する教授の批判は，このアプローチが政府の主張する「公益」と特定私人の「私益」を衡量するにとどまるのに対し，政府の主張する「公益」と表現の自由など対立する憲法上の「公益」とを適切に衡量しうる審査基準を採用すべきだとするもので，「切り札としての人権」論とはなお大きな隔たりがあるとの反論があるかも知れない．しかし，おそらくそうではない．教授は，憲法13条の保障する幸福追求権にかかわる論点で，「一般的行為自由説」に賛同しない旨を明らかにしているからである[27]．そこでは，個人の人格的生存に不可欠な利益を内容とする権利は，それ以外の利益にもとづく行動の自由に比べて特別の保護にあたいすることが指摘されている．

---

26) たとえば芦部・前掲『現代人権論』176-77頁．
27) 芦部・前掲『憲法学II』338-44頁，同前掲『憲法〔第3版〕』115-16頁．

こうした区別は，各権利の根拠となる「公益」の重要性にもとづいてなされるものというよりは，個人の根源的な平等性を確保するために，それを「公益」にもとづく政策的考慮から隔離し保護しようとする「切り札としての人権」という考え方と親和的である．そして，個人の人格的生存に不可欠な権利を保障する必要性を根拠とする一般的行為自由説の否定は，論理的に一貫させれば，「一般的な行動の自由」の存在を前提とする一元的内在制約論の否定に行き着くはずのものである．一方で「一般的な行動の自由」を承認しながら，他方で「一般的な行為の自由」を幸福追求権の保護範囲からことさら排除することにいかなる意味がありえようか．

　ただ，芦部教授が「切り札としての人権」論について抱いていた最大の疑念は，「哲学的ないし理念的意義」はともかく，そうした議論をすることにいかなる解釈論上の意義があるかというものであったように思われる．筆者がなしうる応答は，さしあたり以下のようなものである．

　「切り札としての人権」論は，LRA の基準やオブライエン・テストと違い，直ちに具体的な事件をいかに処理するかの指針を与えるわけではない．芦部教授が開拓した憲法訴訟論の功績は，国家行為の合憲性を判断するための「物差し」を広範な問題領域について提供した点にあるとされる[28]．「物差し」として裁判官による憲法判断を枠付けることが審査基準論の存在根拠である以上，適用場面ごとにどのように使うべきかについて悩まなければならない審査基準では審査基準の用を果たさない．しかし，「物差し」の単純な適用が明らかに不当な結果をもたらしたり，いかなる審査基準を適用すべきかがあいまいなハード・ケースにおいては，審査基準の背後にあってその正当性を支えているはずの深層にさかのぼって事案の解決の途を探す必要が生ずる．そもそも，個別的衡量ではなく予め定められた審査基準に従うべきことを論証するためには，それが何らかの結論を確実に導くというだけでは足らず，少なくとも大多数の場合に適切な結論を導くことを示す必要があるはずである．つまり，審査基準論は，いかなる場合にいかなる審査基準を適用すべきかを論ずる「表層」の技術論だけではなく，審査基準の背後にあってその正当性を支える「深層」

---

28) 安念潤司「憲法と憲法学」樋口陽一編『ホーンブック憲法〔改訂版〕』(北樹出版, 2000) 75-76 頁.

の理論を必要とする[29]．

「切り札としての人権」論は，個人の人格的生存に不可欠な利益をなぜ特別に保護する必要があるかを，リベラルな現代社会における価値の分裂状況と関連づけることで論証しようとする．また，表現活動規制のうち，なぜ表現の内容にもとづく規制，とくに観点（viewpoint）にもとづく規制が厳格な違憲審査に服すべきかを，「切り札としての人権」を侵害する蓋然性を根拠に説明しようとする[30]．この種の説明にどれほどの説得力があるかはもちろん議論の余地があるが，少なくともこの種の深層の議論に解釈論上の意義が全くないとはいえないであろう．

深層の理論は，それだけでは具体的事件を誰でもが容易に解決するための「物差し」を提供するわけではない．「切り札としての人権」論を背景とする部分規制論も，それ自体では，マスメディアのいかなる部分を規制すべきかの確実な答えを与えるわけではない．他方，稀少性や社会的影響力に着目する議論は，個別のメディアを他のメディアと比べてどの程度まで規制すべきかを決める「物差し」としては至極便利である．しかし，それは使い勝手のよい「物差し」にすぎず，それ自体の正当性は薄弱である．稀少性を情報のボトルネック性と関連づけたり，社会的影響力を「基本的情報」を提供する役割と関連づけることで，はじめてこれらの「物差し」の正当化根拠が明らかとなるというのが「報告書」の趣旨であった．芦部教授の理論の深層を探り，深層と表層との調和をはかろうとする筆者の意図は，成功したか否かはともかく，主観的には変わっていない[31]．

---

29) 憲法訴訟論の「表層」と「深層」の区別については，長谷部恭男『権力への懐疑』（日本評論社，1991）102-03 頁参照．
30) 長谷部・前掲『憲法学のフロンティア』第 1 章註 5 参照．
31) もっとも，世界や人生の意味について根底的に相容れない考え方を持つ人々の共存の手掛かりとしては，表層レベルの具体的な「物差し」の方がふさわしいという立場もありうる．深層へと降りていけばいく程，抜き差しならぬ価値の対立に突き当たる危険性が高まるかも知れないからである．特定の具体的な「物差し」について合意が調達できるのであれば，その基礎づけについては開かれたままにしておくことが異なる立場の人々を同等に尊重することにつながるであろう（cf. Cass Sunstein, *One Case at a Time* (Harvard University Press, 1999), pp. 11-14, 50-51）．特定の深層理論へのコミットメントを回避した芦部教授の判断は（前掲『憲法学 II』225 頁註 5），こうした賢慮にもとづくものであったかも知れない．

第7章 「公共の福祉」と「切り札」としての人権

1 はじめに

　法律学は法律家共同体内部での共通言語の構築および再生産に関わる．したがって，新説の提示の試みは，法律学が直面する問題の解決に従来の学説が失敗し，そのため，新説の提示が必要不可欠な場合に限り，これを行うべきである．適切な新説は（実定法の解釈学説であろうとする限り），問題の解決に際して，従来の法理の具体的結論や各種の法源の総入替えを要求してはならず，むしろその大部分を引き継ぐとともに，それに対する新たな見方を提示することで，全体の相貌を，より説得力を持つ方向に転換するものでなければならない．

　筆者は新説を提示したことはほとんどないが[1]，それらしきものの一つに公共の福祉と憲法上の権利との関係に関する試論がある．従来の憲法学の通説であった宮沢俊義教授の一元的内在制約説が，公共の福祉を人権相互の矛盾衝突を調整する原理として捉えたのに対して，公共の福祉と憲法上の権利とを独立の観念として捉えた上で，さらに，公共の福祉によってはその制約が正当化しえない「切り札としての人権」の存在を提唱したものである．拙論は法哲学者の井上達夫教授や憲法学の先達である奥平康弘，樋口陽一両教授の示唆に負うところが大きく，果して筆者の議論といえるか否か疑わしいが，最近，この拙論に対していくつかの批判を頂戴することができた．拙論も，単に虚空に向かって矢を放つにはとどまらなかったわけである．本章は，この貴重な学恩に

---

[1] 拙著『憲法』(新世社，1996;〔第3版〕2004) は，「独自の説を前面に押し出していない」と評されているが(君塚正臣「〔紹介〕松井茂記著『日本国憲法』」関西大学法学論集50巻1号(2000))，筆者はそもそも前面に押し出すべきものを持ち合わせていない．

謝するとともに，差し当たりの筆者の回答を試みる．

2 高橋和之教授の批判

　高橋和之教授からは，「すべての国民を『個人として尊重』する意味」という最近の論考の中で，拙論に対して懇切な批判をいただいている[2]．政府の活動根拠となる公共の利益と憲法上の権利を独立の観念として捉えるべきだとの高橋教授の結論は，拙論と大きく重なるもので，両者の距離が果してどれほどあるか疑わしい点もあるが[3]，筆者の理解しえた限りでは，教授の批判は以下のようなものである．

　(1) 長谷部は，宮沢説に対して二つの批判を展開する．第一に，宮沢説は，人権を制約する根拠となるのは必ず他の人権でなければならないとの前提から出発するが，これは，政府が必ずしも個々人の人権には還元しえない社会全体の利益としての公共の福祉の実現をその任務としているという明白な事実をあいまいにするばかりでなく，現にある人権が制約されている以上，その制約根拠となっているのも人権であるという誤った思考を導く危険がある．

　第二に，宮沢説は，暗黙のうちに人権を一般的な行動の自由と同視し，およそ人は自らの好むことは何であれ，これをなし得る天賦の人権を有しており，したがって，人は財産権や思想良心の自由，表現の自由を有するのみでなく，殺人の自由や他人を監禁・暴行する自由などを人権として享有すると考えており，だからこそ殺人や強盗の禁止が人権間の衝突事例とされることになるのであるが，こうした考え方は我々の直観に反する．

　このうち，第一の点は首肯しうるが，第二の点については，宮沢は「人権」を一般的な行動の自由と同視していたとはいえない．宮沢は，国民の国法に対する関係を分析する中で，「国民が国法に対して無関係な関係に立つ場合」と

---

　2) 「すべての国民を『個人として尊重』する意味」塩野宏先生古稀祝賀『行政法の発展と変革』（有斐閣，2001）292頁以下．
　3) 「公共の福祉」を人権相互の衝突の調整原理という役割から解放する点でも，公共の福祉を国家の活動の正当化根拠と捉える点でも，高橋教授と拙論との間に違いがあるとは考えにくい．国家の正当性を調整問題の解決や公共財の提供等に分類する筆者の整理は，国家の活動の正当化根拠としての公共の福祉を，法哲学の知見によりながら整理し直したものにすぎない．

「憲法上，国民の利益にまで，ある種の国法の定立(処分を含む)が禁止される場合」とを区別しており，「単なる自由」にとどまる前者を，「自由権」である後者と区別している．「単なる自由」は，宮沢によれば，単なる国法の不存在の反射に過ぎないもので，その国法による制限に憲法上の制約はない．我々が散歩をしたり読書をしたりするのも，この国法の不存在の反射である．殺人行為や強盗行為も自由権の保護対象ではなく，それを禁止する国法が存在しなければそれも自由だという意味での「単なる自由」にとどまる．つまり，宮沢は，殺人や強盗の禁止を人権間の衝突事例とは考えていなかったことになる．

（2）　公共の福祉をオーバールールするものとして，長谷部は「切り札としての人権」を提示し，「あなたの生き方は根本的に誤っている」という理由にもとづいて国家権力が行動した場合には，切り札としての人権が侵害されたことになると主張する．しかし，国家権力は，真正面からそうした理由を掲げて関所を突破するほどナイーヴではない．したがって，掲げられた理由が見せかけにすぎず，真の理由は禁じられた理由に還元されるのではないかを審査する方法が必要となるのではないか．

（3）　長谷部は，「切り札としての人権」と別種の権利として「公共の福祉にもとづく権利」を提示するが，そもそも公共の福祉に根拠づけられた権利であれば，公共の福祉を持ち出すことによっていかなる制約も正当化されうることになるのではないか．

3　自由権と「単なる自由」

高橋教授の批判のうち，第一点は，宮沢教授自身がいかに問題を整理しようとしていたかという点では，筋の通った説明であるかに見える．高橋教授の援用する宮沢の「人権」の概念に関する説明は[4]，公共の福祉に関する説明[5]とは独立に，相互の連関を明らかにすることなくなされている上，宮沢自身は「殺人の自由」や「強盗の自由」を「単なる自由」として明示しているわけではな

---

[4]　宮沢俊義『憲法 II〔新版〕』(有斐閣, 1971) 88 頁以下．この部分の説明は，ゲオルク・イェリネックの，国家における国民の法的地位に関する議論を祖述する形でなされている．

[5]　宮沢『憲法 II〔新版〕』218 頁以下．

いため，宮沢自身の整理が高橋教授の描いた通りであったか否かは判然としないが，殺人や強盗を制限するについていかなる憲法上の制約も存在しないと宮沢が考えていた可能性はある．ただし，高橋教授の描いた整理が，それとして果たして説得的であるか否かは別の問題である．

宮沢教授は，国法の不存在の単なる反射として「散歩の自由」や「旅行の自由」があるとする[6]．しかし，これらの自由を制限するについていかなる憲法上の制約も存在しないとすると，散歩や旅行を法によって全面的に禁止する(あるいは正当業務行為や正当防衛など特殊な阻却事由が立証されるときにのみ許される)ことについても，憲法上の制約は存在しないことになる．これはこれでやはり我々の直観に反する．

散歩の自由や旅行の自由，さらには鼻の頭を掻く自由や逆立ちをする自由も，あたかも国法から無関係な単なる自由であるかのように見えるが，実際にはさまざまな国法の存在を前提としている．たとえば，筆者の散歩や逆立ちを高橋教授が暴力をもって妨げようとすれば，筆者は彼を暴行罪で告訴したり不法行為として訴えたりすることが(理論的には)できる．つまり，これらの自由も国法と全く無関係ではなく，一般的な自由として国法体系によって保護されている．他方，殺人や強盗はそうした一般的な自由として国法体系によって保護されてはいない．前者と後者とは国法との関係において大きく異なるはずである[7]．

---

6) 宮沢『憲法II〔新版〕』91頁．
7) 一見したところ，国法と無関係に見える人の行動の自由が，民刑事法上の一般的な保護(protective perimeter)の下にある点については，H.L.A. Hart, *Essays on Bentham* (Clarendon Press, 1982), pp. 171-73 参照．ドイツの近代公法学が，私法上の概念枠組みを借りつつ，政治学，歴史学，倫理学など，関連する他の学問分野からの独立を図ったとき，その鍵となったのは，意思の自由という措定であった (Olivier Jouanjan, Carl-Friedrich Gerber et la constitution d'une science du droit public allemande, dans *La science juridique française et la science juridique allemande de 1870 à 1918*, sous la direction d'Olivier Beaud et de Patrick Wachsmann (Presses universitaires de Strasbourg, 1997), pp. 34-37; Yann Thomas, Mommsen et l'Isolierung du droit, préface à la Theodore Mommsen, *Le droit public romain*, réimpr. de 1892 (Boccard, 1984), pp. 32-34)．カントが述べるように(『人倫の形而上学』法論への序説，§B)，法とは，諸個人が自由なる意思の可能性を有することを前提としつつ，それが互いに両立するための外的諸条件を定めるものである．そのために，決定された意思の内容が倫理的に正当であるか否か，当該意思がいかなる歴史的・社会的条件に起因するものであるか，それが政策的にみて妥当であるか否かなどの問題と切り離された形で，法的問題が成立することになる．多数の人々による散歩や旅行や読書は，そして，イェリネックの挙げる飲酒や宗旨変えも，意思の自由なる可能性として，法の定める外的条件のもとで当然に両立可能であろう．しかし，殺人や強盗については，そうはいえない．以上の点については，石川健治「人権論の視座転換」ジュリスト1222号6頁註20での，本論争に関するコメントをも参照．

自由権と「単なる自由」とがいかに区別されうるかについても疑問がある．憲法上の権利のカタログに記載されたものが自由権でそれ以外が「単なる自由」だという区分論は，包括的基本権の存在を認めた途端に破綻する[8]．自由権か否かに関する宮沢の区分が，国法によって保護されるべき自由か否かという区分と一致しないことは，今述べた通りである．

他方，宮沢教授が，「単なる自由」の制限については人権の衝突事例だと考えなかったとすると，人権相互の矛盾衝突を調整する原理たる「公共の福祉」に依拠することなく，国法によって制限することのできる自由が存在することになる．つまり，国家は公共の福祉を根拠とすることなく恣意的に行動しうる領域を国民との関係において持つことを意味する．これはこれで甚だ不穏当な主張である．伝統的に国家の行動の根拠とされてきた「公共の福祉」以外に国家の行動範囲を限定する別の根拠を用意するという道もあるが，宮沢教授がそうした道を辿った形跡は見当たらない．「公共の福祉」を人権相互の矛盾衝突を調整する原理とした上で，法的に保護されてしかるべき国民の行動を国家が恣意的に制限しないようにする残された道は，「単なる自由」もすべて憲法によって保護された権利の中に算入することであろう．そして，「単なる自由」の中に殺人や強盗も含まれているのであれば，それらも道連れで憲法によって保護された権利に算入されざるをえない．

筆者が宮沢教授に帰した議論を彼自身がとっていなかった可能性は，高橋教授が指摘する通り，否定できない．しかし，高橋教授が描く議論を宮沢がとっていた場合の数々の帰結は我々の直観に反するもので，憲法上の権利および公共の福祉のあり方を適切に描いているとは考えにくい．少なくとも同じ程度に説得力の乏しい二通りの思考枠組みのうち，筆者が帰したような枠組みを，人権の概念に関する彼自身の整理との関係を強く意識することなく，宮沢が採用

---

8) 宮沢・前掲『憲法II』215-16 頁参照．イェリネックは，自由（Freiheit）という消極的地位には，訴訟を通じてそれを制限する国家行為を争う請求権を与えられることがあり，その可能性のある限りで，単なる客観法の反射的地位と区別されるとする (Georg Jellinek, *System der subjektiven öffentlichen Rechte*, 2nd ed. (J.C.B. Mohr, 1919), pp. 105-06; 宮沢『憲法II』95 頁参照)．なお，「人権の概念」に関する説明において，宮沢がイェリネックとならんで引用するハンス・ケルゼンは，国法によって禁止されていないという意味での自由と区別される「自由権」が法的意義を持つのは，それが憲法典によって法律による侵害からも保護されている場合に限られると述べる（ケルゼン『一般国家学』清宮四郎訳（岩波書店，1971）260 頁）．

4　表向きの理由と真の理由

　高橋教授の批判のうち，第二点は，筆者も同意できるものである．ある個人を他の個人と同等の存在としてみなさないような理由にもとづいて国家が行動しないよう制約を設けるのが，筆者のいう「切り札としての人権」の役割である．しかし，国家がそうした理由を正面から掲げることは考えにくい．別のよりもっともらしい理由を掲げて行動するのが常であろう．しかし，そうした偽装工作を抑止する努力は従来もさまざまな形でなされている．

　表現の自由の領域では，表現の内容に基づく規制，とりわけ特定の観点（viewpoint）に着目した規制は，それ以外の規制よりも厳格な審査の対象とされている．こうした規制が，表面上の立法理由はともあれ，特定の考え方を抑圧したり，助長したりする目的で，つまり「君の考え方は間違っている」という理由にもとづいて行われる蓋然性が高いと考えられるからである．したがって，そうした規制に関しては，表向きの立法目的と採用されている立法手段との適合性を厳密に要求し，もし，両者が厳密に適合しない場合には，隠された不当な立法目的の存在が推測できるため，違憲として立法府に差し戻すという手続がとられる．

　同様の審査手法は，平等の領域で，人種，民族など「疑わしい」特定の標識にもとづいて法的取扱いに区別が設けられる場合についても見られる．こうした区別がなされる場合にも，たとえば特定の人種の差別が正面から立法目的としてうたわれることは考えにくい．むしろ，他のよりもっともらしい立法目的がうたわれることが通常である．しかし，こうした法的取扱いの区別は，すべての個人を同等な存在として扱おうとしない差別的な意図を隠している蓋然性が高いと考えられるため，やはり立法目的と立法手段との適合性が厳密に求め

---

9) 宮沢俊義『憲法論集』（有斐閣，1978）367頁は，「人権の対立衝突を法的に収拾する原理」としての公共の福祉について述べる文脈で，「ゲバ棒の論理」をとる人々は，「『我』の人権あるを知って『彼』の，『他』の人権あるを知らない」ために，「自分の主張を暴力で通すことに少しもためらいを感じない」とする．つまり，ゲバ棒を振るうことも「人権」としてとらえられている．

られ，そのテストに合格しない法律は立法府に差し戻されることになる[10]．つまり，支配的学説や判例で受け入れられてきた違憲審査基準論の少なくとも一部は，「切り札としての人権」が存在すること，つまり，あらゆる個人は他の個人と同等の存在として扱われるべき権利を持つことを前提とした上で，そうした権利を侵害する国家行為が行われる疑いの高い領域や類型を予め特定し，それに即した厳格な審査基準を採用すべきことを提唱するものと理解することができる[11]．結局のところ，「切り札としての人権」論は，こうした従来の法理の大部分を所与としたとき，その背後にありうる正当化理由と大きく重なるもので，さして新奇な説とはいいがたい．

なぜ，個人に他の個人と同等の存在として扱われるべき権利を保障する必要があるかというさらなる問いについては，立憲主義に関する筆者の理解を以て回答することになる．この点については，第5節で改めて述べる．

5 公共の福祉にもとづく権利

高橋教授の批判のうち，第三点については，教授自身が指摘される通り，従来の通説的枠組みで捉えた場合と，拙論の枠組みで捉えた場合とで，具体の結論に大きな差異が生ずることはないと思われる[12]．具体の結論は，具体の違憲審査基準によって決まるところが大きく，拙論は，この点で従来の法理の大規模な変革を主張するものではないからである．公共の福祉にもとづいて保障される権利であっても，その具体的な公共の福祉が民主的政治過程の維持など，きわめて重要なものであれば，その権利を縮減するためには，やはりそれに見合った重要な立法目的とそれと十分に適合する立法手段とが要求されることになる．

---

10) 経済活動規制の領域で，日本の最高裁判例が採用する目的別の二種の基準論も，隠された特殊利益誘導目的を明らかにするという視点から説明することができることは，拙著『比較不能な価値の迷路』(東京大学出版会，2000) 107 頁以下で論じた．

11) この点は，拙著『権力への懐疑』(日本評論社，1991) 128 頁，『憲法学のフロンティア』(岩波書店，1999) 16 頁註5，『比較不能な価値の迷路』95-96 および 103 頁等で述べたことがある．最近の関連する文献として，たとえば Cass Sunstein, *Designing Democracy* (Oxford University Press, 2001), p. 176 参照．

12) 高橋・前掲 297 頁．

高橋教授は，それでも公共の福祉に適合する限りで保障される権利であるという見方には，「思考上・心理上のインパクト」において相当の違いがあるとするが，そうであれば，筆者の狙い通りだということになる．マスメディアの表現の自由や高等研究教育機関に認められた学問の自由は，公共の福祉に適合する限りで保障された憲法上の権利であり，個人に認められる人権とは根本的に性格を異にするもので，マスメディアや大学はこうした公共の福祉に対応する社会的責務を自覚しつつその自由を行使すべきだという「思考上・心理上のインパクト」を与えることが，拙論の狙いの一つであった[13]．

6 市川正人教授，青柳幸一教授の批判

「切り札としての人権」という観念については，それが具体的な行動の自由を広く保障するものではないため，個人の自律を保障するという筆者の意図にそぐわないものになっていないか，それは観念的な権利にとどまるのではないかとの批判を，市川正人，青柳幸一両教授よりいただいている[14]．

「切り札としての人権」が，公共の福祉を根拠とする国家活動をオーバールールするものである以上，相互に衝突する具体的行動の自由を広く，そうした保護の対象とすることは非現実的である．各人がそれぞれ自分のやりたいと思うことをそのまま，社会全体の利益を覆してまで保障するという議論は，従来の憲法法理がとってきた結論と矛盾するばかりでなく，我々の直観にも反する．この点での筆者の思考の経緯は，高橋教授が描く通りである[15]．

他方，青柳教授は，具体的行動の自由を制限する理由となる「社会全体とし

---

13) 高橋教授は，岡田与好教授の営業の自由論について，それを公共の福祉にもとづく権利として捉える拙論に疑問を呈しているが（300頁註43），この点は，おそらく筆者のいう「公共の福祉」「人権」および岡田教授のいう「公序」という概念のとらえ方の差異によるものであろう．筆者は「人権」と「憲法上の権利」とを別の概念として用いている（拙著『憲法〔第3版〕』104頁）．

14) 市川正人「最近の『二重の基準論』論争をめぐって」立命館大学政策科学3巻3号15頁以下(1996)，青柳幸一「『個人の尊重』規定の規範性」青柳幸一他編『未来志向の憲法論』（信山社，2001）67頁以下．

15) 高橋・前掲295-96頁．なお，拙著『比較不能な価値の迷路』100-04頁をも参照．「切り札」としての自己決定権が問題となった最近の事例として，エホバの証人輸血拒否事件（最判平成12年2月29日民集54巻2号582頁）がある．

ての，誰にとっても共通の価値」を判定することができるのかという疑問を提起している[16]．この問題にこの場で十分に回答することが可能とは思えないが，筆者の議論の枠組みを素描すれば以下の通りである[17]．

　この世には，人生の意味や宇宙の意味という根源的なレベルで，比較不能な価値が充満している．立憲主義のプロジェクトは，そうした価値観の多元性を前提としつつ，人々が平和に社会生活を送り，そのコストと便益を公平に分かちあう枠組みを構築することを目的とする．そのための一つの手立ては，生活領域を公の部分と私の部分に区切ることである．私の領域では，各自はその本来の価値観に従って生きる権利を保障される．他方，公の領域では，人々は市民としての衣装をまとい，価値観の違いにかかわらない社会全体の利益の実現を目指して理性的に審議・決定に参加する．公の領域での個々の決定が誤っていることもありうるが，社会全体の利益を目指した公開の理性的審議は，長期的に見れば，客観的な答えへの接近を可能にする[18]．

　このプロジェクトはさまざまな危険にさらされる．人は本来，自分が真理だと考える根源的な価値観にもとづいて私的領域のみならず公の領域でも生きようとするであろう．真理である以上，自分だけでなく，他人もすべてそれに従うべきだと考えるのが自然である．しかし，価値観が多元的である以上，こうした自然の本性に従って人々が生きようとすれば，平和で公平な社会生活は保ちえない．公私の領域の区別は，常に特定の価値観が公の領域を占拠しようとする危険にさらされる．また，特殊な経済的利益を実現しようとする運動が，

---

16) 青柳・前掲 70 頁．
17) 拙著『憲法学のフロンティア』第 1 章，拙稿「討議民主主義とその敵対者たち」法学協会雑誌 118 巻 12 号 1891 頁以下 (2001) [本書第 12 章] 参照．
18) 松井茂記教授は，この拙論について，価値が比較不能であれば何が正しい政治像かもわからないはずだとの批評を加えているが (「なぜ立憲主義は正当化されるのか・下」法律時報 73 巻 8 号 64 頁 (2001))，これは，価値の多元性という論点と教授自身のコミットする価値相対主義を混同した上での批評のように思われる．価値相対主義の立場からすれば何が正しいかは全く判断しえなくなり，したがって松井教授の提唱する政治像や憲法理論が正しいか否かも判断しえなくなるであろうが，価値の多元性を所与の事実として認めた上でいかなる枠組みが平和で公平な社会生活を可能にするかという観点からさまざまな政治像や憲法理論を評価することは当然可能である．もっとも，比較不能性は別のレベルで，つまり自分のコミットする視点からしか他者の言説を理解しえないという事態を描くために用いることもできる．こうしたレベルの比較不能性は，価値の多元性を価値相対主義の観点からしか理解しえないかに見える松井教授の主張自体によって実証されているように思われる．

「正当な公益」の衣を着けて公の審議の場に現れることもありえよう．

　司法審査の役割は，公私の領域の区別を維持するとともに，こうしたさまざまな浸食の危険から公の領域での理性的な審議・決定のプロセスを守ることにある．筆者のいう「切り札としての人権」，つまり，生まれや価値観によって差別されることがないという保障をあらゆる構成員に認めることは，公私の区別を掘り崩そうとする傾向に歯止めをかけようとする企図の一環である．司法審査の努力によって，公の場での理性的な審議・決定のプロセスが守られている限り，その結論としてあらわれた具体的行動の枠付けが，社会全体の公益を的確に指示するものであるか否かを審査することは，司法審査の役割の範囲外である．裁判所は，さしあたりは公のプロセスの下した答えを所与として行動するしかない．このプロセスが長期的に見て，客観的な公益への接近を可能にするという信念が存在しないとすれば，我々の民主政観，司法審査観は，そしてそれにもとづく憲法法理の具体的結論も，現在とは大いに異なったものになっていたはずである．

　もちろん，そうした異なった民主政観，司法審査観を展開することも理論上は可能である．しかし，筆者としては，そうした新説が従来の憲法学が解決しえなかった問題を根本的に解決するもので，しかも当該新説に向けて法律家共同体内の合意を調達しうる見通しがある場合にのみ，それを提唱すべきであると考える．

〔補遺〕
1　「単なる自由」と「自由権」

　本章第3節では，殺人や強盗について，それを禁止する国法が存在しなければそれも自由だという意味での「単なる自由」だと宮沢が考えていた可能性は否定できないという前提から出発している．しかし，この前提が説得力に欠けたものであることも，これまた否定できない．

　本文では，2点に分けて，その説得力の乏しさを指摘した．第一は，散歩や旅行は，国家ないし法秩序と無関係な，禁止されていない「単なる自由」のように見えるかも知れないが，実はそれも法秩序によって一般的に保護されている行動であり，これに対して，殺人や強盗が法秩序によって保護されることはありえないのではないかという点で

ある.第二に指摘したのは,「自由権」と「単なる自由」との区分が,日本国憲法の下において,首尾一貫した区分として成立しうるかについて疑問があるという点である.

この2点の指摘はいまだに維持されうると,筆者は考えているが,他方で,「単なる自由」と「自由権」との区分が仮に成り立つとして,それがいかなる根拠に基づく,いかなる意味をもった区分でありうるかについては,別に論ずることができる.この区分は,法哲学の世界で議論されてきた「弱い許容 weak permission」と「強い許容 strong permission」の区分と関連している.

宮沢は,「単なる自由」について語る際に,それが,イェリネックのいう「国家にとって法的に無関係な臣民の行為 für den Staat rechtlich irrelevanten Handlungen der Subjizierten」と同一のものであるという(宮沢俊義『憲法II〔新版再版〕』(有斐閣,1974) 91頁).それは,「国法の禁止の不存在の反射」としての「自由」である.散歩や旅行については,それを禁止する法も,命令する法も存在せず,国家にとって法的に無関係な行為だという意味で,これらの行為は自由だということになる.念のために指摘するならば,殺人や強盗がこのような意味において国家にとって「法的に無関係な」行為である法秩序は,おそらく常識的には存在しない.

このような意味での自由な行為は,「弱い意味で許容された」行為として分析され,「強い意味で許容された」行為と対比されてきた.後者は,それを許容あるいは保護する法規範を背後に控えている行為である (Georg Henrik von Wright, *Norm and Action: A Logical Enquiry* (Routledge & Kegan Paul, 1963), p. 86; cf. Robert Alexy, *A Theory of Constitutional Rights*, translated by Julian Rivers (Oxford University Press, 2002), pp. 144-49).

ところで,「弱い意味の許容」と「強い意味の許容」の区分は,第一に,当該法秩序に,「法的に命令ないし禁止されていない行為は,これを為すも為さないも自由である」という法規範が存在しないことを前提としている.こうした法規範が実定法として存在する法秩序においては,一見したところ「弱い意味で許容された行為」はすべて,同時に「強い意味で許容された行為」となる (von Wright, *op. cit.*, pp. 87-88).「弱い意味で許容された」行為は「法的に無関係な行為」であり,法の欠缺に対応する行為である.上述の法規範が実定法として存在する法秩序においては,法的な禁止や命令の対象となっていない行為は,この法規範によって許容されており,法の欠缺は存在しない.「法的に無関係な行為」は,当該法秩序には存在しないことになる.かりに,宮沢が,日本国憲法下においてもこの区分が成り立ちうると考えていたとすると,宮沢は,日本国憲法下においても,法的な禁止や命令の不在が法的に保護された自由の存在を意味するとは考えていなかったことになる.

第二に,宮沢は,「弱い意味で許容された行為」に対応する「単なる自由」が,「自由

権」とは異なると指摘している(前掲書91頁). 彼のいう「自由権」とは, 言論の自由や信教の自由のように, 国民の利益のため, 国民の自由を制限することが憲法上, 禁止されている場合の国民の地位を指している. 宮沢は, この意味の「自由権」と「単なる自由」との違いとして,「前者においては, その自由を制限することが憲法上(国民の利益にまで)禁止されているのに対し, 後者においては, そこになんらの憲法上の制限がなく, その意味で, イェリネックの言葉でいえば, rechtlich irrelevant であり, したがって, 国法と無関係な関係であることにある」とする(同書同頁).

一見して明白であるが, ここでの宮沢による「単なる自由」と「自由権」との区分は,「弱い意味で許容された行為」と「強い意味で許容された行為」の区分とは一致していない. ある法秩序の下で, 散歩や旅行が法的に保護されていると同時に, それが憲法上の「自由権」としては保護されていないという事態は十分に考えられる. こうした法秩序においては, 散歩や旅行はイェリネックの言葉でいえば, rechtlich relevant であり, 国が法的に関心を持つ行為であるが, それを国家が制限することについて, 憲法上の制限はない. 宮沢は,「法的に無関係な行為」とその禁止・命令について「憲法上の制限がない行為」とを同一視しているようであるが, そこには混乱がある.「法的に無関係な行為」は, すべて国家による干渉について「憲法上の制限がない行為」であろうが,「憲法上の制限がない行為」のすべてが「法的に無関係な行為」であるわけではない.

2 憲法上の自由権と「排除の許容」

さて, ある行為をするかしないかが, 憲法上の自由権として保護されたとき, 保護された範囲内の選択に対する国家の干渉は憲法によって禁止される. このことは, 保護の対象である行為の主体(agent)にとっては, 何を意味するであろうか. 一つの立場は, 行為主体にとっては,「単なる自由」である場合と何の違いもなく, 自らの実践的判断に基づいて行為の内容を決定すればよいというものであろう. 行為主体が行う実践的判断のあり方についても, 何らの違いも生じない. ただ, 憲法上の保護があるために, 実践的判断の内容についても, それに基づく行為についても, 国家は干渉しえないだけだという立場である.

第二の立場は, 憲法による保護は, 行為主体の実践的判断のあり方を変えるというものである. ジョゼフ・ラズは, 行為主体が勘案すべき実践的理由の中に,「排除の許容 exclusionary permission」というメタ・レベルの理由があると指摘する (Joseph Raz, *Practical Reason and Norms*, 2nd ed. (Princeton University Press, 1990), pp. 90-91). 行為主体は, 通常, 一次レベルでのさまざま実践的理由を衡量することで, いかなる行為をとるべきかを判断する. しかし, 実践的理由の中には, 少なくとも一定の範囲におけ

る一次レベルの理由を考慮しないよう指示する理由もある．たとえば，会社の上司が部下に業務命令を発するとき，上司は，その命令を，部下の勘案するさまざま実践的理由と並ぶもう一つの理由として発するわけではなく，当該命令と衝突する他の実践的理由を勘案しないよう排除するメタ・レベルの理由としても受け取るよう，意図しているはずである．その結果，通常であれば，さまざまな実践的理由を勘案した上で，業務命令と異なる行動をとるべき場合であっても，部下はやはりその命令に沿って行動すべきことになる．ラズは，こうした理由を「排除的理由 exclusionary reason」と呼んで，通常の実践的理由と区別している (ibid., pp. 35-48)．

これに対して「排除の許容」は，一次レベルの実践的理由のうち，一定範囲のものを考慮しないことを「許容」するメタ・レベルの理由である．この結果，通常であれば，実践的衡量の結果，ある結論をとるべきことになる場合においても，それに反する結論をとることも正当化されうることになる．ラズが「排除の許容」の例として挙げているのは，「義務を超える行為 supererogation」である (ibid., pp. 91-95)．難民救済のために寄付をすることは，称賛されるべき行為であるが，それをしないからといって非難されることは稀である．称賛されるべき行為であれば，結論としてそうすべき理由があるはずなのに，それをしなくとも非難されないのはなぜかといえば，「義務を超える行為」とされる一定類型の行為については，そうした行動をとるべき実践的理由を勘案しないこと(その結果，その行動をとらないこと)も許容されているからだというのが，ラズの説明である．

ところで，憲法上の自由権は，行為主体に対して，一定範囲の行為をとるかとらないかの自由を保護している．これは，直接には国家機関による干渉の禁止であるが，行為主体にとっては，かりに国家機関が保護された範囲内の行為に制限を加えようとした場合においても，その制限を実践的理由として勘案しないことを許容する「排除の許容」として機能するはずである(もちろん，勘案することも許容されている)．そして，国家機関が保護された範囲内に干渉しようとする場合，よほどの専制国家でない限りは，それを正当化する実践的理由が用意されているはずであるから(たとえば街の美観の保持を理由とするビラ撒きの禁止のように)，憲法上の自由権は，そうした通常の実践的理由を勘案しないことをも許容していることになる．つまり，通常の実践的衡量の結論としては，当該行動をとるべきではないこととなる場合においても，あえてそうした行動をとることが許容されることもありうる．

つまり，言論の自由，信教の自由，財産権等を憲法上の権利として保障することは，人々の実践的判断のあり方を変えることをも意味している．聞き手が腹を立てるような話をあえてしたり，周囲の人々が嫌悪する信仰を抱いたり，高価な自分の持ち物を腹立ち紛れに破壊したりすることも，憲法によって許容されていることによって，正当化さ

れる.

　もちろん,憲法上の保護の射程は限られており,国家機関の干渉も,その理由の緊要性や態様によっては結論としても正当化されうる.それでも,保護された範囲において,保護の存在が行為主体の実践的衡量のあり方を変えること,そしてときには結論までも変えることは否定できない.そうだとすれば,憲法上の保護の射程を考えるにあたっては,それが行為主体の実践的衡量のあり方にどのような影響を与えるかをも勘案する必要があるといえよう.

第8章 「外国人の人権」に関する覚書
―― 普遍性と特殊性の間

1 安念教授のパラドックス

　権利，義務には人一般について普遍的に妥当するものと特別な関係にある人々の間でのみ妥当するものとがある．「汝，人を殺すなかれ」という格言に示される義務は普遍的な義務の例である．親族間の扶養義務，教師が生徒に対して負う教育上の配慮義務，恩師の古稀祝賀論集にその指導を受けた者が論文を献呈する義務は，相手と自分との特殊な関係の故に負う義務の例である．デレク・パーフィットの指摘によれば，我々が日常的に想起し，遂行する義務の多くは，我々が特定の関係に立つ人々，つまり，子ども，親，友人，恩人，生徒，患者，依頼人，同僚，同胞市民などに対する義務からなっている[1]．日常的な道徳観からすれば，これら特定の関係に立つ人々に対して我々が負う義務は，見知らぬ人々に対して我々が負う普遍的な義務に優先する．

　本章で扱うのは，このうち同胞市民(fellow-citizens)に対する義務について，つまり，我々が，同国人に対して負う義務と外国人に対して負う義務の違いについてである．憲法学では，この問題は，外国人に保障される権利の範囲と程度という形であらわれる．伝統的な議論の仕方によれば，「参政権のように，その性質上国民にのみとめられるべきものは別として，原則として」，外国人についても憲法上の権利は保障される[2]．その前提には，いやしくも人たることにより当然享有する人権は，外国人も当然享受するはずだという想定があ

---
1) Derek Parfit, *Reasons and Persons* (Oxford University Press, 1984), p. 95; 邦訳『理由と人格』森村進訳(勁草書房, 1998) 133-34 頁.
2) 宮沢俊義＝芦部信喜『全訂日本国憲法』(日本評論社, 1978) 187 頁.

る³⁾. 憲法上の権利の多くが，人である以上は普遍的に保障される権利であれば，それを保障し，侵害を加えないよう努めるのは普遍的な義務である．日本人たる有権者が最終的には発言権を持つ形で構築し，運営する権利保障のシステムは，外国人に対しても普遍的な権利はこれを保障するものでなければならない．

しかし，日本の判例は必ずしもこうした立場を貫いてはいない．いわゆるマクリーン事件の最高裁判決は，「憲法第三章の諸規定による基本的人権の保障は，権利の性質上日本国民のみをその対象としていると解されるものを除き，わが国に在留する外国人に対しても等しく及ぶものと解すべき」であるとの一般論を述べた上ではあるが，「外国人に対する憲法の基本的人権の保障は，……外国人在留制度のわく内で与えられているにすぎない」とする．そして外国人は，「在留期間中の憲法の基本的人権の保障を受ける行為を在留期間の更新の際に消極的事情としてしんしゃくされないことまでの保障が与えられているものと解することはできない」．なぜなら，外国人には原則として入国の自由がなく（つまり，日本国として外国人を受け入れる義務はなく），したがっていったん入国した外国人にも引き続き在留する権利はないからである⁴⁾．外国人に原則として入国の自由がなく，いったん入国した外国人にも在留しつづける権利がないことについては，学説も一般的に同意している⁵⁾．

こうした前提からすると，たとえば「違憲の条件 unconstitutional conditions」の法理を利用して，外国人の入国に際して政府が付しうる在留の条件を限定しようとすることもほとんど意味をなさないであろう⁶⁾．たとえ，入国

---

3) 最判昭和 25 年 12 月 28 日民集 4 巻 12 号 683 頁参照．
4) 最大判昭和 53 年 10 月 4 日民集 32 巻 7 号 1223 頁．
5) 伊藤正己『憲法〔第 3 版〕』（弘文堂，1995）365 頁，芦部信喜『憲法学 II』（有斐閣，1994）121-29 頁，樋口陽一他『注解法律学全集憲法 I』（青林書院，1994）189 頁〔佐藤幸治執筆〕，樋口陽一『憲法〔改訂版〕』（創文社，1998）180 頁．国際法学者の見解として，山本草二『国際法〔新版〕』（有斐閣，1994）515 頁参照．
6) 「違憲の条件」の法理は，政府による助成，契約，免許などの積極的な行為を憲法的にコントロールする手法として考案されたものである．たとえば，政府が若手芸術家の育成を目指して助成金を支給する場合，申請者の所属政党を基準として助成額を左右するようなことがあれば，憲法違反となることは免れがたい．そもそも一切助成しないことも可能であったという前提から，助成する際にはいかなる条件でも付することが許されるという結論は導かれないからである．National Endowment for the Arts v. Finley, 524 U.S. 569 (1998) の法廷意見で，オコナー判事は，傍論ながら，芸術活動への政府の助成が観点による差別 (viewpoint discrimination) のゆえに違憲となる可能性を認めている．この法理については，たとえば Kathleen Sullivan, Unconstitutional Conditions, 102 *Harvard Law Review* 1413 (1989) を参照．邦語文献として，中林暁生「違憲な条件の法理の成立」東北法学 18 号 (2000) 101 頁以下がある．

に際して政府が付した条件が普遍的に保障されるべき権利を侵害するものであって違憲であるとの判断が可能だとしても，在留期間更新の際には，「基本的人権の保障を受ける行為」を消極的事情として斟酌することも許されるというのが判例の結論であり，それは，外国人にそもそも在留の権利がないことから導かれるとされるからである．基本的人権が保障されるのは，せいぜい政府の認めた在留期間中にとどまる．マクリーン事件で問題とされた原告の活動は，外交を含めた日本政府の政策を批判する活動であり，こうした典型的な政治的表現行為の内容にもとづいて私人に不利益を与える行為は，表現の自由の核心に反する行為のはずである[7]．それでもなお，それを在留期間更新の際に消極的事情として斟酌することも許される．

　外国人に日本に入国・在留する権利はなく，したがって入国・在留に条件を付すという形で在留外国人の憲法上の権利を自由に制限でき，かりにその制限の効力を「違憲の条件」として無効とすることができるとしても，なお在留期間更新の際には，人権によって保障されているはずの活動を消極的事情として斟酌しうる．だとすれば，安念潤司教授が指摘するように，「外国人の人権」という問題設定自体がそもそも「問の立て方として正当か」という疑問が生じるであろう[8]．それどころか，そもそも憲法は普遍的な「人権」を保障していると想定してよいのかという疑問さえ生じかねない．憲法は，人である以上，当然に保障すべき権利をすべての人に保障しようとしているわけではなく，もともと同国人という特定の人々の権利のみを保障しようとするものであり，その上で，そうした権利の保障をどこまでそれ以外の人々に拡張して適用するこ

---

7) この点については，さしあたり長谷部恭男『憲法学のフロンティア』(岩波書店，1999) 8-9 頁参照．「人権」の観念を，人が人であることから当然に享有する権利としてではなく，比較不能な多様な価値を抱く人々が，それでも共存し，社会生活の便益を享受するための最低限の共通了解としてとらえる見方からしても，社会の多様性をより豊かにする可能性を含む外国人に対して「人権」をきわめて不完全な形でしか保障しない制度には，疑問が提起されるであろう．「人権」を国民に保障している国家は，すでに国内に比較不能な多様な価値が共存していいることを前提としているはずだからである．これに対して，国民が特定の文化によって一体化していることを標榜する国家は，こうした「人権」を国民に対して保障する必要を必ずしも感じないであろうから，外国人についてはなおさらであろう．

8) 安念潤司「『外国人の人権』再考」芦部信喜先生古稀『現代立憲主義の展開　上』(有斐閣，1993) 177 頁以下．佐藤・前出註 5，189 頁も，安念教授の提起したパラドックスを「難問」であるとする．なお，この問題に関連する裁判例を，外国人の基本的人権に対して出入国システムが優位する立場として整理する日比野勤「外国人の人権(3)」法学教室 218 号 (1998 年) 65 頁以下参照

とが可能かという問題が学説や判例によって議論されてきたのではなかろうか．出発点がこのように設定されているのであれば，実は，参政権など，「権利の性質上日本国民のみをその対象としていると解されるもの」と，それ以外の外国人にも等しく保障されるはずの権利との違いは，程度の差にすぎない[9]．

以下では，人である以上，普遍的に認められているはずの権利が，国籍を基準としてあるいは保障され，あるいは保障されない特殊な権利であるかのように扱われる制度に果して正当化理由があるかを検討する．このため，以下で主に念頭に置かれているのは，参政権のように，伝統的には同国人のみに認められるのが当然として捉えられ[10]，その上で，その享有主体をどこまで拡張することが可能かが現在論じられている権利ではない．普遍的に保障されるはずの権利が，外国人であることを理由にきわめて不完全な形でしか保障されない制度の正当化根拠の有無は，理論的にはより深刻な問題である[11]．

たとえ，権利保障システムの構築と運営について最終的決定権を持つ有権者団の範囲が国籍保持者の範囲と一致せず，それを上回ったり（たとえば定住外国人に参政権を認める場合），下回ったりすることのある場合でも，なぜ決定

---

9) 安念教授が示唆するように，あらゆる人に国内でいかなる活動を行うかを顧慮しないで入国・在留の自由を認める制度は「ほとんど戦慄すべきもの」であって，現実に実施しうるとはにわかには考えにくい（前掲註 8，180 頁）．つまり，現実に実施可能なのは同国人をまず権利主体として想定し，つぎにそれをどこまで拡張しうるかを考えるアプローチのみである．したがって，普遍的であるはずの人権を保障する義務は，具体的な実施のレベルでは同国人の権利のみを保障すべき特殊な義務を核心とすることになる．なお，憲法第 3 章は，その表題が示す通り，国民に対してのみ権利を保障しているとする説として，小嶋和司『憲法概説』（良書普及会，1987）156-57 頁参照．同旨の最近の文献として，高橋正俊「外国人の基本的人権保障の対象性」新正幸他編『公法の思想と制度』（信山社，1999）85 頁以下がある．

10) 宮沢俊義『憲法 II〔新版〕』（有斐閣，1971）241-42 頁，伊藤・前掲註 5，197 頁，芦部・前掲註 5，131-32 頁．

11) 安念教授自身は，「外国人の人権」という問題の立て方が含む困難を，普遍的人権の保障義務を同胞市民に対する特殊な義務としてとらえることの正当性という形で定式化しているわけではない．この定式化の責任は筆者にある．また，本章で扱われる「人権」は，日本国憲法上，人である以上はすべて享有すると考えられているはずの権利，つまり日本国民の受託者として行動する日本国政府が（憲法前文第 1 節参照），あらゆる人に対して保障しなければならないはずの権利であり，たとえば，ジョン・ロールズが *The Law of Peoples* (Harvard University Press, 1999) で論じているあらゆる国家がその国民に対して保障すべき最低限の権利とは異なる．ロールズが論じているのは，奴隷的拘束からの権利，少数民族の大量虐殺からの権利など，より緊急性の高い権利で，他国による干渉，いいかえれば当該国家の主権の限定，の根拠となる権利である（*ibid.*, pp. 78-81）．このため，現在の日本からすれば，こうした人権が保障されているか否かが問題となるのは，もっぱら外国に居住する外国人の人権だということになる．

権を持つ有権者団が,本来,万人に保障すべき権利の享有主体を国籍を基準として区別することが許されるのかという問題はなお生ずるはずである.そして,この問題は,憲法上の権利を享有する主体が定住外国人へと拡張されたとしても同様に生ずる.

2 相互扶助組織としての国家

普遍的であるはずの人権を同国人のみに保障すべき権利であるかのように扱うことを正当化する一つのアイディアは,社会契約のアナロジーに即した以下のようなものである[12].

国家とは一種の相互扶助組織であり,国民は相互扶助の契約を結んだそのメンバーであって,一定の義務を果たし,メンバー全員の利益の向上に貢献する者のみが,それに見合った権利の保障を認められる.普遍的に認められるべき人権は,それ自体としては抽象的権利にすぎない.その実効的な保障には,権利侵害に関わる紛争を公正に裁定し,それを効果的に執行するメカニズムが必要である.さらに,単に精神活動の自由や経済活動の自由を抽象的に享有するだけではなく,それを生かして実際に精神活動や経済活動を行うためには,それを可能にするさまざまな社会制度の整備が必要である.そうした紛争の裁定や制度整備を行うのが国家の役割である.国家の設立と維持にはそれを支える人々の貢献が必要となるが,人々がそうした貢献をするのは,少なくとも長期的に見れば,そうした貢献が各人の権利の実効的な保障につながり,各人の利益に適うからである.つまり,最終的な差引勘定では,すべてのメンバーがプラスの利得を手にするはずであるからこそ,人々は国家という相互扶助組織を構築し,その運営に協力する.

国家がこうした役割を期待され,それに応じて機能するものである以上,国家が第一義的に保障する義務を負うのはそのメンバー,つまり国民の権利である.人が,生来,抽象的に享有するその権利を具体的・実効的に保障してほしいのであれば,いずれかの国家に所属し,その運営に協力すべきであって,自

---

12) Robert Goodin, *Utilitarianism as a Public Philosophy* (Cambridge University Press, 1995), pp. 277-78.

分がそのメンバーではない国家のサービスを享受しようとするのは筋違いである．したがって，普遍的な権利であるはずの人権を，各国があたかも同国人のみに認められる権利であるかのように扱うことには，相応の理由があることになる．また，この考え方からすれば，相互扶助組織の運営に参加する権利，つまり参政権も，原則として同国人にのみ認められることになるであろう．さらに，こうした想定からすると，ある国の法令に従うべき義務，いわゆる遵法義務も，当該扶助組織のメンバーとなることに同意した人間のみに妥当することになるであろう[13]．

　こうした議論には，ある程度の説得力はあるものの，これで現在の日本の通説・判例の立場，とりわけ判例の立場が十分に説明できるとは考えにくい．この議論では，定住外国人のように，日本人とほとんど変わらずに納税し，法令に従った義務を果たしている人々に，なぜそれに見合う権利を保障しないのかを説明することが難しい．最終的な差引勘定において，すべてのメンバーのプラスになるような人であれば，そうした人をもメンバーとして認め，参政権を含めてメンバーに即した貢献を求める代わりに，社会保障を含めてメンバーに与えられるべきサービスも提供するのが自然な考え方である[14]．そして，参政権や社会保障サービスのように，伝統的に国民にのみ認められる権利だとされたものさえ認められるのであれば，表現の自由のような典型的な自由権も当然保障すべきだという理屈になるはずである．しかし，判例によれば，「公務員

---

13) ジョン・ロックの『市民政府論 An Essay concerning the True Original, Extent, and End of Civil Government』の枠組みでは，社会契約に加わり，自らの保有する自然権の一部を社会全体に譲渡することに同意した者のみが自然状態を脱して国家の市民となる．このため，たとえば両親がある国の市民であったからといって，その子が当然にその国に服属するわけではなく，分別のある年齢に達したとき，あらためていずれの政府に属するかを自由に決定することができる（『市民政府論』鵜飼信成訳（岩波文庫，1968）118節参照）．また，ある国の領土の下に財産を保有する者は，その財産の保有を享受している限りにおいて，当該国家の支配に黙示の同意を与えたものと考えられるが，これは真正の同意とは異なるため，所有者はその財産を手放しさえすれば，自由に他の国家に加入することができる（同120-21節）．これに対して，いずれかの国の法令に服して平穏に生活し，これらの法の下での特権や保護を享受するだけでは，その人が当該社会の一員となることはない．したがって，外国人はたとえ生涯他国において生活し，その特権と保護とを享有することになっても，その国の市民となることはない．つまり，当該社会の社会契約に同意をしていることにはならない（同122節）．他国に居住する外国人は，その国との間ではなお自然状態を脱していないわけである．

14) Goodin, *supra* note 12, p. 278.

を選定罷免する権利を保障した憲法15条1項の規定は，権利の性質上日本国民のみをその対象とし，右規定による権利の保障は，我が国に在留する外国人には及ばない」[15]。また，外国人にも等しくその保障が及ぶはずのプライバシーの権利が外国人登録法によって制約されることも，外国人に対する権利保障があくまで在留制度の枠内で認められるとの判例の立場からすれば自然な結論であるが[16]，社会のメンバーの相互扶助組織として国家を捉える考え方とはやはり整合的でない。ここでも，定住外国人のうち，少なくとも日本人と同等に扱うことが全員にとって利益になるような人々については，同等の権利保障を与えるべきことになるはずである[17]。

他方で，こうした考え方からすると，生まれながらにして重度の障害を負っている人のように，長期的に見てすべてのメンバーの利益に貢献することがさして期待できない人々については，国籍にかかわらず最初から貢献を求めない代わりに権利保障のサービスも提供すべきでないという結論が導かれかねないが[18]，こうした結論は我々の常識にも反するし，通説・判例の立場とも一致しないであろう。

3 特別な関係を構成する「より根底的な理由」

国家を相互扶助契約を結んだ人々の組織と考える見方のように，同国人の権利を特に保障すべきなのは，同国人同士の結びつきを特別なものとする根底的な理由がほかにあるからであって，国籍はその根底的な理由のあてはまる人間を見分けるための大雑把な物差しにすぎないという立場をとると，国籍にかかわらず，その根底的な理由に直接もとづいて，権利義務をあるいは認め，あるいは認めるべきでないという結論へと向かうのが自然である。

---

15) 最判平成7年2月28日民集49巻2号639頁。
16) 最判平成7年12月15日刑集49巻10号842頁。
17) 前述のロックの議論（前掲註13参照）からすると，日本社会の社会契約に真正の同意をしていない限りで，外国人を市民として扱わないことも認められるが，同じことは日本国籍を持つ未成年者についても，また成人はしたもののなお真正の同意をしたとはいいがたい日本国民についてもあてはまるはずである。
18) Cf. Goodin, *supra* note 12, p. 278.

こうした事態は，国民は同胞としてともに公共善を実現すべく特定の共同体にコミットした人間だからこそ，相互に特別の権利義務関係にあるのだという議論のように，権利保障義務の普遍性を真っ向から否定する議論の場合も同様である．国籍を有するにもかかわらず選挙にも参加せず，遵法精神にも乏しいという人もさして珍しくはないであろう．こうした人々になぜ参政権を与えたり，行政機関を通じてさまざまなサービスを提供しなければならないのかとの疑問が導かれることになる[19]．文化，言語，宗教などの特性を共有しているか否かを権利保障の基準とする立場についても同じことがいえる[20]．

　他のメンバーにとっての実質的貢献度，文化的同一性，国家への忠誠心などの点でいかにさまざまであろうとも，国籍保持者は国籍保持者である．そうした国籍保持者であるか否かによって，なお権利保障の範囲と程度は格段に異なる．何がそれを正当化しうるであろうか．

4　調整問題を解決する標識としての国籍

　パラドックスを解決するもう一つの案は，功利主義哲学者であるロバート・グッディン教授が提示する次のような考え方である[21]．我々が同胞市民に対して負っている権利保障の義務は，そもそもすべての人がすべての人に対して負っている普遍的義務に由来するもので，本来，特定のメンバー間についての

---

19) 共同体へのコミットの有無を各人について調査するのはコストがかかりすぎ，また内心の自由を侵害することになりかねないので，国籍を大雑把な目安にして権利を保障する方が安上がりだという議論は可能であるが，こうした議論からしても，たとえば続けて5回国政選挙で投票しなかった国民からは選挙権を剝奪するという制度を正当化する余地もありうることになろう．これが選挙権に関する日本の通説・判例の許容するところとは考えにくい．

20) George Burdeau, Francis Hamon, et Michel Troper, *Droit constitutionnel* (L.G.D.J., 29e éd., 2005), p. 20. 文化，言語，宗教などにもとづく共同体精神は，往々にして国民としての一体性と衝突する．この点については，Stephen Holmes, *Passions and Constraint* (University of Chicago Press, 1995), pp. 211-12 参照．市民権を配分する単位は一体性を持った共同体であるべきだと主張するマイケル・ウォルツァーは，共同体内部が深刻に分裂した場合には，それに応じて領土も分割されるべきだと主張する (Michael Walzer, *Spheres of Justice* (Blackwell, 1983), p. 62). 大衆を政治的・軍事的に動員するために人為的に創造された生まれながらの国民 (nation) という観念が，多様な価値観の共存にとってむしろマイナスに働いてきたという観察として，たとえば，Jürgen Habermas, *The Inclusion of the Other* (MIT Press, 1998), p. 114-17 を参照．

21) Goodin, *supra* note 12, pp. 280 ff.

み認められるものではないが，ただ，その効果的な実現のために，特に同国人の間で便宜的に認められるものである．本来は普遍的に妥当する義務であるが，それをすべての人がすべての人に対して遂行しようとするよりは，特定の人のみが特定の人のみに対してその義務を遂行することとした方が，より効果的に義務が遂行でき，したがって権利も効果的に実現する状況は少なくない．たとえ普遍的な義務であっても，ある人がその義務を果たしてしまえば，他の人が同じ義務を遂行しようとしてももはや無駄であり，かといって，誰か他の人がどうせ果たすであろうという理由で誰もが放置していると，誰もなすべき義務を果たさないという状況である．こうした状況は一種の調整問題 (co-ordination problem) であり，この問題は，当該義務を果たすべき者を予め特定することで解決することができる[22]．

たとえば，海水浴場で誰かが溺れそうになっているとき，本来は，その場にいるすべての人に救助義務があるはずだが，すべての人が一斉に救助に赴くと無用の混乱が生じ，かえって多くの人命が失われるおそれさえある．かと言って，誰かが助ければそれで済むことだとすべての人が考えるならば，誰も助けに行かないおそれもある．こうした場合，予め指定されたライフ・セーバーが救助に赴くこととすることで効果的に救助活動を遂行することができる．入院患者を誰が診療すべきかという問題も同様で，患者を治療する義務はすべての医師が負うはずであるが，すべての医師がすべての患者の診療を交代で行うこととするよりは，特定の患者について担当の医師を指定して各患者の健康回復に努める方が効果的であろう[23]．

---

22) Cf. Goodin, *supra* note 12, pp. 31–37. 調整問題状況とは，さまざまな可能な選択肢のうちいずれに決まるかよりも，とにかくそのうちのどれかに決まっていて，人々がそれに応じて行動することができることが肝心な問題状況として特徴づけることができる．調整問題状況については，さしあたり長谷部恭男『権力への懐疑』(日本評論社, 1991) 39–41 頁参照．

23) Goodin, *supra* note 12, pp. 281–83. 本文で述べた考え方からすると，政府が国民に対して負う義務も，本来はあらゆる国民があらゆる国民に対して負う義務であり，効果的に実現するためにそれを任務とする人々を予め定めた結果，第一次的に政府が国民に対して負うことになった義務である．犯罪者を逮捕して処罰し，被害者を救済するのは本来，あらゆる人の権利であり義務であるが，すべての犯罪現場に全国民が急行してそれぞれの義務を果たすこととするよりは，犯罪捜査にあたり，公平な裁判を行う担当者を予め定めておく方が，こうした義務を効果的に実現することができる．こうした担当者が誰であるか，つまり誰が政府であるべきかも，結局のところ調整問題である．この点については，Goodin, *supra* note 12, pp. 31–37 参照．こうした議論の仕方は，親が子に対して負う義務や教師が生徒に対して負う義務についても延長可能であろう．

国籍も似た機能を果たすと考えることができる[24]．国家が提供するさまざまなサービス，そしてそれにかかるコストを分担する義務は，そもそもはあらゆる人があらゆる人に対して負っている普遍的な権利や義務のあらわれであるが，それを効果的に実現するためには，それぞれの属する国民同士について認めることが，少なくとも第一次的には適切である．この考え方からすれば，なぜ，我々が先天的な障害者に対しても同胞として一定の義務を負うのかが説明できるし，また外国人の権利を保障すべき責任が，第一次的には当該外国人が属する国家にあることも説明が可能である．これに対して，例外的に，たとえば定住外国人が居住する国の租税を負担するのは，治安の維持，外交・防衛，交通網の整備など，居住国の提供するサービスをたまたま享受しているからという特別の事情で説明することになるであろう．

こうした考え方からすれば，国籍は，普遍的に保障されるべき権利を効果的に保障すべく，それを保障する任務を負う者を予め指定するための，つまり，国際的な調整問題を解決するための標識として用いられていることになる．地球上で暮らす数多くの人々のうち，所与の人々について生来の人権を保障し，自由に幸福を追求しうる環境を整える責務を第一次的に負うのがどの政府であるかを指定するための便宜的な物差しとして国籍は用いられているわけである．複数の国籍を同時に保持する者が事実上，圧倒的に少数である世界では，国籍をこうした標識として用いることには十分な理由がある．ライフ・セーバーの比喩を延長して言えば，広大な海水浴場を何人かのライフ・セーバーが分担しているとき，分担する仕方として，それぞれが特定の集団を受け持つこととしている状況と似ている[25][26]．

---

24) Goodin, *supra* note 12, pp. 283-85. ある人の権利をもっとも効果的に保障しうる国が，実は彼(女)が所属する国でない場合がありうることは，こうした解決に対する決定的な反駁にはならない．ある区域を担当するライフ・セーバーよりも，他の区域を担当するライフ・セーバーの方が泳ぎが上手であるということもありうるであろうが，それにもかかわらず，区域ごとのライフ・セーバーの役割分担はなお正当化されうる．

25) ライフ・セーバーの分担の仕方として，こうした属人的な分担が効果的であるか否かは疑わしい．それぞれが特定の区域を担当し，当該区域で溺れそうになった人がいる場合には，その人の属性にかかわらず当該区域担当者が救助するという仕方の方が効果的であろう．

26) 本節で描いた国籍の役割論と類似した議論として，国境の意義に関するジョン・ロールズの議論がある．彼によれば，現在の国境の線引きは歴史的偶然による恣意的なものに見えるが，それにもかかわらず，ともかく特定の領土とその住民について誰が責任をもって配慮するかが決定

5 何が「許容」されているか

筆者は，安念教授の提示したパラドックスの解決策としては，国籍を調整問題を解決するための標識として捉える第二の考え方が妥当ではないかと考える．この考え方からすれば，同国人の権利保障を第一に考え，外国人の権利保障は在留制度の枠内でのみ考えるという現在の通説・判例の態度は，憲法上の権利保障が同胞市民同士という特別の関係にもとづく義務だからという理由ではなく，とりあえず国籍を標識として権利を保障する相手方を選別することで，国際社会全体としては，より効果的に普遍的に保障されるべき権利を各人に保障しうるからという理由で根拠づけられることになる[27]．

こうした考え方は，参政権のように，当該国家の国民固有の権利と考えられてきた権利についても延長することが可能であろう．ある人が居住する社会で受けている公共的サービスについて，そのコストを負担するとともに，サービスの内容について発言する責務と資格は，本来，普遍的に認められるべきものであろうからである．こうした見方からすれば，国籍を標識として参政権を認めたり，認めなかったりするシステムは，やはり普遍的にあてはまるべき目標を効果的に実現するための便宜的なシステムと考えられるべきである．

もっとも，単なる国際的な調整問題状況の解決策なのだとわかれば，この原則に常にとらわれる必要がないことも判明する．政治的理由で迫害を受けてい

されていることには意味がある．これは，ある財産についてそれが劣化しないように配慮するよう，財産権者が誰かが定まっていることと同様である．ある国民がその領土や人口について適切な配慮をしない場合，任意に戦争で領土を獲得したり，他国に移住したりすることは許されない．それが許されるのであれば，いずれの政府も自国の領土や住民について適切な配慮をしようとはしなくなるおそれがある．線引きが恣意的であることは，それが正当化されえないことを意味しないわけである．ロールズの議論については，John Rawls, *The Law of Peoples* (Harvard University Press, 1999), pp. 8 & 38-39 参照．

27) このことは，前掲註7で描いたように，当該外国人の所属国との関係で日本のみが片面的に人権の保障を普遍的な義務だと考えている場合についてもあてはまる．その場合でも，国籍に応じて人権を保障するような体制を各国ごとに整える方が，世界全体としては，普遍的に保障されるべき人権をより効果的に保障することができると，相手国との関係では，日本が片面的に考えていると説明することができる．人権保障が普遍的な義務であると考えない国家は，当然のことながら，こうした普遍的義務と特殊な権利保障との衝突というパラドックスに悩むことはないであろう．

るなど，当人の所属する国家によって人として当然保障されるべき権利の保障される見込みのない人に，他国が難民として保護を与えるべき場合もあるであろう．他方，特定の外国との協定にもとづいて内国民にのみ認められているはずの権利や義務を，当該国家の国民に割り当てることも，それが無用な混乱や深刻な「ただ乗り」の問題をもたらさないのであれば可能であるし，また，公共サービスの運営や普遍的に保障されるべき人権の保護などの点で調整問題状況を悪化させ，逆効果を招くのでない限りは，他国との協定抜きでそうした扱いを認めることにもさしたる理論的障害はないはずである．たとえば，定住外国人への租税の賦課や，一部の参政権を外国人に認めることがその例として考えられる．それは憲法によって要請されてはいないが，許容はされている．それはもともとすべての人についてあてはまるはずの理由にもとづいて認められる権利や義務だからである[28]．

「同国人」や「同胞市民」という関係は，結局のところさして特別なものではない．

---

28) 定住外国人に地方参政権を認めるか否かが立法政策の問題であるとした最判平成7年2月28日民集49巻2号639頁については，なぜ外国人に認められるのが国政レベルの参政権に及ばず，地方の選挙権にとどまるのかその論拠が明らかでないとのコメントが加えられている（横田耕一「外国人の『参政権』」法律時報67巻7号(1995)5頁．なお，外国人の地方参政権と国政レベルの参政権を区別する理論的根拠が乏しいとする説として他に，奥平康弘『憲法III』(有斐閣，1993) 60-61頁，浦部法穂『全訂憲法学教室』(日本評論社，2000) 508頁，塩野宏『行政法III〔第2版〕』(有斐閣，2001) 162頁註1等がある）．本章の視点からすると，この点については，一義的に明確な理論的根拠があるはずはない．そもそも国籍を参政権付与の基準とすることが調整問題解決のための便宜だったからである．しかし，それでも地方の選挙権のみを定住外国人に認めるという立法政策は許容されているという結論は正当化しうる（たとえば，地方公共団体に与えられているのは統治権のうちでも行政権にとどまり，その行使の基本的方針の決定についてのみ，定住外国人は参与しうるという理由づけが考えられる）．そうした切り分けも調整問題の一つの解決策にはなりうるからである．

第9章 「国家による自由」

　日本の憲法学において,「国家による自由」という概念は確立した意味内容を与えられているわけではない. 本章では, この概念が表しうる意味内容として, 三つのものをとりあげ, その分析を試みる[1]. 第一は,「国家からの自由」の憲法上の保障に当然に付随する「国家による自由」(第1節), 第二は, 国家の設営する「防御線」によって守られる自由(第2-3節), 第三は, 一定の制度ないし公共財の提供が国家に義務づけられ, それに対応する権利が憲法で保障される場面での「国家による自由」である(第4-6節)[2].

1　「国家からの自由」に付随する「国家による自由」

　憲法上の権利は「国家からの自由」, つまり対国家防御権として捉えられる

---

[1]　現在の日本で,「国家による自由」という概念から想起されるのは, 樋口陽一教授の提起した「二つの自由」という論点であろう. 本章で取り扱う「国家による自由」の三つの側面のうち, 第三のものは, 樋口教授の指摘する「国家干渉を通しての自由」と大きく重なりあう. 樋口教授の議論については,『権力・国家・憲法学』(学陽書房, 1989) 第IV章,『近代国民国家の憲法構造』(東京大学出版会, 1994) 第III章参照.

[2]　本章は,「権利」「利益」「義務」の相互関係を考察するための作業仮説として, ジョゼフ・ラズによる権利の定義を用いる(筆者自身はラズと異なり, 憲法上の権利には, 権利主体の利益の実現に必ずしも貢献しないものも含まれると考える). 彼によれば,「Xがある権利を有する」のは, 権利享有主体たるXについて, (他の条件が一定である限り) Xのある利益が他者を義務づける十分な理由となるときであり, かつそのときに限られる (Joseph Raz, *The Morality of Freedom* (Clarendon Press, 1986), p. 166; 対応する部分の邦訳として, 同『権威としての法』深田三徳編訳(勁草書房, 1994) 269頁). 何者かが権利を有することは, それに対応する義務を他者が負うことを含意するが, 何者かがある義務を負うことは, 必ずしも, それに対応する権利を他者が有することを意味しない. また,「防御線」によって保護された一般的行動の自由について第2節で述べるように, 単なる「義務」の不在(単なる自由)は「権利」の存在を含意しない. そのため, 以下で論ずる「自由」は, 他者に義務を課す「権利」でないこともありうる. つまり,「自由」は必ずしも「自由権」ではない.

ことが通常である．表現の自由や信教の自由は，それらが国家権力から侵害されないよう，憲法によって保障されていると考えられている．ところで，「国家からの自由」が違憲審査制度によって保護されている国では，こうした「国家からの自由」にも，きわめてトリヴィアルな意味で，「国家による自由」としての側面が付随する．

それというのも，これらの「国家からの自由」は，権利主体が国家に対して，たとえば表現行為を禁止したり強制したりしないよう要求する権利を含んでおり，そのため，国家がそうした禁止や強制を行った場合には，少なくとも他の同等に実効的な保護手段が利用可能でない限り，そうした禁止や強制の合憲性を争い，救済を求める地位が憲法上保障されなければならないからである．こうした地位の保障は，それが裁判所によって保障される場合でも，やはり「国家による」保障である．つまり，「国家からの自由」は，それへの国家による侵害行為の合憲性を争い，救済を求める地位が「国家により」保障されるべきことを含意する[3]．ホームズとサンスティンが指摘するように，政府に「対する」保障は，政府に「よる」保障なしには想定しがたい[4]．

2　防御線：国家が保護する一般的自由

もっとも，「国家による自由」ということばから人々が連想するのは，こうした「国家からの自由」の憲法上の保障にトリヴィアルに付随する自由ではないであろう．むしろ，第三者たる私人による侵害から国家が保護する自由をもって「国家による自由」と考えるのが通常ではなかろうか．憲法上保護された自由が私人間で有する効果については，周知の通りいくつかの立場があるが，かりに憲法上の権利に私人間での効力が全く備わっていないとしても(さらには，憲法上の基本権保障が存在しないとしても)，それでもなお，国家が

---

3) Robert Alexy, *A Theory of Constitutional Rights* (Oxford University Press, 2002), p. 149.
4) Stephen Holmes & Cass Sunstein, *The Cost of Rights: Why Liberty Depends on Tax* (Norton, 1999), p. 55.

国民に対して保護する一定の自由の範囲が存在する[5]．

　表現の自由や信教の自由が，私人間において全く効力を持たないとしても，人々の表現活動や信仰の活動は，たとえば，散歩をしたり逆立ちをしたり，さらには自分の鼻の頭を掻いたりする自由と同じ程度の保護は受けている．これら，散歩や逆立ちや鼻の頭を掻く自由は，H.L.A. ハートのいう「防御線 protective perimeter」によって保護される一般的な行動の自由に含まれる[6]．

　こうした一般的な自由に含まれる行為は，イェリネックによって「国家にとって法的に無関係」であるとされた．その例としてイェリネックが挙げるのは，雑誌の出版，自分のワインを飲むこと，自分の土地を散策することなどである[7]．しかし，これらの一般的な自由は，国法と全く無関係な自由ではない．筆者が逆立ちをしようとしている場面で，他人がそれを実力で妨げようとするならば，筆者は，妨害者を暴行罪で告訴したり，不法行為責任を追及したりすることが可能である．これらの自由は，他者に対して，対応する個別の義務（筆者に「散歩を許す義務」や「逆立ちを許す義務」）を課しているわけではない．しかし，刑事実体法や不法行為法等によって張られている「防御線」を踏み越えてはならないという義務が一般的に課されていることの結果として，これらの自由は，やはり国法によって保護されている[8]．

　ハートが指摘するように，複数の商店主が顧客を誘引しようとして競争する自由にも，こうした一般的自由としての側面がある．商店主は，広告をしたり商品の値引きをするなど，法の許す範囲で自由な競争の余地を与えられている

---

[5] 保護の客体として「国民」を摘示したのは典型的な事例を想定したまでで，外国人を排除する趣旨ではない．国籍が憲法上の権利保護に関して持ちうる意義の程度に関する筆者の見解については，拙稿『「外国人の人権」に関する覚書』塩野宏先生古稀祝賀『行政法の発展と変革 上』（有斐閣，2001) 387 頁以下（本書第 8 章）参照．

[6] H.L.A. Hart, *Essays on Bentham* (Clarendon Press, 1982), pp. 171-73；対応する邦訳として，同『権利・功利・自由』小林公・森村進訳（木鐸社，1987) 110 頁以下．

[7] Georg Jellinek, *System der subjectiven öffentlichen Rechte*, 2nd ed. (J.C.B. Mohr, 1905), p. 104；宮沢俊義『憲法 II〔新版〕』（有斐閣，1971) 91 頁．宮沢理論の理解に関する最近の議論として，高橋和之「すべての国民を『個人として尊重』する意味」塩野宏先生古稀祝賀『行政法の発展と変革』（有斐閣，2001) 292 頁以下と，それに応答する拙稿「『公共の福祉』と『切り札』としての人権」法律時報 74 巻 4 号 83 頁以下（2002）（本書第 7 章）がある．

[8] 逆にいえば，こうした「防御線」を踏み越えなければ行うことのできない行為である殺人や強盗は，「国法と無関係な自由」としてさえ，保護されていない．

が，競争相手の店主に暴行を加えたり，相手の店に放火したりしてその営業活動を妨害することは，許されていない．他方，一方が広告や値引き販売をすることを受忍する義務が，競争相手に課されているわけでもない．一般的な行動の自由の範囲内での競争行為は，相互に対応する権利義務関係が存在しないという意味で，自由な行動である[9]．

3 「防御線」の設営義務

　一つの問題は，こうした「防御線」の設営が，憲法の要請する国家の義務といえるか否かである．憲法上も国家の義務といえるのであれば，それによって保護された一般的な自由も，「国家による自由」としての性格を強く帯びることになるであろう．国家の義務であるとの結論を導き出す一つの道筋は，以下のようなものである．

　国家が国民の生命を尊重する義務を負うことは，さほどの異論なく，承認されるであろう．ところで，この義務は，国家権力自身が国民の生命を侵害しない義務を含むだけではなく，第三者がもたらす危険や危害から，国民の生命を保護する義務をも含むと考えられる．社会契約の比喩を使うならば，人々が自然状態において保有していた自力救済の権利を原則として国家に譲渡し，あるいは委託したのは，少なくともそれと同等に実効的な生命保護の仕組みを国家が提供するとの条件の下においてであったと考えなければ筋が通らない．そうした実効的な生命保護の仕組みが提供されていないのであれば，国法を尊重すべき国民の側の理由も著しく弱まることになるであろう．

　したがって，生命，そしてそれと同等の重要性と保護の必要性を持つ個々の国民の利益について，国家がそれを実効的に保護する制度を提供すべき義務を負っているとの結論は，自然に導かれる．そして，保護のあり方をその時々の政治的多数派の判断に委ねることのできないほどの重要性を持つ利益については，その保護の義務は，憲法上要求される義務であるということも許されるで

---

9) Hart, *Essays on Bentham, supra* note 6, pp. 171-72.

あろう[10]. もちろん, この義務はあくまで「一応 prima facie」のもので, 対立する考慮によって覆されうるため, 個別具体の問題について確定的な答えを与えるわけではない. 保護の対象となるべき利益の重要性と保護の必要性, 具体の保護手段を提供するコストの多寡に応じても, 個別の場面での義務の内容は変化しうる.

以上で論じられた国家の義務は, 所与の条件の下で, 問題となる利益の重要性と保護の必要性に応じ, 可能な限り実効的に当該利益を保護する仕組みを提供すべき義務であって, 国家の積極的作為義務について一般的にいえるように, 原則として, 個々の国家機関の行動を一義的には指定しない[11]. たとえば, ある人の生命を具体の状況で実効的に保護する手段としては様々なものが考えられる. 国家に要請されるのは, 限られた資源の中で, そのうちの一つを選択し, 実行することである. 国民の生命を保護するための法制度のレベルでは, さらに多様な選択肢とその間の衡量の余地が開かれているであろう. このため, 国家の義務に対応して, 特定の義務の遂行を要求する権利が個々の国民に認められることも多くはないであろうことが予想される[12].

---

10) ここでいう国家の義務が, いわゆる「基本権保護義務」にあたるとの見方もあるかも知れない. ただし, 仮に生命や健康, 一般的な行動の自由等が基本権として保障されているとの前提に立ったとしても, ここで問題となっているのは, そうした基本権が, 国家による侵害から保護する利益を, 第三者による侵害から保護すべき国家の義務であり, それを「基本権保護義務」と称するとしても, そこでは相当の省略語法が用いられていることになる. そこでは「基本権」自体ではなく, 「基本権」が国家から保護すべき利益——小山剛氏は, これを「基本権法益」と呼ぶ. 同『基本権保護の法理』(成文堂, 1998) 10頁註3——が国家によって保護される. この点で, まさに基本権を保護する国家の義務が問題となる, 第1節で述べた「国家からの自由」を保障する国家の義務とは異なっている. 基本権保護義務論の導入に警戒を示す最近の論稿として, 西原博史「『国家による人権保護』の困惑」法律時報75巻3号がある.

11) Alexy, *A Theory of Constitutional Rights*, supra note 3, p. 308.

12) アメリカ連邦最高裁は, DeSchaney 事件判決で, 適正手続条項は政府の権限行使に対する制限であって, 国民に最低限の安全を積極的に保障するものとしては理解できないとし, 私人相互の安全をどこまで保障するかの結論は, 民主的な政治過程に委ねられているとした. 同事件では, 実父から虐待を受け障害を被った児童が, 政府の保護監督措置が十分ではなかったとして, 政府が適正手続によらずしてその自由を剥奪したと主張したが, この主張は退けられている. 政府には, 原告を保護すべき積極的義務はなかったというわけである (Deshaney v. Winnebago County Dept. of Social Services, 489 U.S. 189 (1989)). もっとも, 本件で問題となったようなきわめて深刻で重大な利益の侵害について, 政府の保護義務をおしなべて否定することは困難であり, むしろ, 当該利益を実効的に保護する多様な選択肢がある場合に, 限られた資源の下でいずれを選択すべきかを審査する能力が裁判所には欠けていたという別の論拠を示すべきであったとの批判がある (cf. Holmes & Sunstein, *The Cost of Rights*, supra note 4, pp. 94-96).

4　制度設営義務と対応する権利

　他方,「防御線」の場合と異なって,国民の利益を保護する目的で制度を設営する義務が国家に課されるにとどまらず,国民の側に,そうした国家の義務を遂行するよう請求する主観的権利が憲法上,認められることも,実はさほど珍しくはない.

　たとえば,日本国憲法24条は,婚姻制度に関する法制度が,個人の尊厳と両性の本質的平等に立脚して定められるべきことを要求している.それに反する婚姻制度が定められたとすれば,それは憲法の保障する権利を侵害するものと考えられるであろう.さらに,かりに婚姻という制度自体を国会が廃止したとすれば,それは,「婚姻する自由」を侵害する行為と評価されるはずである.婚姻は,それに関わる法制度の存在を前提としており,婚姻の自由とは,法の設定する様々な効果へのアクセスを保障する権利である.法の定める要件・効果の集合を前提として,はじめて人は,自らの選ぶ相手と社会的に「婚姻」と認知される関係を取り結ぶこと(あるいはそれを解消すること)ができる.

　同様に,契約の自由が憲法上,保障された自由であるとすると,これもまた契約に関する要件と効果を定める複雑な法制度の存在を前提とする自由である.契約に関する法制度があってはじめて,人々は自らの財産の処分が可能となり,様々な相手と自らの選ぶ経済的関係を取り結ぶことができる.かりに契約に関する法制度を国会が廃止したとすれば,これも契約の自由を侵害する行為だということになる.

　もっとも,契約制度や婚姻制度を国会が廃止することは,にわかには想定しがたい.むしろ,問題となるのは,各制度の内容を定める立法権者の裁量の幅であろう.契約の自由や婚姻の自由,さらに広くいえば,職業選択の自由や財産権など,国家による制度の設営があってはじめて存立しうる権利であっても,各制度の内容について,きわめて広範な立法裁量が認められる抽象的な権利にとどまるとの結論が直ちに導かれるわけではない.婚姻の自由に関する日本国憲法の規定のように,憲法の条項自体が立法裁量を限定している場合もあ

るが，そうした憲法明文の制約がない場合であっても，当該制度のあるべき内容について法律家共同体内部で広く共有された理解がある場合には，そうした理解に対応する立法裁量の限定を想定することができる．そうした法律家集団の共通理解は，その制度に関する当該社会の社会通念に対応していることが通常であろう．当然ながら，近代市民社会における「婚姻」と封建社会における「婚姻」とは全く異質である．

これらの権利およびそれに対応する制度により保護される利益は，婚姻をするかしないか，財産を処分するかしないか等についての個々人の自己決定の利益にとどまらない．婚姻の自由は，当該社会において「婚姻」とされる関係が，広く認知されていることを前提としてはじめて成り立つ．「婚姻」外の男女関係や親子関係，婚姻しないで生きる自由なども，標準形としての「婚姻」があり，それとの距離をはかることで成立する．弁護士として生きる自由も，弁護士がいかなる過程を経て養成され，いかなる素養や倫理を備えるものかについて，世間一般で共有された了解があってはじめて成り立つ[13]．同じことは，多かれ少なかれ，国家による制度設営を前提とする他の自由についてもいえる．このため，これら国家による制度の設営を前提とする権利に関しても，各制度の内容の決定について，当然に広範な立法裁量が認められるわけではない．当該社会において何が「婚姻」関係として認められているか，何が「弁護士」としての職務と倫理として認められているかなど，社会で共有されている制度イメージは，法律家集団における共通了解を通じて立法裁量を限定し，法制度保障の義務内容を限定する[14]．

5 最高裁判例の示す例

国家に特定の内容の制度の設営を義務づけ，その義務に対応する国民の権利

---

13) Cf. Joseph Raz, *Ethics in the Public Domain* (Clarendon Press, 1994), ch. 2; 対応する邦訳として，同『自由と権利』森際康友編訳（勁草書房，1996）39 頁以下．
14) 法制度保障という思考様式の源流と変遷については，石川健治『自由と特権の距離』（日本評論社，1999）参照．法制度保障に対応する権利が国民に認められている状況で，それとは別個に国家の「法制度保障義務」を論ずる実益には疑義がある．消極的見解の例として，Alexy, *A Theory of Constitutional Rights, supra* note 3, pp. 324-26 参照．

を認める例は，日本の最高裁判例にもみられる．

　いわゆる第三者所有物没収事件の大法廷判決（最大判昭和37年11月28日刑集16巻11号1593頁）は，所有者たる第三者に対し，告知・弁解・防御の機会を与えるべき国家の義務が，憲法29条1項および31条によって基礎づけられ，かつ，この義務に対応する権利を主張する適格が，没収刑を言い渡された被告人にも認められることを明らかにしている．この判例を受けて「刑事事件における第三者所有物の没収手続に関する応急措置法」（昭和38年7月12日法律第138号）が制定されたことは，判決の指摘する国家の義務が，具体的に，告知・弁解・防御の機会を与える制度を設営すべき義務を含むものであることを示唆するものである．

　また，いわゆる森林法共有林事件の大法廷判決（最大判昭和62年4月22日民集41巻3号408頁）は，「近代市民社会における原則的所有形態」が「単独所有」であるとして，憲法の想定する所有形態のベースラインを設定し，それからの離脱を図る立法が，その目的および規制手段において，必要性もしくは合理性に欠けていることが明白でないことが要請されるとした．森林法の共有林分割制限規定については，持分価額2分の1以下の共有者からの分割請求を許さないとの規制手段について，立法目的との合理的関連性のないことが明らかであるとしている．本判決は，所有権制度について，法律家共同体の共通了解が憲法の想定するベースラインを構成するとの前提にもとづき，このベースラインからの離脱をはかる立法について，その目的および手段について，少なくとも，「明白性」の基準をクリアすることを要求する権利を，国民に認めるものと解することができる．

　さらに，平成14年9月11日の郵便法違憲判決（民集56巻7号1439頁）も，森林法違憲判決のような「近代市民社会の原則的……形態」という大上段の議論はないものの，公務員の不法行為による国又は公共団体の損害賠償責任制度については，一定のベースラインが存在しており，そこからの乖離（つまり責任制限）が憲法17条に適合するか否かは，責任制限の範囲及び程度等に応じ，その目的の正当性ならびに目的達成手段としての合理性及び必要性を総合的に考慮して判断すべきだとしている．ここでも，立法に関わるそうした国の配慮義務に対応する権利が国民に認められているものと理解することができよう．

このように，一定の制度のあり方をベースラインと見定めた上で，そこからの乖離に対して，目的および手段の点で事案に応じた必要性及び合理性を要求するという審査の態度は，議員定数不均衡に関する一連の大法廷判決などにも見てとることができる．他方，一定の制度を設営する国家の憲法上の義務を認めつつ，それに対応する国民の主観的権利を認めなかった例として，裁判の公開に関するいわゆる法廷メモ訴訟大法廷判決（最大判平成元年3月8日民集43巻2号89頁）がある．

6 公共財の提供義務

国家の積極的義務に対応する形で憲法上の権利を観念することができる別の状況として，特定の公共財を国家が提供すべき義務を負う場面をも挙げることができる．典型的な場面としては，公共財としての自由な表現空間の確保にあたる国家の義務と，それに対応する国民の表現の自由がある[15]．

表現の自由の保障根拠としては，いくつかのものが挙げられているが，その中には，自由な表現空間が社会のメンバーにあまねく及ぼす公共財としての側面に着目するものがある．表現活動が自由に行われる空間が確保されることで，多様な情報が社会全体に豊かに行き渡ると，それは何が社会全体の利益に資する適切な政策決定であるかを審議し，決定する民主的政治過程の維持にも役立つし，各個人が自分の生き方を考え，決める際のさまざまな選択肢を提供することで，自律的な生の実現にも役立つ．いわゆる法廷メモ訴訟大法廷判決は，「各人が自由にさまざまな意見，知識，情報に接し，これを摂取する機会を持つことは……民主主義社会における思想及び情報の自由な伝達，交流の確保という基本的原理を真に実効あるもの」とするために「必要」であるとするとともに，「その者が個人として自己の思想および人格を形成，発展させ，社会生活の中にこれを反映させていくうえにおいて欠くことのできないものであ」ることを指摘しているが，これも，自由な表現空間が持つ公共財としての

---

15) 以下，公共財としての自由な表現空間の確保に関する議論は，前註13および Raz, *The Morality of Freedom*, supra note 2, chs. 7 & 10 に示された考え方に多くを負っている．

側面に着目するものと見ることができる[16]．

　こうした公共財としての自由な表現空間を確保すべき国家の義務は，とりわけ，情報の収集・処理・伝達について通常の個人と比較にならない資源と力を備えるマスメディアの表現の自由を基礎づける上で意義を持つ．ここで問題となる国家の義務に対応して，マスメディアに権利主体性が認められるのは，マスメディアの表現の自由がもたらす社会一般の利益を実現すべく，個々のマスメディアに，自らの表現の自由を守ろうとするであろう十分な利害が認められるからである[17]．マスメディアの利益は単なる「反射的利益」ではない．ただし，その権利は手段的・派生的なものであり，その背後にあるさらなる正当化根拠は，自由な表現活動がもたらす社会一般の利益である．豊かで多様な情報が行き渡る空間を提供すべき国家の義務は，マスメディアの集中排除や放送番組の内容規制など，マスメディアの表現活動に対する規制を正当化することもある[18]．

　マスメディアに属するジャーナリストの表現の自由が，マスメディアの自由の背後にある正当化根拠であるわけではない．個人としてのジャーナリストの表現の自由は，マスメディアの外部で自由な表現活動を認められることですでに確保されている．他方，ジャーナリストには，自社の編集方針に反して自社

---

16) 自由な表現空間を確保すべき国家の義務は，「防御線」に影響を及ぼす．刑事法，不法行為法，人格権保護法制等によって設定される「防御線」については，少なくとも公共の利益に貢献する表現活動に関して，特殊な線引きが要求される．それを示す例として，名誉毀損の阻却事由に関する刑法230条の2および最大判昭和44年6月25日刑集23巻7号975頁，同様の要件を民事上の名誉毀損の成否にあてはめる最大判昭和61年6月11日民集40巻4号872頁，公選の候補者に関する表現と公的立場にない者に関する表現とで異なる判断様式を示す最判平成14年9月24日判例時報1802号60頁等がある．

17) 前掲註2参照．

18) Raz, *The Morality of Freedom*, supra note 2, p. 179．レッド・ライオン判決で，アメリカ連邦最高裁は，「人民全体がラジオによる自由な表現活動への利益を有しており，ラジオが第一修正の目的と意図に適合して機能することへの集合的権利を有するのも人民全体である．放送事業者ではなく，視聴者の権利こそが優位にある」とする (Red Lion Broadcasting v. FCC, 395 U.S. 367, 390 (1969))．また，First National Bank of Boston v. Bellotti, 435 U.S. 765 (1978) で，連邦最高裁が，住民投票の結果に影響を及ぼすべき銀行あるいは企業の活動を禁ずる州法を第一修正違反とした際も，情報の受け手の利益を根拠として，第一修正の保護範囲を企業の表現活動へと拡大している．なお，拙著『テレビの憲法理論』(弘文堂，1992) 32頁以下および井上典之＝長谷部恭男「表現媒体の変化とプライバシー」法学セミナー2003年3月号(579号) 28頁以下をも参照．

の媒体で独自の見解を表明する自由が憲法上保障されているわけではない．これは，時・所・方法を選ばず自己の見解を表明する自由が憲法で保障されてはいないことのコロラリーである[19]．ジャーナリストは，その所属するマスメディアの認める範囲で，マスメディアの自由を代行している．マスメディアの表現の自由が社会的利益によって基礎づけられて，はじめて，その自由を代行するジャーナリストの表現の自由が導かれる．

7　むすび

以上，「国家による自由」という概念の内容を，三つの側面に分けて論じた．判例を含めた既存の概念や議論のうち，「国家による自由」として観念しうるものを整理したにとどまる．「自由」と「自由権」の区分，「権利」と「義務」の対応の有無の仕分け等，いずれも，古典的な，あるいは世に広く知られたものである．「自由」を論ずる際の基礎固めの一助となれば幸いである．

---

19) Cf. Judith Lichtenberg, Foundations and Limits of Freedom of the Press, in *Democracy and the Mass Media*, ed. by Judith Lichtenberg (Cambridge University Press, 1990), pp. 119–21.

第10章　私事としての教育と教育の公共性

1　はじめに

　教育をめぐる権利の理解を困難にする理由の一つは，学習権の主体とされる子どもが未熟であり，独立の判断と決定をなしうる人格でないことである．しかも，子どもは可塑性があり，影響を受けやすく，批判能力も不十分であると考えられている．子どもが完全に自律的な存在であればもはや子どもとして教育する必要はない．教育とはこのような未熟で可塑的な存在を，独自の判断をなしうる成熟した市民社会の一員へと変容させる作業である．

　他方，憲法は公費によって運営される学校教育の強制，つまり無償の義務教育を規定している．このような教育のあり方は国家による教育の平等な提供を保障する反面で保護者や子どもの，教育に関する選択の自由を制約する．公営の義務教育は，私事としての教育という理念と対立する契機をはらむ．

　樋口陽一教授はある論稿で，フランスの各地で起こったいわゆるチャドル事件を題材に，教育の公共性を強調する共和主義と教育を私事として捉える多元的自由主義の対立を描いた[1]．本章は，そこに浮かび上がったフランスの特殊性を出発点として，公教育を導く理念について若干の考察を試みる．

2　フランスの公教育

　樋口教授の整理によれば，フランスにおける公教育の使命は，親の「教育の

---

1) 樋口陽一「《Républicain》と《Démocrate》の間」小林直樹先生古稀祝賀論集『憲法学の展望』（有斐閣, 1991) 229 頁以下．

自由」を楯にとるカトリックおよび王党派勢力に対抗して，国家を通じて共和制理念を貫徹し，自由を促進することにあり，だからこそ，学校教育における政教分離が重要な意義を有していた．そこでの公教育の理念は，あるべき社会秩序および市民を国家が教育を通じて創出するという共和主義思想によって支えられている．教授の引用するレジス・ドブレによれば，フランスを典型とする「république では，社会が学校に似るのであって，学校の任務は，自分たち自身の理性で判断できるような市民を育てるところにある」[2]．イスラム教の戒律を象徴するチャドル (foulard) を着けて公立中学校の教室に現れた女生徒は，公教育によって伝えられるべき男女の平等と国民の一体性という共和制理念への挑戦として受け取られ，そのために論議が引き起こされた[3]．

このような公教育の理念は，フランス固有の歴史的事情にもとづくところがある．ピエール・ロザンヴァロンによれば，「市民 (citoyen) を形成するという執念」が，「コンドルセからジュール・フェリーまで，ミラボーからフェルディナン・ビュイッソンまで，引き続く教育改革のすべてを導いている．……それは，社会の個人への分解という不断の危険を予防し，矯正するために不可欠な任務として受け取られてきた」[4]．フランスは大革命を通じて政治制度を民主化すると同時に中間団体を破壊してその軛から個人を解放するという社会の急激な変革をも遂行した．従来の社会的紐帯が破壊された以上，それに代わる社会の統合原理を国家が提供する必要がある．革命期における言語，度量衡の統一，行政の中央集権化も平等な諸個人からなる国民 (nation) の創出という

---

2) Régis Debray, Êtes-vous démocrate ou républicain?, *Le nouvel observateur*, 30 novembre-6 décembre 1989, p. 52; 樋口・前掲 235 頁．フランスにおける公教育の歴史については，内野正幸「教育と自由主義」ジュリスト 978 号 76-78 頁参照．

3) 事実の経緯と一応の結論である 1989 年 11 月 27 日のコンセイユ・デタの意見について樋口・前掲参照．その後コンセイユ・デタは，公立学校施設内で生徒が信仰を表明する自由は保障されているとして，あらゆる宗教的シンボルの着用を一般的に禁止するあるコレージュの校則を無効とし，その校則に反してチャドルを着用したためになされた女生徒に対する退学処分を取り消している (CE 2 novembre 1992, Kherouaa et autres, req. 130394)．もっとも，この裁判は前出の意見と同様，フランス社会の価値に反するような生徒の信仰表明を公教育の場で許すべきかという問題を正面から扱ってはいない (cf. J. Rivero, L'avis de l'Assembleé générale du Conseil d'État en date du 27 novembre 1989, *Rev. fr. Droit adm.* 6 (1), 1990, pp. 5-6; Ch. Maugüé et R. Schwartz, Chronique générale de jurisprudence administrative française, *L'Actualité juridique-Droit administratif*, 12, 1992, p. 793)．

4) P. Rosanvallon, *L'État en France*, (Seuil, 1990), p. 108.

国策を担っていた．これは，徐々に中間団体の力が衰退し政治機構の民主化が進んだため，急激な社会変革の必要のなかったイギリスと対照的なフランスの特異性であり，教育や文化がフランスにおいて国政上重要な意義を与えられてきたのも，この特殊事情による[5]．

あるべき社会秩序を担保するために，国家が望ましい文化や価値を生産し維持すべきだとするならば，学校教育における私事性と公共性との調整も単純となり，私事性は公共性が許容する範囲内でのみ認められる．将来の市民を育成する学校教育，とりわけ公営の義務教育は，望ましい社会秩序を生産する主要な場である．国家はそもそも平等な市民からなる単一不可分で非宗教的な共和国という実質的な価値秩序にコミットしており，したがってあらゆるイデオロギーに対する厳密な中立性を国家に要求することはできない[6]．

3　価値の市場の自律性

共和主義と対照的な思想として，社会における価値や道徳のあり方を個人の自律的な選択に任せ，国家に対していかなるイデオロギーからも中立的であることを要求する多元的自由主義を対置させることができる．このような立場に対する共和主義の批判は，その要求が自己破壊的であるという点にある．

多元的自由主義が尊重する個人の自律が可能であるためには，少なくとも多

---

5) *Ibid.*, pp. 95–108. もっとも，共和主義者による反教権主義闘争の場としての公教育というイメージは，フランスの教育法制に関する唯一の描き方ではない．ジャン・リヴェロ教授は，むしろ，あらゆる信仰や思想の平等な尊重こそが公教育における政教分離 (laïcité) を支える理念であったとする (J. Rivero, *Les libertés publiques*, tome 2 (4th ed. PUF, 1989), p. 342). 教育の中立性に関する1883年11月17日のジュール・フェリーの通達も，そのような解釈を許す．彼は教師に対し，「生徒に教訓や格言を示そうとするとき，あなたの発言が，あなたの知る限りで，誠実な人間の心を一人でも傷つけはしないか問いなさい．もし答えがウイであれば，その発言を控えるべきです．……教師は，その言動で生徒の宗教上の信仰を傷つけることを悪事の如くに避けるべきです」と命ずる (cité dans *ibid.*, p. 342). 少なくとも現在のフランスには，私学への公費助成や学校施設付き司祭など，多元性の確保を目指した制度が見られる．

6) この観点からすると，わが国の教育基本法8条及び9条が要求する政治的・宗教的中立性もきわめて限定された意味のみを持ち，文字通り「特定の」政党や宗派の宣伝の禁止を命じているに過ぎないこととなろう．もっとも，このような考え方は，個人の善の観念にまで国家が介入するべきだとの結論を導くわけではない．共和主義的な自由で民主的な社会秩序が学校で教育されるべきであれば，原則として信仰や思想は個人の自律に委ねられることとなる．

元的な文化や価値の共存が必要である．しかし，文化や価値の多元的な共存は，決して自動的に達成されるわけではなく，それを積極的に維持しときには強制する国家の活動を必要とする．自由主義が要求する徹底した国家の中立性は，文化の自由市場を維持する国家の活動をも禁止するが，その結果，イデオロギー間の激烈な対立は社会の一体性を破壊し，原子化された諸個人へと分解する危険がある．自由主義に対するこのような批判は，国家から分離した社会および個人の自律性への懐疑を前提とする．逆に，自由主義者は国家の活動がなくとも文化の多元的共存は可能であると想定していることになる[7]．

自由主義が前提とする多元的な価値の自由市場の自律性は，確かに自明なものではない．しかし，国家機構を通じて価値の多元的共存を強制するという方策にも固有のリスクがつきまとう．国家による強制的な文化の市場への介入は，支配的な文化と価値観を少数派に強制する危険，それによって個人の自律の基盤となる多元的な自由市場そのものを破壊する危険をはらむ．たとえ，第三共和制フランスのように支配的な価値観のヘゲモニーの破壊を意図して国家装置が動員される場合でも，当の支配的多数派が，政治過程を通じて逆に文化の強制装置を簒奪するおそれは否定できない[8]．

4　学校選択の自由とバウチャー制

共和主義と多元的自由主義との立場の違いは，社会と個人の自律性への信頼の程度，そして国家という強制装置の危険性をいかに見積もるかに依存している．社会および個人の自律性を信頼して文化への国家の介入を原則的に否定し，教育を全くの私事として捉える多元的自由主義の立場をとるならば，子女にいかなる教育を与えるかについて保護者の選択の自由を最大限認めるべきだ

---

7) Cf. W. Kymlicka, Liberal Individualism and Liberal Neutrality, *Ethics*, vol. 99 (1991), pp. 893–94, 896–97.
8) *Ibid.*, pp. 899–902. 戦後の日本政府の教育政策にその例を見る見解として，樋口陽一『憲法〔改訂版〕』（創文社，1998）268–71頁参照．そこではフランスと逆に，教師や親の教育の権利が，憲法に適合的な教育の遂行を求める根拠とされる．なお，後掲 **6** を参照．

第10章　私事としての教育と教育の公共性

との帰結が導かれよう[9]。この立場からも，平準化された初等義務教育は，基礎的な言語や科学上の知識が社会全体に行き渡る事態の公共財的性格を根拠に正当化されると思われる[10]。しかし，保護者は，保護者の是認する道徳が義務教育の段階においても教育されることを望むであろう。多元的自由主義からすれば，学校教育は，それぞれ固有の文化とイデオロギーを持つ子どもやその親の選択にもとづいて提供され享受されるべきものである。学校教育はアラカルトでなければならない。

　ユニバーサル・サービスであるべき公営の義務教育が画一性を要求する以上，そのような選択の自由を公営教育の枠内で実現することは困難である。おそらくは，公立学校と並んで多様な私立学校の存在を認めることが問題を解決する。強い信仰を持たない家庭や反宗教的な家庭も存在する以上，宗教的中立性が厳格に保たれる公営教育を維持することには重要な意義があるが，保護者には各自の思想に適った私立学校へ子女を通学させる自由も認めるべきこととなる。その場合，無償とされる公営義務教育と，授業料を徴収する私立学校とで保護者の経済的負担が異なる事態をどう評価するかという問題が生ずる。公立学校でも私立学校でも授業料の支払いに利用することのできるバウチャー(voucher)を各家庭に平等に配付するというアメリカでの提案は，この問題を解決する試みの一つである。

　バウチャー制を，教育サービスを商品化し教育の自由を経済的自由に還元するものとして一蹴することは難しい。教育が通常の私的財と異なる外部性を有すること，したがって，初等教育の義務化や教育への財政援助など政府が教育について一定の役割を果たすべきことはバウチャー制の支持者も認めている[11]。問題はいかなる財政援助のあり方が適切かである。バウチャー制は，私

---

9) 自由主義として包括される思想群がいかなる教育制度を正当化するかは，個別の論者ごとの検討を必要とする。たとえばドゥオーキンの提唱する資源の平等の理念が，いかなる教育制度と整合するかは明白でない (cf. P. Shane, Compulsory Education and the Tension Between Liberty and Equality, *Iowa Law Review*, vol. 73 (1987), pp. 97-107)。以下では，個人の選択の自由を尊重し，社会の自律性を信頼する多元的な自由主義を突き詰めたとき，いかなる教育制度が構想されうるかを考察する。

10) 教育の公共財的性格については，たとえば，今井賢一ほか『価格理論II』(岩波書店，1971) 178-79頁参照。

11) ミルトン・フリードマン(熊谷尚夫他訳)『資本主義と自由』(マグロウヒル好学社，1975) 98頁。

立学校への財政援助が極めて限定されているため、私立学校へ子弟を通わせる保護者が、公立学校設営のための税金と私立学校の授業料とを二重負担しているアメリカの現状を改革し、私立学校を選択する自由を実質化する方策として提案されている．宗派系の私立学校について公費の援助を行うことには政教分離条項の制約があるが、バウチャー制は、保護者の選択を経由することにより、この憲法上の制約を迂回することができると期待されている[12]．

バウチャー制の支持者からすると、私立学校へ一定の条件の下に財政支援を行っている国、たとえば現在のフランスの制度はバウチャー制の一変種として捉えられる[13]．日本の私学助成制度も、同様の事例として解釈されるであろう[14]．ただ、純粋なバウチャー制では、どの学校がどれだけ生徒を受け入れ、どれだけ教員や設備に投資するかは保護者の直接の選択にかかるが、日本では、その選択に財政支援を行う国や地方公共団体の裁量が介入し、保護者は投票や陳情を通じて間接的にそれをコントロールしうるのみである．

バウチャー制を批判するためには、それを支える多元的自由主義そのものを批判する必要があろう[15]．学校教育を私事の組織化としてのみ捉える見方からすると、バウチャー制は真剣な検討にあたいする選択肢である．

5　多元的自由主義と学校での信教の自由

多元的自由主義を前提とすると、いわゆる日曜日授業参観事件が提起する問題も、私立学校を選択する自由が実質的に保障されているか否かでその深刻さが変化する．この事件では、礼拝参加のために日曜日の参観授業に欠席した公立小学校の児童が、欠席扱いすることは信教の自由を侵害すると主張したが、東京地方裁判所の判決は、宗教行為に参加する児童について出席を免除すると

---

12) Cf. John E. Nowak & Ronald D. Rotunda, *Constitutional Law* (5th ed. West, 1995), pp. 1235 ff. 2002 年 6 月 27 日に下された Zelman v. Simmons-Harris 判決 (536 U.S. 639 (2002)) で、アメリカ連邦最高裁は、学校選択の自由を保護者に認めるバウチャー制が修正一条に反しないことを認めた．
13) フリードマン・前掲 102 頁．
14) フランスおよび日本の私学助成制度については、中村睦男「私学助成の合憲性」芦部信喜先生還暦記念『憲法訴訟と人権の理論』(有斐閣、1985) 参照．なお、前掲註 5 も見よ．
15) その種の批判として、M. Walzer, *Spheres of Justice* (Blackwell, 1983), p. 218 がある．

公教育の宗教的中立性を保つ上で好ましくなく，かつ当該児童の公教育の成果を阻害するという理由から，児童を欠席扱いしても違法とはいえないとした（東京地判昭和 61 年 3 月 20 日行裁例集 37 巻 3 号 347 頁）．

　共和主義的公教育観からすれば，公営義務教育の場で信教の自由を持ち出すことは許されない．他方，多元的自由主義からすると，保護者および子女の信教の自由を公営教育の中立性を理由に否定しうるか否かは疑問となる．しかし，前述 (4) のように，公営教育の宗教的中立性に重要な正当化理由があり，しかも，公営教育以外に，宗教的少数派の慣行をも許容する私立学校に通学する道が実質的に開かれている限りにおいて，多元的自由主義の立場からも，判決の結論は是認しうると思われる．

　問題は，そのような選択の自由が実質的に開かれていない状況において生ずる．義務教育段階の事案ではないが，いわゆる神戸高専事件（最判平成 8 年 3 月 8 日民集 50 巻 3 号 469 頁）はそのような状況での公教育の宗教的中立性と信教の自由との相克の問題を提起するものとして受け止められているかに見える[16]．この事件では，「エホバの証人」の信者である工業高等専門学校の学生が，格技を否定する信仰にもとづいて剣道の実技の受講を拒否したために保健体育科目の成績につき不認定とされ，原級留置および退学の処分を受けた．

　当該社会の多数派から見て宗教的に中立的であるはずのルールを強行することが，少数派から見て信仰の核心に対する攻撃となるおそれは常にある．その際，他にそのような偏見から自由な学校が可能な選択肢として提供されていない以上は，ルールの画一的適用を控えるべきか否かが検討されなければならない．多元的自由主義からすれば，信仰上の少数派が，学校教育のように本人が自己を実現し成熟した社会の成員となる上で基本的に重要な制度から，その信仰の故に系統的に排除されることは原則として正当化しえない．そのような排除が例外的に正当化されるには，必要不可欠 (compelling) な目的に厳密に適合する (narrowly tailored) 措置であるとの立証が必要となろう．格技の受講を原級留置・退学というサンクションをもって義務づけることに，そのような強

---

16) 野坂泰司「公教育の宗教的中立性と信教の自由」立教法学 37 号 16 頁は，本件原告に他の公立高校への進学の道が実質上閉ざされていたとする．もっとも，信仰を維持しうる私立高等学校への進学の道がありえたか否かについては明らかでない．

い正当性と適合性は認めがたい[17]．このような考え方からすれば，本件処分は適用上違憲と評価されることとなる．

6 教師の教育の自由と学校の自律性

国家が教育を通じて同質の国民を形成するという共和主義的発想に立つとき，教育活動を具体的に担う各学校の教師が国家の強行するイデオロギーから離れて自由な教育を行う権利は否定されるはずである．逆に，学校教育の意義が保護者の意図の通りに子女を教育することであり，その限りでの私事の組織化にすぎないのであれば，そこでも保護者の代理人にすぎない教師は保護者の指令に従うべきであり，技術的裁量を除けば教師に固有の自由を認める理由はない．多元的自由主義の提唱する保護者の選択の自由は，教師にとっての自由な教育の否定を含意する．

もし，国家および保護者の指令を遮断する教育の自由が教師に認められるとすれば，それは，制度としての学校の自律性を尊重することが，公教育本来の機能をよりよく果たすことにつながる限りにおいてであろう．そのとき，公教育の意義は，保護者が支配する私事の組織化でも，国家が支配する市民の産出の過程でもありえない．

マイケル・ウォルツァー教授によれば，将来の市民たるに必要な教育を子女の社会的出自の差異にもかかわらず平等に提供するという公教育の任務を果たすためには，学校は国家からだけではなく，家庭を含めた社会からも自律的な空間でなければならない．このような自律性を確立した「強い学校（strong school）」のモデルを，彼は戦後の日本の学校を理想化することによって抽出する．そこでは，強固な教員の組合が国家の介入を阻止するとともに，教室内での教師の権威を確立し，それが反面で生徒の平等を生み出す．学習進度の要求は高度で，教師を含めた教室全体がその達成を目指して努力し，教室内ではしばしば，生徒同士で教えあう光景が見られる．また，学校施設の管理は，清掃も含めて教師と生徒が行う．これらが，国家と社会から自律的な「強い学

---

17) 野坂・前掲参照．

校」の特質である[18]．そこでは，強固な教員組織が国家に代わって教育水準の維持を果していることになる．

　現実の日本で学校の「予備校化」が懸念されるのは，学校が保護者の要求に従順でありすぎて学校としての自律性を失っているためであるし，アメリカにおける学校での人種統合政策も，生徒を地域社会から隔離してはじめて人種の統合が達成されるとの前提に立つ．このような考え方からすれば，教師に教育の自由を認めること，また学校に自律的な部分社会としての地位を認めることは当然であり，裁判所は原則として，一般市民社会のルールをもって学校内の問題を処理すべきではない．たとえ，日本の学校教育の現状がウォルツァーの描く理想像に遠いものであるとしても，改善の処方は，学校の自律性をより強化する方向に求められることとなる．

　ただ，以上のような考え方には限界があることに留意しなければならない．第一に，学校に強い自律性を認める根拠が将来の市民を育成すべく平等な教育サービスを提供することにあるのであれば，学校の自律的な権能の範囲は市民たるにふさわしい知識，学力を与えることに限定されるはずである．少なくとも生徒の平準化と規律の維持を名目に，服装やエチケットあるいは校外生活に及ぶ細かい校則を定立し，「きまったルールだから守るべきだ」との法実証主義道徳を強行することの正当性は疑わしい．

　第二に，将来の市民に必要な教育の提供という社会全体の利益が根拠である以上，独立した判断能力を備えた子弟の「切り札」としての人権を，学校の自律性を理由に侵害することは許されない[19]．「切り札」としての人権という観念は，学校が実際には国家や地域社会の圧力に従属して行動しているにもかかわらず，その正当化理由として学校の自律性を持ち出す危険に対処するためにも必要である．実定的権威の存在を理由に共同体のメンバー全員の同調を要求するという現象は，日本では当該共同体の自律性よりは，むしろ社会全体の行動様式を直接に反映している疑いが強い．

　「切り札」としての信教の自由にかかわる具体的な事例は，多元的自由主義

---

18) M. Walzer, *supra* note 15, pp. 204–06.
19) 「切り札」としての権利については，R. Dworkin, *Taking Rights Seriously* (Harvard University Press, 1978) 参照．

148 第Ⅱ部 人権と個人

との関連ですでに触れたのでここでは繰り返さない．学生の側に実質的な学校選択の自由がなかったとの前提に立つ限り，神戸高専事件のような事例において高専側の処分を正当化しうるのは，公営教育の場から首尾一貫して宗教を排除する徹底した共和主義のみであろう．

7 共和主義と政教分離・信教の自由

神戸高専事件での高専側の処分を基礎づけると思われる共和主義の理念は，政教分離に関するわが国の裁判例との間に緊張関係をもたらす．マコンネル教授が指摘するように，アメリカ連邦最高裁が学校教育における政教分離について行ってきたレモン・テストの厳格な適用は，既成の宗教，特にカトリックを公的空間から排除して私的領域に封じ込め，公教育を通じて世俗的な公徳を涵養するという世俗的自由主義(本章の用語で言えば，共和主義)を背景とするものであった[20]．連邦最高裁の判例を支える共和主義からすれば，政教分離，つまり公的領域からの宗教の排除は，社会を分断する宗派間の激烈な対立を収束させるための協定であり，世俗的秩序である自由な民主政のみが公の道徳に関する紛争を解決する．したがって，信教の自由は政教分離と整合する限りにおいてのみ認められることになる[21]．

他方，わが国の裁判例は政教分離について厳格な態度をとっていないが，そこに見られる相対的分離の観念は多元的自由主義を前提とするわけではなく，むしろ社会の多数派の「通念」が分離のあり方を決めるべきだとの想定である．社会の多元性の確保よりはむしろ「宗教的関心度は必ずしも高いものとはいいがたい」一般の国民意識(津地鎮祭事件最高裁判決)への一元的同調を善しとするかに見える．

これに対して，学説の多くが支持する厳格な政教分離はむしろ共和主義的国家観を前提とするものであり，多元的な自由主義と両立しうるか否か疑わし

---

20) M. McConnell, Religious Freedom at a Crossroads, in *The Bill of Rights in the Modern State*, eds. by G. Stone, R. Epstein & C. Sunstein (University of Chicago Press, 1992), pp. 120-34.

21) K. Sullivan, Religion and Liberal Democracy, in G. Stone et al. eds. *supra* note 20, pp. 197-99.

い[22]．フランスやアメリカのように，多年にわたる厳格な政教分離によってはじめて多元主義を迎え入れる社会的素地が形成されると考えるならば，学校教育においてもやはり共和主義とそれにもとづく厳格な政教分離が貫徹されるべきこととなろう．

　他方，現在の日本において国家の教育内容への介入を是認することは，かえって社会的多数派による少数派の抑圧を導く危険が大きいと考えるならば，一般的には厳格な政教分離を主張しながら，教育の場面では学校の自律性あるいはリベラルな多元性を強調するという戦略が支持されよう．学校の自律性をどの程度強調するかは，日本社会において家庭という中間団体の果たした役割をいかに見るか，また学校が実際に「自律的」でありうるかについての判断にかかる．

---

22)　信仰上の少数派を一般的な法的義務から免除することがレモン・テストとの間に緊張関係を生み出すことについて，野坂・前掲 28-28 頁；M. McConnell, *supra* note 20 参照．もっとも神戸高専事件では，学校側が剣道の受講を義務づけることで宗教的少数者である原告らを狙いうちにする措置を新たに導入したと見ることも可能であり，このような見方からすれば，本件が提起する問題は公権力による宗教的少数者に対する差別措置の合法性ないし合憲性の問題であって，個人の信教を理由とする一般法からの免除が許されるか否かという問題ではないことになる．

　本件の上告審判決（最判平成 8 年 3 月 8 日民集 50 巻 3 号 469 頁）は，原告（被上告人）である学生が剣道実技への参加を拒否する理由は，その「信仰の核心部分と密接に関連する真しなものであり，信仰上の格技の履修拒否に対して代替措置をとることが実際上不可能であったわけでもなく，また代替措置をとることが「その目的において宗教的意義を有し，特定の宗教を援助，助長，促進する効果を有するものということはできず，他の宗教者又は無宗教者に圧迫，干渉を加える効果があるともいえない」ので，本件における学校側の措置は「社会観念上著しく妥当を欠く処分」として違法であるとした．

　最高裁の示唆する代替措置が，信仰上の少数派である原告を一般的な法的義務から免除するものであるとすれば，その目的が「宗教的意義を有し」ていないとはいいにくい．本件では，むしろ公権力による宗教的少数者への差別的措置を撤回し，当初の中立的なベースラインの回復をもたらすがゆえに，代替措置をとることが公教育の宗教的中立性との関連で問題を生じないというのが，一つの理解の仕方である．

第 11 章　憲法学から見た生命倫理

1　憲法で尊重される「個人」とは何か？

　日本国憲法の最も基本的な理念の一つは，憲法 13 条前段の述べる「個人の尊重」であるといわれる[1]．憲法によって尊重される個人とは何かを問うことで，生命倫理について憲法学の立場から何をいいうるかを探るのが本章のテーマである．

　日本国憲法は近代立憲主義の系譜に属する．その近代立憲主義は，以下のような問題に対応するための特定のプロジェクトである．この世には，人生の意味は何か，世界の究極的な意味は何かといった，根本的な価値に関して相いれない多様な考え方がある．こうした考え方のうち，いずれがより優れているかを判定する客観的な物差しは存在しない．そうした意味で，これらの考え方は比較不能 (incommensurable) である．これらの比較不能な世界観が正面からぶつかり合うと，ホッブズが描くような解決不能の陰惨な闘争がはじまる．近世ヨーロッパにおける宗派間の血みどろの争いは，その典型例である．

　近代立憲主義は，この世に比較不能で多様な価値観が併存する事実を認め，その上で，異なる価値を奉ずる人々が社会生活の便宜とコストを公平に分かち合う枠組みを作り上げようとするプロジェクトである．そのための主要な手立てとして，人の生活空間は公と私に区分される．私的領域においては，各自がそのコミットする究極的価値を構想・探究し，それにもとづいて生きる権利が保障される．その反面，公的領域においては，人々は各自の究極的価値を脇に

---

1) 清宮四郎『憲法Ⅰ〔第 3 版〕』（有斐閣，1979）57-58 頁；芦部信喜『憲法〔第 3 版〕高橋和之補訂』（岩波書店，2002）80 頁．

置き，社会生活を営む人々に共通する利益について理性的に話し合い，決定し，その執行に協力することが期待される．こうして人々は，価値観の違いにもかかわらず社会生活の便宜を公平に分かち合うことができる[2]．

近代立憲主義が以上のようなものであるとすると，そこで想定されている「個人」とは，私的空間では自己の生について構想し，反省し，志を共にする人々とそれを生きるとともに，公共空間では，社会全体の利益について理性的な討議と決定のプロセスに参与しようとする存在である．つまり，憲法によって尊重される「個人」とは，そうした能力を持つ存在であり，そうした能力を持つ限りにおいて「自律的個人」として尊重される[3]．

こうした能力を備えているためには，まずは思考し，判断し，コミュニケートする能力が備わっている必要がある．そして，そのためには，少なくとも「機能する脳」が必要である[4]．したがって，憲法上尊重される個人が存在する

---

2) 拙著『憲法学のフロンティア』(岩波書店, 1999) 第1章．筆者がここで用いている「公的領域」という概念については，ハバーマスのいう「公共空間」ないし「公共圏」との違いを指摘しておくべきであろう．ハバーマスのいう「公共空間」では，世界や宇宙の意味に関する究極的価値もディスコース倫理に従った論議の対象となる (cf. Jürgen Habermas, *The Inclusion of the Other* (MIT Press, 1998), ch. 2)．筆者の考えでは，社会公共の利益に関して討議する場からそうした価値観を排除する(そうした価値を，社会公共の利益に関する議論の論拠としては認めない)ことが，近代立憲主義の眼目である．もちろん，社会公共の利益に関わらない場では，そうした価値観は自由に唱導され，討議の対象とされるべきである．この問題については，長谷部恭男「討議民主主義とその敵対者たち」法学協会雑誌118巻12号1909頁註33 (2001) (本書第12章) 参照．

3) こうした「自律的個人」像は，たとえばカントが『人倫の形而上学の基礎づけ』の中で提唱する個人像に比べれば弱い自律性と合理性しか想定していない．自分がいかに生きるべきかについては自分で判断するし，社会全体の利益が何かについては，自己の生の理想とは区別して論じることができるという程度のものである．しかし，研究会の席上では，こうした個人像でさえあまりに高尚であって，何の考えもなく無為に日々を過ごす多くの通常人が排除されるのではないかとの指摘があった．最も簡単な応答は，本文で述べた考え方からしても，とくに高尚に人生を送る必要はなく，多くの人々も，深く考えはしないものの，日々さまざまな選択と決断を行い，それを通じて自分が何者かを形作っているというものである．

他方，仮に，全く無価値の人生だといえるほど全く何も考えず無為に暮らす人々がいるとしても，そのことから生ずる社会的コストは無視するに足るものであり，他方，無為に日々を過ごす人々から憲法上の権利を剝奪しようとすれば莫大なモニタリングのコストがかかるので(価値の比較不能性からすれば，無為に日々を過ごしているか否かを他者が判断しうるかも問題である)，結局は普遍的に人を個人として尊重する方が安上がりであろう．

別の応答の仕方は，こうした人は非立憲的独裁政の下でも鼓腹撃壌の人生をつつがなく送る人であって，近代立憲主義の下で憲法問題に直面することもなく，そのため彼(女)が憲法上尊重にあたいする個人か否かを論ずる実益もさしてないというものである．

4) John Searle, *Minds, Brains & Science* (Penguin, 1984), p. 18.

か否かは，生物学的な意味でのヒトの生命が存在するか否かとは必ずしも一致しない．脳の機能が不可逆的に停止した場合には，もはや憲法上尊重される「個人」が存在するとはいえない[5]．

また，今まで述べてきた議論からすれば，上述のような能力を備えた「自律的個人」にいたるまでの存在(新生児，胎児，受精卵，精子・卵子等)は，「個人」として尊重されることはない．自律的な個人として生きる能力，つまり，自らの生を構想し，選択し，それを自ら生きる能力は，自分が持続する個体であるという意識の存在を前提とするはずである[6]．新生児にいたるまでの存在には，そうした意識がない．これらの存在は，「個人」になりうる存在として，その限りで尊重されるにすぎない．たとえば，人工授精の準備段階で生成した四つの受精卵のうち，実際に着床させうるのは二つのみであるとすると，排除された残りの二つの受精卵はもはや個人になりうる存在ではなく，それらを使った実験は，憲法上の個人の尊重には反しないはずである[7]．

2　古典的事例――安楽死への権利

近代立憲主義のプロジェクトからすると，自己の生の意義づけにかかわる重大な決定は各個人の私的領域に留保される．そうした事項について，政府によって特定の価値を強制されることはない．末期患者が安楽死を選ぶことを，

---

5) 脳の欠如したヒト・クローンを作製してその臓器を利用することは憲法でいう個人の尊重に反しない．他方，遺伝子工学の発達により，Tooley の描く通常人と同じ程度の思考能力を備えた猫が出現すれば，少なくともその猫が近代立憲主義のプロジェクトに基本的に同意する限り，個人として尊重すべきことになる (cf. Michael Tooley, Abortion and Infanticide, *Philosophy & Public Affaires* 2, No. 1 (1972))．ただし，第3節で述べるように，憲法上尊重にあたいする個人でないということから，当該対象をいかようにでも扱ってよいという結論が導かれるわけではない．

6) Tooley, Abortion and Infanticide, *op. cit.*; Helga Kuhse & Peter Singer, Should All Seriously Disabled Infants Live?, in Peter Singer, *Unsanctifying Human Life* (Blackwell, 2002), p. 239.

7) Cf. R. M. Hare, *Essays on Bioethics* (Clarendon Press, 1993), passim. esp. pp. 85 & 130; see also Ronald Dworkin, *Sovereign Virtue* (Harvard University Press, 2000), pp. 432-33. 同じ事態は，より限定的意味ではあるが胎児や新生児にも当てはまる．減胎手術や堕胎手術も憲法上尊重される個人に対する攻撃ではなく，単に個人になりうる存在が個人へ成長する過程を遮断する行為である．同じ性格づけは，原理的には避妊措置にもあてはまる．精子や卵子も個人になりうる存在であり，胎児や新生児との違いは程度の違いにすぎない (Hare, *op. cit.*)．

そうした事項として挙げることは不自然とはいえない[8]。

　自律的人格からなる共同体のメンバーは相互に「共に生きる」ことを要求できるはずであり，したがって「死ぬ権利」がこうしたメンバーに認められることはないとの主張がなされることもある[9]．しかし，こうした要求は，社会生活の便宜を公平に享受する共同体の一員である以上，原則として相互に「約束を守るべきだ」という要求と同じ程度の力しか持っていないように思われる．耐えがたい苦痛に襲われた回復の見込みのない末期患者に，特定の世界観を強制することなく，なお「共に生きる」ことを要求できるとは考えにくい．むしろ，自律的人格からなる共同体の一員は，そうした状況にある人を含めて，自己の生の意義にかかわる重大な決断を自律的に行いうる環境を整える義務を相互に負うと考えるべきであろう[10]．

　しかし，こうして抽象的には末期患者の死ぬ権利を自己の生の意義づけにかかわる重大な決定への権利として認めることができるとしても，問題は，いかなる制度がこうした場面での個人の自律的選択，つまり十分な知識と熟慮にもとづく自由な選択を促進することになるかである．自律的といえない死の選択，たとえば一時的な精神的ストレスに襲われて自殺願望を抱くにいたった人の行動を政府が抑止しようとすることは当然，正当である．

---

8) Cf. Assisted Suicide: The Philosophers' Brief, *The New York Review of Books*, March 27/1997. また，堕胎の自由に関する文献であるが，蟻川恒正「自己決定権」高橋和之・大石眞編『憲法の争点〔第三版〕』(有斐閣, 1999) 参照.
9) 土井真一「『生命に対する権利』と『自己決定』の観念」公法研究 58 号 (1996). こうした議論の暗黙の前提には，生物学的な意味での生は，それ自体として善であり，それを破壊したりその量を減少させたりすることは悪を意味するという考え方がひそんでいるかに見える (この前提からすれば，たとえば子どもの数を増やすことで生命の数量を増加させることは，それ自体として善であろう). 筆者自身は，第1節で述べたように，個人としての自律性の備わった生には価値があるが，そうでない生そのものに価値があるとは考えない．生に価値があるか否かは，そこで経験される感覚，思考，行動など，その内容に依存する問題であり，内容を離れて生そのものに固有の価値があるとはいいがたい．この点については，たとえば，Joseph Raz, *Value, Respect, and Attachment* (Cambridge University Press, 2001), ch. 3 参照．なお，「エホバの証人」輸血拒否事件の最高裁判決 (最判平成 12 年 2 月 29 日民集 54 巻 2 号 582 頁) は，共に生きるべき義務の否定を含意しているように思われる．
10) 末期患者に医師の助力を得て死ぬ権利があるか否かが検討された Washington v. Glucksberg 判決 (521 U.S. 702 (1997)) でも，連邦最高裁の 9 人中 5 人の判事 (スーター，オコナー，ギンズバーグ，ブライアー，スティーヴンズ) は，安楽死の権利を認める余地を将来に残している．この点については，Dworkin, *supra* note 7, pp. 465-73 参照．

安楽死の権利を認めるよう迫られた裁判所は，そうした権利を抽象的に宣言することで，周囲から死を選ぶよう圧力がかかることはないか，患者が自分の病状と正面から向き合うことが妨げられはしないか，医師はつねに患者の生命と健康の維持のため最善を尽くすとの社会的イメージ，そして医師自身の職業的倫理観に混乱をもたらすことはないかといった多様な事実上の論点を考慮する必要がある．自律的選択を助ける制度を設計する上で考慮すべきこれらの諸点に関する判断は，社会ごとにも異なるし，個別の患者の事案によっても異なりうる．そして，こうした多様な具体的状況に応じて変化しうる個別的判断しか裁判所はなしえないのであれば，自己の生の意義づけにかかわる重大な決定の権限は各個人にあるという結論は，それのみではさほど問題の解決に役立たない．それは問題の解決に向けた出発点を設定するに過ぎない[11)12)]．

3 「自分の身体の所有権」?

生命倫理を考える上で，身体の所有権という観念が問題の解決に役立つといわれることがある．つまり，人は自分の身体を「所有」しているのであるから，①自己の意に反して医療行為を受けることはなく，インフォームド・コンセントが要求され，②女性は胎児に自分の体を使わせるか否かを決めることが

---

11) 以上については，Cass R. Sunstein, *One Case at a Time* (Harvard University Press, 1999), pp. 77-79 参照．同じく自己の生の意義づけに関する重大な決定に関わる「堕胎の自由」の場面ではアメリカ連邦最高裁は女性の自己決定権を承認した．これは，「堕胎」の問題に関する公共空間における討議が強固なイデオロギー集団によってブロックされる危険が強いとの判断にもとづくものと解釈しうる (*ibid.*)．民主的政治過程の維持という広く受け入れられた司法審査の役割論からしても，こうした公論形成過程の健全性に関わる事情は裁判所にとって重要な判断の基礎となる．

もっとも，堕胎の自由に関する連邦最高裁の判例が，この問題に関する公共空間での討議による解決をむしろ困難にしたとの評価もある (Daniel Farber & Philip Frickey, *Law and Public Choice* (University of Chicago Press, 1991), pp. 149-50).

12) 連邦最高裁は，生殖の権利は基本的自由として憲法上厚い保護にあたいするとするが (Skinner v. Oklahoma, 316 U.S. 535 (1942))，この判断は「尊重されるべき個人」への自然の参入制限を暗黙の前提としていたと思われる．クローン技術が発展して安全かつ確実に自分のクローンの作製が可能となったとき，なおこの論理をそのまま延長しうるかは疑わしい．その場合でも，ロールズ的始源状態にある人々が，無制限の「自己再生産の自由」を基本的自由として認めるとは即断しがたい．

できるから堕胎の自由が承認され[13]，また，③人は自己の意に反して自分の臓器を摘出されることはない，というわけである．

こうした議論については，まず，本当に身体は人の所有物なのかという素朴な問いを立てることができる．かりに典型的な所有物なのであるとすると，それを自由に売り渡したり，一部または全部を意のままに破壊することができるはずであるが，そうした制度は日本を含めた立憲主義諸国では通常採用されていない（臓器移植法11条参照）．合意にもとづく売春やハードドラッグの使用が禁止されていることについても同様のことがいえる．人が自分の体を所有しているとしても，それは，有体物の自由な使用・処分・収益を本質とする典型的な所有権とは相当異なるものと考えざるをえない[14]．

ひるがえって実際の法制度を端的に見るならば，そもそも，誰かが何かを「所有」しているとは，対象となる物の使用・収益・処分・危険負担等に関する多様なルール——要件と効果の組み合わせ——の束から帰結する法的地位の総体を省略的に表現したもので[15]，その内容，つまり多様なルールの内容は，国により時代によって異なる．したがって，人が身体について所有権を持っているといっても，それが意味する内容は当該社会において妥当する身体に関する多様なルールを精査してはじめて判明する．所有権に関して万国普遍のルールが存在するという想定は空想的である．

多くの人の理解を得られるであろうような身体に関する法的ルールは，身体はその人の「典型的な所有物」ではないという別の想定によっても，少なくとも同程度に説明可能である．身体は社会公共（共同体）のすべての成員の共有物で，あなたが自律的に思考し行動する個人である間だけ，あなたに利用が委ねられているだけだと考えても，上述の「自己の生の意義づけに関わる重大な決

---

13) Cf. Judith Jarvis Thomson, A Defence of Abortion, *Philosophy & Public Affaires* 1, No. 1 (1971).
14) Cf. Nora Machado, *Using the Bodies of the Dead* (Dartmouth, 1998), ch. 9. 有体物の自由な使用・処分・収益を本質とする典型的な所有権の観念については，たとえば，Tony Honoré, Ownership, in his *Making Law Bind* (Clarendon Press, 1987), pp. 166-79 参照．
15) Alf Ross, Tû-Tû, *Harvard Law Review*, vol. 70, 812 (1957). 所有権が実定（人定）法の所産であることを強調する見解として，たとえば Jeremy Bentham, *The Theory of Legislation*, ed. by C. K. Ogden (Kegan Paul, 1931), pp. 111-13 参照．日本の法体系下での所有権に対する各種の制限については，能見善久「所有権」法学教室255号50頁以下（2001年12月）参照．

定」に関する限りは，委ねられた利用権にもとづいてその利用の仕方を決められることになるし，他方で，そもそも共同体の財産である以上，勝手に一部ないし全部を譲渡したり破壊したりすることはできず，さらに，自律的思考能力が停止すれば共同体の共有物に復帰することになる．つまり，死後の処分の仕方は，臓器の移植や遺体の火葬・埋葬にいたるまで，共同体のルールに従ったものでなければならない（墓地，埋葬等に関する法律参照）．

こうした想定からすれば，脳死後の身体を礼意をもって扱わねばならないのも（臓器移植法8条），死体の損壊が罰せられるのも（刑法190条），それが共同体の共有物だからであって死者の所有物だからではない．遺体の取扱いについてこうした社会的ルールが定められている理由を抽象的なレベルで言えば，死者の名誉やプライヴァシーがある程度まで保護されるべきであるのと同様，それが現に生きている自律的人格たる諸個人にとって好ましい生活環境を構成するからである．自由な表現活動が保護される公共空間の維持がそうであることとパラレルである[16]．

---

16) 中島徹氏は，財産制度の人為性を強調する筆者の議論に対して，「私的所有」が制度以前の自然権でありうることを示唆する事例として，眼球を公的に再配分する制度の不自然さを挙げる（中島徹「市場，規制，憲法」憲法理論研究会『現代行財政と憲法』(敬文堂，1999) 33頁以下）．中島氏の議論では，財産制度の正当性は結局，帰結主義的に論証されるため，その自然権性に関わる議論は redundant だと思われるが，本文で述べた通り，人の臓器が売買の対象とならず，生存中，公的な再配分の対象にならないのも，そうした保障が，人が自律的個人として生きていくために適した環境を構成することによって説明でき，身体の所有権を想定する必要はないと思われる．

また，中島氏は，「個人の自由な私的生活領域を保護するために不可欠な財産」が「憲法29条1項による保障の中核にあり，法律によっても侵害しえない」との筆者の主張が（拙著『憲法』（新世社，1996) 234-35頁，第3版 (2004) では243-44頁），「個体的所有の不可侵性」を主張する議論と「結論において同様である」ことから，「何が"自然権"として実定法制を超えて保護されるべきかについての答え」が出てこないとの筆者の自然権論に対する批判は，筆者の議論自体にもあてはまるのではないかとの疑問を提起する（中島徹「市場と自己決定」法律時報72巻5号74頁註36）．しかし，中島氏自身も示唆するように，そこでの拙論の眼目は，ロック流の自然権を根拠とする財産保障の理論と，社会全体の利益を根拠とする理論とが具体的結論において結果的に重なりあう場面があることを指摘することにある．社会のすべてのメンバーの利益を配慮するヒューム的功利主義からすれば，各社会でコンヴェンションとして受け入れられた財産法制は「個人の自由な私的な生活領域を保護する」限りで，新たな法改正による侵害を受けることがないとの結論を導くであろう．この立場からすれば「個人の自由な私的生活領域」の境界線は社会ごとに異なりうるし，財産法制の功利性にもとづく議論がコンヴェンションたる一定の制度を憲法上保護すべき必要性を帰結することも当然ありうる．

4 なぜ身体は収用できないのか[17]

　身体がその人の「所有物」だというテーゼと明白に衝突するかに見えるのは，身体はたとえ「正当な補償」を支払っても「収用」することはできないという事実である．土地や建物であれば，正当な補償を支払えば，収用して公共の利益のために——たとえば，道路の拡張や公園の整備のために——用いることができる．なぜ身体は収用できないのだろうか．

　逆にいうと，なぜ土地や建物であれば，正当な補償を支払えば収用できるのだろうか．それは，ある人から土地や建物を奪っても，その見返りになるお金を払えば，その人は前と同じ程度に幸福であるはずだという前提に立脚している．もちろん，その土地や建物を収用することで，社会全体としては，そのお金以上の利益が得られるという前提は必要である．言い換えれば，社会の側は，所有者以上にその土地や建物のことを評価しており，したがって，所有者が前と同じく幸福になるだけのお金を支払っても，なおその土地や建物を手に入れるべき理由がある．

　同じ議論は，抽象的にいえば，人の身体についても当てはまりそうである．たとえば，ある社会のメンバーすべてに予防接種を義務づけるとする．この予防接種の強制の結果，その社会のメンバーすべては，ある恐ろしい病気に対して免疫を得ることができる．ところが，その予防接種は，1万人に1人の割合で，重い身体障害あるいは脳障害を発生させるとしよう．社会としては，全メンバーから徴収した税金を使ってその人に「補償」をすべきだろう．その人が，障害をもたなかったときと同じくらい「幸福」に暮らせるように．

　この議論はどこかおかしい．どこがおかしいのだろうか．

　土地や建物の収用に関する制度は，土地や建物は「比較可能」だと想定している．比較の物差しになるのは，貨幣である．同じ価格の土地や建物を購入す

---

17) 本節の議論は, Robert Goodin, *Utilitarianism as a Public Philosophy* (Cambridge University Press, 1995), ch. 11 に大きく依拠している．例としてとりあげた予防接種禍について，東京高判平成4年12月18日高民集45巻3号212頁は，憲法29条3項の類推適用を否定しており，類推適用を認めた一審判決(東京地判昭和59年5月18日判時1118号28頁)と対照をなす．

ることで，人は同じくらい幸福になる(同じ無差別曲線上に復帰する)ことができると想定されている．

　重い障害を負った人生とそうでない人生とは比較可能だろうか．何がその物差しになるだろうか．貨幣を物差しとして両者が比較可能だという想定は，人がいかに生きるかは，その人自身にしか選べないことだという立憲主義の基本的前提と衝突する．当人の代わりに社会が，その人の生き方の選択肢のうちの相当部分を収奪し，引換えに金銭を支払うという考え方自体，その人が，他の人と同様に，自分の人生を自分で切り拓いていくべき存在であることを否定している．

　身体が収用できないのは，そのためである．そのことは，身体が「所有物」ではありえないことを意味するわけではない．ただ，身体に対して「所有権」があるか否かによって，収用できるか否かが決まるわけではないというだけのことである．つまり，身体に「所有権」があるかないかという議論自体にはあまり意味がない．

5　学問の自由

　生命科学の発展は，学問の自由，とくに学問研究の自由の身分について再検討を促す．筆者の理解では「学問の自由」は大学を典型とする高等研究教育機関のメンバーに認められる憲法上の特権であり，人が生まれながらにして享有する人権ではない．他者に与えられた地位で，他者の財政的支援を受けつつ，なお自らの言いたいことを言う自由は，個人が生まれながらにして平等に享有する表現の自由には含まれないはずである[18]．こうした特権が認められる根拠

---

18) 学問の自由 (academic freedom) は，専門的職業集団のメンバーにとっての自由であり，それに属さない一般人にとっては，むしろその自由の制約を意味する(彼女は，その自由の行使のあり方について発言権を持たない)．そうした意味で，学問の自由は職業集団の固有の利益の現れである．この点については，たとえば，Louis Menand, The Limits of Academic Freedom, in his *The Future of Academic Freedom* (University of Chicago Press, 1996), pp. 8-9 参照．なお，「学問の自由」を大学を典型とする高等研究機関のメンバーに認められる憲法上の特権とする観点から検討した，現在でも意義を失わない邦語文献として，高柳信一『学問の自由』(岩波書店，1983) がある．また，シュミットの制度体保障論との関連でドイツの大学制度を考察した研究として石川健治『自由と特権の距離』(日本評論社，1999) 114 頁以下を参照．

として，以下の二つを挙げることができる[19]．

第一は，こうした特権を高等研究教育機関に認めることが，結果として客観的真理の探究に貢献し，科学技術の発展に資するという議論である[20]．この議論にはそれなりの説得力があるが，学問の自由が保障されない社会においても，科学技術の発展が見られないわけではなく，果たしてつねにこうした経験的議論で学問の自由という特権を基礎づけることが可能かについてはあいまいなところが残る．また，こうした議論からすれば，すでに学界の定説によって誤りとされている学説を説く自由を保障する理由もないであろう．

第二は，学問の自由の象徴的意義に着目する議論である．高等研究教育機関のメンバーにこうした特権を認めることは，それと裏腹に真理の探究という職業倫理とそれに伴う責任とを個々の研究者に課すことを意味し，研究者には，通常の社会生活においてしばしば人が陥りがちな conformism に立ち向かい，自律的個人のモデルを示すことが期待されている．自らが真理と信ずるものを探究すべく最善の努力を行い，それを公表して社会に伝えること，それが研究者にとっての倫理と責任であり，そうした活動を支えるべく学問の自由が保障されている．研究教育機関がしばしばドグマティッシュなイデオロギーの再生産機構と化す危険のあることからすると，こうした職業倫理を研究者に課すことには，なおさら意義があるといえる[21]．

---

19) 以下の議論は，Ronald Dworkin, *Freedom's Law* (Harvard University Press, 1996), ch. 11 に大きく依拠している．関連する邦語文献として，蟻川恒正「国家と文化」岩波講座現代の法1『現代国家と法』所収(岩波書店，1997)参照．

20) 学問の自由のこうした側面は，サンスティンの言及する集団偏向現象 (group polarisation)，つまり同じ傾向や思想を持つ人々を集めて周囲から遮断すると，その傾向や思想が過激化する現象を意図的に発生させる制度として説明することが可能である (cf. Cass Sunstein, *Designing Democracy* (Oxford University Press, 2001), ch. 1)．高度の学問研究に興味があるという特殊な人々を，しかも学問分野ごとに集めて自律性を持った制度を運営させると，学問研究への志向が過激化し，それは長期的には，社会全体の利益につながるさまざまな帰結をもたらすことになる．

21) ここで示された研究者像は，樋口陽一氏が提唱する批判的峻別論を受け入れる研究者像と大きく重なり合う．批判的峻別論の基底にある道徳については，拙著『権力への懐疑』(日本評論社，1991) 169-75頁およびそれへのコメントを含む樋口陽一『近代憲法学にとっての論理と価値』(日本評論社，1994) 54-56頁参照．なお，樋口氏は，学界の伝統にしたがって，「認識」と「評価」の峻別として問題を定式化しているが，そこで実際に問われているのは，事態を記述する (descriptive) 言明と，人の行動を指図する (prescriptive) 言明との峻別の問題であることに留意する必要がある．バーナード・ウィリアムズが指摘するように (Bernard Williams, *Ethics and*

以上で述べたいずれの論拠によるにせよ，学問の自由が認められるのは，それが重要な社会公共の利益につながるからである．そうであれば，他の同等のあるいはより重要な利益と衝突するときは，譲歩を余儀なくされうる権利だということになる．遺伝子工学の場合でいえば，遺伝子の組み替え実験が人間や環境にもたらしうる深刻で広範囲に及びうる影響を理由に，当該分野における研究活動の自由が制約されることも正当化する余地がある[22]．

　ただ，そうした場合でも，直ちに議会や政府の制定する法令によって制限すべきではなく，制約対象となる研究者集団内部のガイドライン(指針)によるべきであるとしばしば主張される．前述した学問の自由の第二の意義に照らすと，研究活動への制約がなされる場合でも，国の法令ではなく，研究者集団の自律的なガイドラインによるべき理由があると考えられる．ガイドラインは，研究の進展に柔軟に対処することができ，外部からの影響力を排除した形で，自律的な研究者の真摯な討議の結果を反映することが期待でき

---

the Limits of Philosophy (Fontana, 1985), pp. 124-25)，評価は必ずしも人の行動を指図しない(ある絵を善い絵として評価することは，それを鑑賞しに行くべきだとか，購入すべきだという行動に関する結論を導かない)．「認識」と「評価」が別であるという事態から直ちに両者を峻別すべきだという「評価」は導かれないという樋口氏の指摘は，論理と行動の間には埋められないギャップがあるというウィリアムズの指摘と重なり合っている (*ibid.*, pp. 126-27)．

22) 戸波江二氏は，筆者の見解について，「研究の自由が特権であるとしても，研究者が何をどのように研究するかは基本的に学問研究という精神作用の核心を成し，研究者の自由がとくに強く認められなければならない．したがって，研究内容を規制するにはとくに強い正当化理由を必要とすると解すべきである．学問研究の自由が総じて社会公共のための権利の保障であるという視点から，遺伝子技術研究の制約の正当化を説明する論理が正当であるとは解されない」と述べる (戸波江二「学問の自由と科学技術の発展」ジュリスト1192号116頁)．

　仮に戸波氏の議論の趣旨が，研究者個人の精神作用であることが直ちに学問の自由に対する強い憲法上の保障を含意するというものであるとすれば，それは説得力に欠ける．研究したいことを研究し，結果を公表するという意味での自由は，一般的な思想および表現の自由ですでに確保されている．ここで問題となるのは，それ以上の特権がいかなる根拠で認められ，いかなる場合に制約されるかである．もっとも，筆者も，高等研究機関における学問研究の自由が社会公共の利益にとって持つ重要な意義にかんがみると，研究内容を外部の権力が規制するには，とくに強い正当化理由が必要であると考える．そのことは，学問研究の自由が「社会公共のための権利の保障」であることと矛盾しない．同じく，社会公共の利益のために保障されている報道機関の報道の自由を，その内容に即して公権力が規制するには，やむにやまれぬ政府利益と，当該利益の達成に厳密に沿った立法手段が要求されることを想起されたい．

る[23].

　そうだとすれば，こうしたガイドラインの遵守については，法実証主義的態度，つまり「決まったことだからとにかく守れ」という態度をとるべきではなく，研究の進展や社会のニーズ等に応じてつねに批判的点検の対象とすべきこととなる．逆にいえば，現存のルールに反する実験が有用・適切だと考えるのであれば率直に公言して論議の開始に努めるべきであり，内密にガイドラインを潜脱する行為をとるべきではないことをも意味している[24].

6　科学者の責任

　マイケル・フレイン作の『コペンハーゲン』という戯曲がある[25]．登場人物が三人だけ——物理学者のヴェルナー・ハイゼンベルク，彼の恩師であるニー

---

[23] ヒトクローンの産生に対する通常の反対論は，ロナルド・ドゥオーキンが指摘するように，安全性に関するものにせよ，公平性に関するものにせよ，画一性への懸念に関するものにせよ，十分に説得的なものとはいいがたい (Dworkin, *supra* note 7, pp. 439-42)．むしろ，ヒトクローンの産生を含めた遺伝子工学に対する一般的な反感の背景にあるのは，それが，人の再生産に関する通常の道徳感覚の暗黙の前提となっている「偶然」と「選択」との境界線を根底的に覆すおそれがあることを多くの人々が感じとっているからである (*ibid.*, p. 444; see also John Harris, 'Introduction' to *Bioethics*, ed. by John Harris (Oxford University Press, 2001), p. 21; Jürgen Habermas, An Argument against Human Cloning, in his *The Postnational Constellation* (Polity, 2001) にも同じ問題に対する懸念が示されている)．医学の発達が堕胎や安楽死に関するそれまでの一般的な道徳観を危機に陥れる状況をもたらしたように，遺伝子工学の発達は，何が「自然の選択」による，つまり人が責任を負わなくてもよい事柄であり，何が親を主とする「人の選択」による事柄であるかの区分を不分明とする可能性がある．しかし，こうした偶然と選択の境界線の移動は，科学の発展に伴って従来もしばしば発生したことであり，これが直ちに遺伝子工学を法的に規制しうる理由になるとも思われない (Dworkin, *op. cit.*, pp. 446 & 452).

[24] なお，2000年12月に制定された「ヒトに関するクローン技術等の規制に関する法律」は，ヒトクローン個体の産生を罰則をもって禁止する一方，個体を生み出さないヒトクローン胚の研究について，指針の作成，取り扱いの事前届出，実施制限，立ち入り検査など，適正な取り扱い確保のための措置を定めている．

　　懸念すべき事象は，こうした生命倫理に関する議論や法的決定が，国際的な合意の存在 (eg., Art. 11 of the 'Universal Declaration on the Human Genome and Human Rights' (1997)) を根拠として行われる傾向があることである．ハイレベルの代表によって審議され，理由はともあれ何らかのコンセンサスに達すること自体を第一目標として策定されるこれらの国際的文書に十分な理論的論拠が付されることは稀である．それにもかかわらず，これらの国際的合意の存在が決定の根拠として援用されるならば，人々は単に厄介な問題について真剣に検討しないですませるためにこれらの文書を利用していることになる (cf. Harris, *supra* note 23, pp. 5-7).

[25] 脚本は，Michael Frayn, *Copenhagen* (Methuen, 1998) として出版されている．

ルス・ボーア,そしてボーア夫人の三人の霊 (spirits)——という簡潔な構造の芝居である.1941 年 9 月,ハイゼンベルクは,コペンハーゲンに,ボーアを訪れた.ハイゼンベルクは,当時のナチ体制の下,核兵器の開発プロジェクトに携わっており,その彼が,ドイツ軍の占領下にあったとはいえ,連合国側に亡命する科学者たちの脱出ルートの要であったボーアに面会したことは,相当の危険を覚悟してのことであったと思われる.

ハイゼンベルクとボーアの間で何が話し合われたかは,今にいたるまで謎である[26].わかっていることは,その後の 1943 年,ボーアはスウェーデンを経由してアメリカ合衆国に亡命し,当地での原爆開発に少なからざる貢献をしたことである.ハイゼンベルクが関わっていたドイツの原爆開発プロジェクトは,みるべき成果もなくドイツの敗戦を迎えた.

『コペンハーゲン』は,ハイゼンベルクがいかなる意図でボーアを訪問し,それがいかなる帰結をもたらしたかについて,いくつかの仮説を提示している.確定的な結論が示されているわけではないが,説得的な仮説の一つとして提示されているのは,ハイゼンベルクが,ボーアに対し,自分たちがドイツでの核兵器開発を抑止するかわりに,連合国側での核兵器開発をも抑制してもらえないかとの,科学者集団内の友愛を前提とする取引を提案するため,コペンハーゲンを訪問したというものである.ハイゼンベルクの真意がそこにあったとすれば,ボーアの側の誤解によって,彼の訪問は失敗に終わったことになる.ドイツが核兵器開発を進めているとの情報が連合国側に伝わり,アメリカの核兵器開発を促進したのみである.他方,ハイゼンベルクは,彼にとっては実現可能であったはずの原爆製造のプログラムを意図的に遅らせることで,少なくともヒットラーに原爆を与えることだけは防いだことになろ

---

26) ハイゼンベルクのボーア訪問に関する邦語による簡明な解説として,村上陽一郎『ハイゼンベルク』(岩波書店,1984) 209-22 頁参照.ハイゼンベルク自身の回顧として,彼の『部分と全体』山崎和夫訳(みすず書房,1974) 292-93 頁がある.ドイツが原爆開発に成功しなかったことがハイゼンベルクの意図的なサボタージュによるものであるか否かについては現在でも論争が続いており,その一端は,Heisenberg in Copenhagen: An Exchange, *New York Review of Books*, February 8, 2001 に示されている.かりに,彼が必要な核分裂物質の量について誤った推測を行っていたため,原爆開発をそもそも実現不能だと考えていたのであれば,彼は深刻な倫理問題に直面してはいなかったことになる.

う[27].

　科学者の倫理は，今も昔も深刻な問題である．核物理学の進展は，戦争の遂行に関する人々の道徳的観念，そして政治的責任の射程を根底的に変化させた．科学者個人，あるいは科学者集団が決定の責任を負いかねて，より正統らしく見える審議と決定の場に責任を委ねたいと考えたとしても，不自然なこととはいえない．しかし，民主的な政治決定の場に決定を委ねれば，それで問題が解決するわけでもない．

* 本章は，「国家と自由」研究会の報告原稿である「憲法学から見た生命倫理」法律時報72巻4号66頁以下の内容を膨らませたものである．生命倫理に関して樋口陽一氏が指摘する「強い個人」の意思と「処分不可の生命」との対立関係を(同『転換期の憲法?』(敬文堂, 1996) 76, 119頁)，学問の自由と自律という観念を軸にその整理を試みたものである．

---

[27] このシナリオによれば，ハイゼンベルクは樋口陽一氏のいう自覚的結合論を選んでいたことになる．自覚的結合論については，樋口・前掲註21, 118頁, 40-42頁を参照．自覚的結合論に関する筆者の理解については，拙著・前掲註2, 214-18頁参照．
　樋口氏のいう批判的峻別論に関しては，彼の「強い個人」との関係を整理する必要がある．樋口氏のいう「強い個人」とは，所属する集団特有のしがらみや倫理から離れて，自分の言動を自ら決定するという意味で「強い」個人である(たとえば，樋口・前掲註21, 235-37頁参照．この点で，問題となる所属集団が「生来」のものであるか否かは，決定的な論点ではない．われわれは「家族」関係をそもそも，あるいはどの程度保持するかを，「生来」の家族のメンバーとの間でも選択することが可能である)．他方，樋口氏の整理では，大学に属する研究者は，司法権を担う法曹と並んで，平等な権利を享有する個人からなるはずの近代市民社会内部において異質な特権集団(corps)を構成する(『憲法　近代知の復権へ』(東京大学出版会, 2002) 第10章)．批判的峻別論の立場をとる研究者が，自己の属する特権集団の所与の職業倫理として「自律的個人のモデル」に合致する批判的峻別論に従っているのであれば，「強い個人」のロール・モデルを演じる彼(女)自身は，実は「弱い個人」だということになる．それはそれで一貫した理解である．彼(女)は「強い個人」を演ずるべく，その属する職業集団によって強制されているにすぎない．しかし，こうした事情が明らかになれば，「強い個人」のロール・モデルとしての意義もおおいに薄れるのではなかろうか．
　彼(女)がなお「強い個人」であるとすれば，批判的峻別論が必ずしも所与の職業倫理とはいえず，当該職業に就く人にとって選択可能ないくつかの倫理の中の一つにとどまる場合であろう．しかし，その場合，前註21に対応する本文で論じた学問の自由の保障根拠からすれば，研究者集団にとくに厚い学問の自由を保障すべき理由は薄れることになる．学問の自由の厚い保障を維持するためには，「強い自律的個人」のモデルを演ずることが特権集団に属する「弱い個人」たることに依存しているという事情については，自覚的結合論をとって公にしないという態度が必要であるように思われる．もちろん，真の自覚的結合論者は，こうした議論自体，公にしないであろう．

第Ⅲ部　立法過程と法の解釈

第 12 章　討議民主主義とその敵対者たち

1　シュミット，ケルゼン，宮沢俊義

　議会制民主主義の役割とその正当性が本章の主題である．日本の憲法学において，この問題が取り扱われる際，しばしばワイマール共和国での議論，とりわけ，カール・シュミットとハンス・ケルゼンの理論が検討の対象とされてきた[1]．本章の狙いは，討議民主主義 (deliberative democracy) の視点からこれらの理論の射程を測ることにある．

　カール・シュミットは，ワイマール共和国の採用した議会制民主主義に対する苛烈な批判者として知られる．彼によれば，議会制民主主義は二つの異なる原理に立脚している．一つは治者と被治者との自同性という民主主義原理であり，いま一つは，言論出版の自由に支えられた議会での公開の討議が客観的に正しい国家意思の形成をもたらすという自由主義原理である．

　このうち，自由主義原理は，大衆が政治の舞台に現れ，彼らの支持を調達するために組織政党の発達した社会ではもはや妥当性を失っている，とシュミットは指摘する[2]．硬い投票紀律を持つ政党が，議会での討議を通じて「真の公

---

1) たとえば，宮沢俊義「国民代表の概念」同『憲法の原理』(岩波書店，1967) 223-24 頁，樋口陽一『『議会までの民主主義』と『行政権までの民主主義』』同『現代民主主義の憲法思想』(創文社，1977) 第 6 章など．なお，「議会制」と「議院内閣制」の異同については，宮沢俊義「議会制の生理と病理」同『憲法と政治制度』(岩波書店，1968) 33-35 頁参照．そこで指摘されているように，「議会制」あるいは「議会制民主主義」は議院内閣制を含むが，それに限定されるわけではない．芦部信喜教授のいう「議会政」が議院内閣制と同義であることと対比されたい（芦部信喜『憲法〔第 3 版〕』(岩波書店，2002) 301 頁参照）．

2) Carl Schmitt, *Die Geistesgeschichitliche Lage des heutigen Parlamentarismus*, 3rd ed. (Dunker & Humblot, 1961), pp. 28-29; 邦訳『現代議会主義の精神史的地位』稲葉素之訳（みすず書房，1972）28-29 頁．

益」を目指して歩み寄ることは期待しえない．代議士が全国民の代表であるという原則は無意味となり，各会派は政治責任を負うことのない利益集団による国政支配の道具となる．ありうるのは，公開の議場外の密室における裏取引と妥協のみである．

そもそも，公開の場での討議と決定が客観的に正しい政治的決定をもたらすという古典的な自由主義の信念自体，その根拠は定かでない．この信念は，政治の場における「真理」とは，結局のところ多様な見解の対立と競合の関数にすぎないという，「真理」概念が有するはずの正当性を自ら骨抜きにする同語反復に依存している[3]．

こうした議会制の危機の打開策としてシュミットが指し示した道は，もはや復活の望みのない自由主義原理を廃棄し，民主主義原理へ支配の正統性を一元化すること，しかも，秘密投票制にもとづく間接民主政のように中途半端な自同性しか確保しえない制度ではなく，反論の余地を許さない公開の場における大衆の喝采を通じた治者と被治者の自同性を目指すことであった[4]．

このシュミットの批判に対していかに応えるべきであろうか．いくつかの道筋が考えられる．同時代のハンス・ケルゼンは，シュミットの描いたワイマール共和国での議会と政党の機能を基本的に受け入れ，それこそが現代の議会制民主主義において議会や政党が果たすべき役割なのだと応えた．ケルゼンは，「客観的に正しい」政治的決定なるものは認識しえないという前提から出発する．認識しうるものはすべて相対的なもの，つねに他に席を譲る用意のあるもののみである[5]．それでは，なぜ議会制民主主義が要請されるのか．理由は以下の通りである．

民主主義は多様な政治的見解の存立を許容し，相互の妥協をはかる仕組みで

---

3) *Ibid.*, pp. 43–46; 邦訳 47–48 頁.

4) *Ibid.*, pp. 22–23; 邦訳 25–26 頁. スティーヴン・ホームズの表現によれば，シュミットが目指したのは，治者と被治者との情緒的な融合 (emotional fusion) である．秘密投票，多党制，政府を批判するプレス，市民の自発的結社等はこの治者と被治者との心理的一体感の醸成を阻害するため，反民主主義的である．Cf. Stephen Holmes, *The Anatomy of Antiliberalism* (Harvard University Press, 1993), p. 49.

5) Hans Kelsen, What is Justice, in his *What is Justice* (University of California Press, 1957).

ある[6]．絶対的な真理を認識しえない以上，そして，それにもかかわらず統一的な政治的決定を行わざるをえない以上，多数決による決定が最も害が少ない．多数決による決定は，自己の意思にもとづいて自らの行動を決めるという自由を可能な限り多数の人々に確保するメカニズムだからである[7]．議会制は，他者の支配を逃れ自由を得たいというこうした原始的な人間の欲求と，政治の専門化をもたらす分業の力の妥協の産物である[8]．そして，多数決という決定の仕組みを通じて議会に代表されたさまざまな利益の妥協が促進され，最終的に敗れた少数派の利益も結論にはなにがしか反映される[9]．かくして，多様な価値と利益で分裂した社会の内部に平和がもたらされる．

　こうしたケルゼンの立場からすれば，議会制民主主義を改革する方向は，それをより直接民主制に近づけるという方向でなければならない．それによって，個々人の自律がより多くの人々に適正に確保されることになるし，議会にもさまざまな価値観や利益をより直接に代表させることができるからである．ケルゼンの考えでは，これら多様な党派によって代表される利益を超えた「社会全体の利益」などという観念は幻想にすぎない[10]．したがって，国民投票や国民発案の導入，議員の免責特権の限定，比例代表制の採用など，いわゆる半代表の原理に即した，社会内部の多様な利益を議会に正確に反映するための諸制度の導入が提唱されることになる[11]．これに対して，シュミットにとっては，政治責任を負わない多様な利益集団が政治的影響力を事実上行使することは，国民の政治的統一体としての国家の解体を意味するもので，容認できるものではなかった[12]．

　宮沢俊義は，議会制民主主義に対するケルゼンの見方を基本的に受け入れて

---

6) Hans Kelsen, *Vom Wesen und Wert Der Demokratie*, 2nd ed. (J.C.B. Mohr, 1929), pp. 98-101；邦訳『デモクラシーの本質と価値』西島芳二訳（岩波文庫，1966）128-31 頁．
7) *Ibid.*, pp. 9-12；邦訳 39-40 頁．
8) *Ibid.*, p. 33；邦訳 62 頁．
9) *Ibid.*, pp. 56-68；邦訳 85-86 頁．
10) *Ibid.*, pp. 21-22；邦訳 52 頁．
11) *Ibid.*, pp. 38-42；邦訳 67-72 頁．なお樋口陽一「憲法―議会制」鵜飼信成・長尾龍一編『ハンス・ケルゼン』（東京大学出版会，1974）63 頁以下参照．
12) Cf. E.-W. Böckenförde, Der Begriff des Politischen als Schlüssel zum staatsrechtlichen Werk Carl Schmitts, in his *Recht, Staat, Freiheit* (Suhrkamp, 1991), pp. 361-62.

いると思われる．彼はケルゼンと同様，客観的に正しい政治的決定なるものを判別することは不可能だと考えていた[13]．正しい政治の矩(ノモス)にもとづく政治的決定を提唱する尾高朝雄に対して，宮沢が，ノモスの内容を決定するのは誰かという問題にこだわったのも[14]，主権者の決定とは独立に，その客観的妥当性を判定する基準はありえないという前提がとられていたからである[15]．また，彼が，古典的な国民代表の観念に対して，それが治者の意思と被治者の意思との現実の同一性を擬制し，両者の間にある現実の不一致を隠蔽するものだとして，ケルゼンと同様の批判を加えていたことも同じ文脈で理解することができる[16]．

こうした宮沢の立場からすれば，国会議員に免責特権を付与することにもさしたる意味はないはずである．議員が外部の諸勢力から自由な立場で討議をしたとしても，「客観的に正しい政治的決定」に近づくことができるわけではない．むしろ，本来の主権者である有権者の意思が直接に国政に反映されることが望ましい事態だということになるはずである．組織政党の発達によって，議会における討議が本来の機能を果たしえない状況にあるとすれば，なおさらこの結論は補強されることになるであろう．

ケルゼンや宮沢の立場を現時点において継承するのが，政治的多元主義の立場である．この立場からしても，民主的政治過程の結論について，当該過程と独立の客観的な妥当性の判断基準は存在しない．そうである以上，民主的政治過程に要請されるのは，社会に存在する多様な見解や利益を可能な限り公正，

---

13) 宮沢俊義「正義について」同『法律学における学説』(有斐閣，1968)，「議会制の生理と病理」前掲『憲法と政治制度』44-45 頁．なお，宮沢が相対主義を民主政の基礎づけとしている点については，高見勝利『宮沢俊義の憲法学史的研究』(有斐閣，2000) 100-02 頁参照．

14) 宮沢俊義「国民主権と天皇制とについてのおぼえがき」同『憲法の原理』297-98 頁．

15) 宮沢俊義「ノモスの主権とソフィスト」同『憲法の原理』334-38 頁における多数決原理と相対主義との関係に関する記述をも参照．これに対して，討議民主主義の前提となる自律的で平等な市民を創設したという意義に即して八月革命を捉えるという見方も当然ありうる．そうした見方に沿うものとして，樋口陽一『近代憲法学にとっての論理と価値』(日本評論社，1994) 99-100 頁参照．

16) 宮沢俊義「国民代表の概念」同『憲法の原理』．ただし，宮沢がこの論文で直接に問題としたのは，旧憲法下の議会と国民との関係を古典的な国民代表の観念をもって理解することがもたらすイデオロギー的効果であった．

公平に取り扱うこと，一部の利益による政治過程の占拠を許さないことなど，もっぱら手続的な徳目に限られることになる．こうした手続的適正さが保障されている以上，民主的政治過程の結論は「正当」なものとして受け入れられねばならない．それ以外の結論の正当性を論拠づける独立の判断基準は存在しないからである[17]．

---

17) もっとも，多様な利益集団の競争の結果が社会全体の厚生の最大化をもたらすという功利主義的な多元主義の立場を想定することは可能である．この場合，民主的政治過程と独立の妥当性の判断基準は存在する．日本の最高裁の判例には，民主的政治過程についてこうした見方をしていることをうかがわせるところがある．最高裁の判例は，一方で議会制民主主義の過程を「国民の間に存する多元的な意見及び諸々の利益を立法過程に公正に反映させ，議員の自由な討論を通してこれらを調整し，究極的には多数決原理により統一的な国家意思を形成すべき役割を担うもの」として捉える（最判昭和60年11月21日民集39巻7号1512頁）．他方，最高裁は，国会議員の免責特権を広く認め（最判平成9年9月9日民集51巻8号3850頁），また，議員定数配分については，人口の少ない県に居住する国民の意見を十分に国政に反映するための一人別枠制という傾斜配分も国会の裁量の範囲内であるとする（最大判平成11年11月10日民集53巻8号1441頁）．

社会全体の「真の公益」を，選出母体の利益から自由に討議し追求することが議員の役目であり，だからこそ免責特権が認められているのだとすれば，人口の少ない県に居住する国民の意見を反映するために定数を傾斜配分することには何の意味もないであろう．そうして選出された議員も，選挙区の声から自由に全国民の利益を目指すはずだからである．議会制民主主義の過程に関する昭和60年判決の性格付けも，多元主義の立場をとるもののように思われる．しかし，民主的政治過程の結果と独立にその当否を判断する基準は存在しないという考え方がとられているのだとすれば，残る問題はいかに諸々の意見や利益が「公正」かつ「正確」に反映されているかのみであり，そのとき，人口の少ない県に定数を傾斜配分することは，「不公正」との誹りを免れないであろう．サイコロゲームでサイコロに細工をするようなものである（前掲最大判平成11年11月10日民集53巻1484-85頁での福田博裁判官の反対意見はこうした立場をとる）．

ありうる整合的な解釈の一つは，最高裁が議会制民主主義の目的としているのは，社会全体の多元的な利益が国会に反映され，そこでの取引と調整を通じて，社会全体の利益の最大化という客観的公益が実現されることだというものである．免責特権が保障されていないと，選出母体の影響力から自由にロッグ・ローリングを行うことができず，かえって「客観的公益」の実現が阻害される．また，人口の少ない県に定数を傾斜配分することも，それが弱者にあらかじめハンディを与え，取引の場に臨ませることで「客観的公益」の実現を助けようとの配慮にもとづくものとすれば，正当化しえないものでもない．ここで問題となるのは，賭け事等で要請される「純粋手続的正義」ではなく，一定の結果を念頭に置いた「公正さ」であり，あるべき結論から逆算して出発点の公正さを問題にすることが可能である．

もっとも，前掲最大判平成11年11月10日民集53巻1478-79頁での河合伸一裁判官他の反対意見が指摘するように，一人別枠方式が過疎地対策として果して実効的であるか否かにも疑念があることに留意する必要がある．この方式の恩恵を受けた地域のすべてが過疎地であるわけではなく，また過疎地のすべてがこの方式の恩恵を受けているわけでもないからである．

2 図式的整理

　公開の場における討議が客観的に正しい政治的決定をもたらすはずだという古典的な議会主義に関して，シュミットは，この議論は討議の結論を「真理」と同一視するものにすぎないとし，ケルゼンや宮沢は，客観的に正しい政治的決定などそもそも認識しえないと主張する．

　しかし，こうした懐疑的立場が，疑問の余地なく受け入れられるべきものだというわけではない．シュミットによって（そして宮沢によっても）[18]，古典的な議会制の擁護者とされたギゾーは，政治的決定についても客観的な真実は存在しており，議会での公開の審議と決定は，それに近づくための効果的な手段であると考えていた．ギゾーは，人民主権 (souveraineté du peuple) と代表制 (gouvernement représentatif) とを区別する．前者が多数者の確定的な支配を意味し，したがって多数派による少数派の抑圧を意味するのに対し，後者は，統治の真の原理は理性 (raison)，真理 (vérité)，そして正義 (justice) であるとし，その上で，こうした理性や正義の完全な認識が困難であることから，一応，多数派の意見を真実であると推定はするものの，少数派にも彼らの見解が真実であることを論証し，彼ら自身多数派になる道を保障する[19]．議会での公開の審議，出版の自由，大臣責任，これらを組み合わせることで，多数派はつねにその見解を正当化するよう強いられ，少数派にも反論の機会が保障される[20]．かくして，議会制は真理にもとづく統治へと近づくことができる[21]．

　民主的政治過程と政治的決定の正しさに関するいくつかの立場を図式的に区別することができる．

　まず，民主的政治過程とは独立に，政治的決定の正しさを判断するための基

---

18) 宮沢「議会制の凋落」前掲『憲法と政治制度』11-12 頁参照．
19) François Pierre-Guillaume Guizot, *Histoire des origines du gouvernement représentatif*, vol. I, new ed. (Didier, 1856), pp. 108-09.
20) *Ibid.*, pp. 111-12.
21) シュミットがギゾーに帰している立場とは異なり，ギゾーは決して，議会での公開の審議の結果が必ず真理を導くと主張しているわけではないことに注意する必要がある．これは，ラルモアが強調する点である (Charles Larmore, *The Morals of Modernity* (Cambridge University Press, 1996), p. 185)．「真理」を討議の自動的な関数に帰着させているというシュミットの批判はギゾーにはあてはまらない．

準が存在すると考えるか否かによって，立場は大きく二つに分かれる．存在しないという立場をとったとき，民主主義を採用することは，正しい政治的決定にいたるための手段としてではありえない．民主主義の採用には，可能な限り多くの人々に自律を保障するため，あるいは，多様な見解や利益の妥協をはかり社会内の平和を確保するためなど，他の理由が用意されなければならない．このとき，民主的政治過程の結論が「正しい」といわれることがあるとしても，それはいわば公正な条件の下での賭けの結果が「正しい」といわれるのと同様で，民主的政治過程の結論であるという事実と独立に，その「正しさ」の根拠はない．哲学者のジャーゴンを使って言えば，ここで問題となっているのは「純粋手続的正義」である[22]．

他方，民主的政治過程とは独立に政治的決定の正しさを判断するための基準が存在するという立場の中を，さらに大きく二つに分けることができる．一つは，民主的政治過程への参加者が提示する意見や主張の中には，何が客観的に正しい答えであるかという問いに答えるために提示されるものがあると考える立場であり，いま一つは，それを否定する立場である．デイヴィッド・エストルントにならって，前者を可識論 cognitivism，後者を不可識論 non-cognitivism と呼ぶこととしよう[23]．

---

22) 民主的決定について，民主的プロセスから独立した実体的評価基準の存在を否定する立場が民主的プロセスを純粋手続的正義とみなしているという点は，井上達夫教授が，彼の提唱する「反映的民主主義」と「批判的民主主義」の区分に即して強調する点である．たとえば，彼の『現代の貧困』(岩波書店, 2001) 194-97 頁参照．本文で描いたケルゼンや宮沢の立場は，「反映的民主主義」として整理されることになると思われる．純粋手続的正義については，John Rawls, *A Theory of Justice*, revised ed. (Harvard University Press, 1999), pp. 74-75 参照．

23) David Estlund, Who's Afraid of Deliberative Democracy, 71 *Tex. L. R.* 1437, 1453 (1993). 民主政のプロセスを純粋手続的正義と見る立場および不可識論は，民主的政治過程の性格づけに関する多元主義にほぼ相応し，可識論は共和主義にほぼ相応する．注意しなければならないのは，民主的な決定の客観的な当否を問題にすることができるとする立場は，必ずしも具体的決定の客観的な当否が「証明可能」であることを前提としていないことである．経験科学における「真理」がそうであるように，政治的決定に関する「真理」は，何がそれであるかを証明しえなくとも，なお規制的理念としての役割は果たしうる．なお，可識論 (cognitivism) と不可識論 (non-cognitivism) という概念は，ここにおけるように，民主的過程へのインプットの性格づけについてのみ使われるわけではない．むしろ，道徳的正当性を標榜する命題について，その正当性を客観的に評価しうるとする立場を一般的に可識論，それが不可能であって，この種の命題は論者の感情や選好，決断などを表しているにすぎないとする立場を不可識論とする使い方が通常である．たとえば，Jürgen Habermas, Discourse ethics: Notes on a program of philosophical justification, in Jürgen Habermas, *Moral Consciousness and Communicative Action* (MIT Press, 1990); do, *The Inclusion of the Other* (MIT Press, 1998), pp. 5-7 参照．

民主的政治過程とは独立に政治的決定の正しさを判断する基準があるという立場をとったとしても，必ず可識論をとることにはならない．たとえば，議会での諸利益の競合と妥協を通じて社会の効用の集計量が最大化することが客観的に正しい政治を意味するという立場は，可識論をとることなく成り立ちうる[24]．

他方，可識論の立場をとったとしても，民主主義や議会での討論が客観的に正しい結論へといたる効果的な手段であるという立場が必然的に導かれるわけではない．効果的な手段ではないとすると，やはり民主政をとること，議会制をとることの理由は，正しい政治的決定にいたるための手段としてではなく，他に求められるべきことになる[25]．

最後に，可識論の立場をとり，かつ民主主義，とくに議会制民主主義をとることが，客観的に正しい結論に近づくための効果的な手段だという立場が想定できる．前述のギゾーの立場がこれである[26]．

3 民主主義と客観的真理の整合性

政治的決定に客観的な正解があるという立場と民主主義との間には，不両立

---

[24] Estlunt, *op. cit.*, n. 92.
[25] こうした立場をとる論者としてトーマス・クリスチアーノを挙げることができる．Thomas Christiano, The Significance of Public Deliberation, in *Deliberative Democracy*, eds. by James Bohman and William Rehg (MIT Press, 1997), 243ff. 参照．
[26] ルソーがいずれの立場をとっていたかという問題は，困難な解釈を要求する．彼は『社会契約論』の第1編第5章では，人民が多数決の結果に服従すべきなのは，そうするよう最初の社会契約で全員一致で合意していたからだと主張する．ここでは，彼は，ケルゼンと同様，自分の行動を自分で決める権利をいかに確保するかという問題にこだわっているように見える．他方，『社会契約論』の第2編第3章は，多数決による決定が正しい決定にいたる蓋然性が高いと主張している．ここでの彼の主張が，後述するコンドルセの定理に即した理解を許すことについては，長谷部恭男『比較不能な価値の迷路』(東京大学出版会，2000) 第6章参照．他方，モンテスキューは，イングランドの議会の構成について，貴族院，庶民院，国王がそれぞれ異なる利益を代表しており，三者の一致があったときにのみ新たな法律が制定されることから，産出されるすべての法は三者の利害に適った法となることを示唆している(『法の精神』第11編第6章)．これは，複数の利害当事者が各自の利益の実現を(あるいは不利益の阻止を)目指して戦略的に行動する結果，正しい帰結が導かれるとするものである．各当事者は全体の利益を目指して行動しているわけではないが，産出される法が全体の利益に適っているか否かは客観的に判断しうると考えていることになる．これは，前注17で描いた最高裁の見解と似通った立場である．

とはいわないまでも，折り合いの悪さが感じられるかも知れない．もし，民主的政治過程とは独立に，その結論の正しさを判断するための基準が存在するのであれば，政治はむしろ，「哲人王」や「専門家集団」に任せるべきであり，素人の多数決に任せるべきではないのではなかろうか．民主的政治過程は，果たして客観的な正解を見いだすための効果的な手段といえるであろうか．民主主義を価値相対主義やあるいは少なくとも不可識論によって根拠づけようとする動きは，こうした疑念を背景としているように思われる．

　しかし最近では，民主的な討議と決定が，客観的な正解を見いだすための効果的な手段になるという主張を支えるさまざまな議論が提示されている．典型的なものとして，コンドルセの定理にもとづくものと，アリストテレスを淵源とする「多数者の知恵 the wisdom of the multitude」を根拠とするものとを挙げることができる[27]．

　コンドルセの定理とは，ある集団のメンバーが2つの選択肢のうち正しい方を選ぶ確率が平均して2分の1を超えており，かつ各メンバーが独立に投票するとき，その集団が多数決によって正解に達する確率は，メンバーの数が増すにつれて大きくなり，極限的には1に近づくというものである．逆に，メンバーが正しい答えを選ぶ確率が2分の1未満であれば，メンバーの数が増すに連れて多数決が正解をもたらす確率は0に近づく．選択肢が2つの場合，ランダムに選択したとしても正解を選ぶ確率は2分の1であるから，十分に情報を与えられ，互いに討議した末の多数決において，各メンバーの正解を選ぶ確率が平均して2分の1を超えているという想定はさほど不自然なものとはいえない．

　他方，「多数者の知恵」とは，多数の人々は，討議に参加することで各自の知識や経験，洞察を持ち寄り，プールすることができるため，彼らのうちの最も優れた人物よりなお優れた判断を下すことができるという考え方である．1人の人間が収集しうる知識や経験には自ずと限りがあるからである．

　以上のような議論については，それらが成り立つための条件を慎重に吟味する必要がある．困難な法律解釈の問題のように，専門家に任せた方が正しい結

---

[27] この二つの考え方については，さしあたり長谷部『比較不能な価値の迷路』129-30 頁参照．

論に近づきやすいと考えられる事項もありえよう．また，全体の利益よりも自己の私益を優先的に追求するような相手に対しては，こちらも自己利益を追求する戦略をとった方が，公正な結果がもたらされることもありうる[28]．しかし，最初からケルゼンや宮沢のように，そもそも客観的な正解を見いだすことと民主的な多数決とは無関係だと決めてかかる必要もない．

4　現代の議会制民主主義

　理性的な討議と決定を通じて客観的な正解へと近づくことがかりに可能だとしても，現代の議会制民主主義が，はたして理性的な討議と決定の場といえるかというシュミットの疑問にはやはり答える必要がある．議会でいかに慎重な審議が行われるとしても，最終的な結論は党議拘束にもとづいて行われることが通常であり，議員は独立して多数決に参加しているわけではなく，多くの知識や経験を持ち寄った結果にしたがって個々の議員が判断を下すわけでも必ずしもない．だとすれば，「多数者の知恵」の論理が働く余地もなく，また投票紀律のために実質的な投票者の数が減少するため，コンドルセの定理によって正解に到達する蓋然性もさして高まらないことになる[29]．

　この批判に対する一つの応答は，ハーバマスのように，公開の討論の場という観念を時間的にも空間的にもより拡大したものとして捉えることである[30]．議会での審議が投票紀律を超えて結論を左右することはたしかにあまり期待できない．しかし，議会での発言，討議は，対立する党派に向けられているというよりは，むしろ世論一般に対して向けられている．社会大の公共空間ではそれを受けて討議が進められ，その結果は次の選挙において各党派の勢力に反映され，ひいては議会での審議にも間接的ながら反映される．つまり，現代では，客観的真理を求める公開の討論と決定は，より長い時間とより広い空間を

---

28)　Jon Elster, The Market and the Forum, in *Deliberative Democracy, op. cit.*, pp. 14-15.
29)　コンドルセの定理と投票規律の関係については，長谷部『比較不能な価値の迷路』第6章参照．
30)　Cf. Dominique Leydet, Pluralism and Parliamentary Democracy, in *Law as Politics: Carl Schmitt's Critique of Liberalism*, ed. by David Dyzenhaus (Duke University Press, 1998), pp. 121-23.

通じて，つまりより希薄化された形で遂行されていることになる[31]．

こうした議論に対しては，議会での発言や選挙での演説など，より広い公共空間に向けられた政治家の言論は，真理を求める公開の討議にふさわしい客観的な公益を目指すものではなく，むしろ個別利益に拘束され，それに動機づけられたものに過ぎないのではないかという批判がありえよう[32]．

おそらくは，ギゾーが生きた19世紀の議会主義全盛の時代でさえ，議員たちは個別利害の調整と全くかけ離れた公正無私の討議のみを遂行していたわけではないであろう．ブルース・アッカーマンがアメリカ合衆国の憲法史に即して指摘するように，憲法の基本原理の変革がもたらされる非常の事態以外の，通常の政治過程の主な役割は多様な私的利益の調整とその実現である[33]．

しかし，社会哲学者のジョン・エルスターが指摘するように，観衆の存在を意識せざるをえない公開の討議の場では，剝き出しの私的利益を正面から主張するよりは，動機はともあれ，個別の利害と事実上，結論が重なりあうような公益にもとづく議論を提示する方が得策である[34]．つまり自己の特殊利益を効果的に実現しようとする戦略的観点からしても，公開の審議の場という枠組みにおいては，その特殊利益を剝き出しで主張することは，かえってマイナスに

---

31) Jürgen Habermas, *Between Facts and Norms* (Polity, 1996), pp. 484–85. ハバーマス自身が，民主的政治過程の結論とは独立に政治的決定の正しさを判断するための基準が存在すると考えているか否かは判然としない．この点については，James Bohman and William Rehg, Introduction, in *Deliberative Democracy, op. cit.*, xxi, xxix, n. 23 参照．

32) Leydet, *op. cit.*, pp. 123–25.

33) Bruce Ackerman, *We the People: Foundations*, vol. 1 (Harvard University Press, 1991), chaps. 3–6. ジョン・ロールズは，彼のいう立憲民主政の基本価値に関わる「公的理性 (public reason)」が機能するのは，憲法の骨格 (constitutional essential) と基本的正義 (basic justice) が関わる問題に限定されるという (John Rawls, *Political Liberalism*, paperback edition (Columbia University Press, 1996), l-lvii, pp. 213–16, 252ff.). とりわけ公的理性は憲法問題を論ずる司法審査の場で展開されることになる．もちろん，それ以外の諸問題，たとえば税制や環境保護，土地利用規制などについても，それが公的理性にもとづいて討議され決定されることが望ましいことは疑いがない (*ibidem*, pp. 214–15). しかし，ロールズのいう公的理性が展開される場は，明らかにハバーマスのいう公共空間より狭い (*ibidem*, p. 382 n. 13; do, *The Law of Peoples* (Harvard University Press, 1999), pp. 132–34).

34) Jon Elster, Deliberation and Constitution Making, in *Deliberative Democracy*, ed. by Jon Elster (Cambridge University Press, 1998), pp. 109–11; Leydet, *op. cit.*, pp. 125–26. 同様の議論は広く見られる．たとえば，Robert Goodin, Institutions and their design, in *The Theory of Institutional Design*, ed. by Robert Goodin (Cambridge University Press, 1996), pp. 41–42 を参照．

作用する．しかし，公益にもとづく議論を提示することで，当初の動機であったはずの特殊利益は，そのまま完全には実現しえなくなることが通常である．つまり，自らの仮装した公の理由づけに譲歩を迫られることになる．したがって，特殊利益を動機とする公開の討議でさえ，密室での取引に比べれば，なお客観的な公益に近づくことになる．そこでは，特殊利益と公益との融合が見られる[35]．

筆者の理解するところでは，日本の最高裁は，経済活動の違憲審査に際して，立法者が一般的公益を標榜して規制を正当化しようとする際には，立法者がいかに標榜された公益議論に密接に関連する立法手段を採用したかを厳格に審査するという態度を示している[36]．これは，真の公益を仮装するからにはそれへの真摯な譲歩を要求することで，公の討議と決定が有する役割を保障しようとする意図にもとづくものと解釈することができる．

5　民主主義の自己目的化？

民主主義の意義については，それが，(1) 客観的に正しい政治的決定にいたるための効果的な手段だという立場，(2) 客観的に正しい政治的決定にいたるための手段とはいえないが，ともかく政治的決定が必要である以上，民主主義が可能な選択肢の中では最善だ(あるいは最も害が少ない)という立場，に加えて，(3) 民主主義へ参加すること自体が人を真に人たらしめる行為であり，決定の当否はともかく参加すること自体に意義があるという立場を考えることができる．

第三の類型の典型はハンナ・アレントの議論である[37]．彼女によれば，古典古代のポリスでは，動物的な新陳代謝の場であり自然の必要が支配する場であ

---

35) 特殊利益と公益との融合をはかる別の工夫の例として，ブレイスウェイト等の提唱する三面規制 (tripartism) がある．この問題については，さしあたり，長谷部恭男「『応答的規制』と『法の支配』」法律時報 70 巻 10 号 75-76 頁を参照．

36) この点については，さしあたり長谷部『比較不能な価値の迷路』107-12 頁参照．議会の審議に関するこうした見方は，厳密にいえば，註 17 で述べた民主的政治過程に対する判例の見方と両立しない．後者の見方を基本としつつ，議員があえて高度の公益を公に標榜した場合は，それへの誠実な譲歩を要求していると見るべきであろうか．

37) アレントの議論への批判を含めて，以下については Jon Elster, The Market and the Forum, *op. cit.*, pp. 24-25 参照．

第12章 討議民主主義とその敵対者たち

る私的領域から人々の目に触れる公共空間に歩み出で,卓越した弁論の力を示すことで討議や決定に参加し,人々の間に永遠の記憶を残すこと,それこそが真に人間らしい生き方であった[38]. 政治への参加に生きる意義を見いだそうとする同様の態度は,アメリカ建国当時の人々にも見られると彼女は主張する.アメリカのタウン・ミーティングに参加した人々は,義務感や自分の私益を守ろうとする動機からそうしていたわけではなく,討議と決定への参加を楽しみ,それに幸福を感じていたからこそそうしたのである[39].

たしかに公共的事項に関する討議や決定に参加することが人に生きる喜びを与えることはありうるであろう.しかし,それは,あくまで政治参加の副次的効果にすぎない.政治参加が生きる喜びをもたらすのは,自分の参加が結果として社会全体の利益に貢献することができると感じるからこそである.自らの努力の結果が社会的利益を大きく損なうこととなったとき,それでも人々は生きる喜びを得るであろうか.

この副次的効果は,社会全体の利益を目指そうとするからこそ,そしてそれに多少とも成功したと感ずるからこそ生ずるもので,生きる意義を見いだすこと自体を目的に政治に参加しても,そうした意義を見出すことはできないはずである.そして,達成されるべき社会全体の利益は,最終的には,社会の個々のメンバーの生にとって利益となるものでなければならない.政治参加自体を目的とする民主主義の正当化は自己破壊的である.

そもそも幸福を直接に追求するとは何を意味するであろうか.たとえば,日々の仕事を懸命にこなす結果,副次的効果として充実感を得て幸福を感ずるということはありうるであろう.しかし,充実感を得るために仕事をすることはそもそも可能であろうか.これは,愛する人とデートをすることで幸せな気持ちになるという人について,自分が幸せな気持ちになるためにデートをしていると描写するようなものであろう.根本的な点において,本末転倒のとらえ方がなされているように思われる.

副次的効果を直接の目的とすることによって自己破壊的結果が生み出される

---

38) Cf. Jeremy Waldron, Arendt's constitutional politics, in *The Cambridge Companion to Hannah Arendt*, ed. by Dana Villa (Cambridge University Press, 2000), p. 201.
39) Hannah Arendt, *On Revolution* (Penguin, 1990), p. 119.

他の例としては，国民の法制度への理解が深まることを国民の司法参加の理由づけとする議論がある．国民の司法参加によって国民の法制度への理解が深まるのは，国民が正しい裁判を行うよう真摯に努力した場合に，その副次的効果としてであろう．単に法制度に関する見聞を広めようとして司法に参加したとしても，さして法制度への理解は深まらないであろうし，そうした目的意識を持った人々が裁判に参加することは，訴訟の当事者にとってはきわめて不幸なことであろう．

民主主義への参加を自己目的化する主張は，副次的効果を直接の目的とするこうした自己破壊的議論の一例である．政治はあくまで手段であって目的ではない．

6 むすび

民主的政治過程の結論の妥当性を，当該プロセスとは独立の基準に照らして客観的に評価することができるか否かは，議会制民主主義，さらには民主主義の正当化根拠に関する立場の違いを導く．民主的政治過程における討議の意味や，参加者はいかなる問いに答えようとして議論を提示するのかといった問題についても，異なる見方がもたらされる．こうしたさまざまな論点の相互関係を明るみに出し，多様な議論の方向の可能性を確認することは，日本の議会制民主主義の将来を考える上でもさまざまな示唆を与える．

本章で明示的に扱わなかった論点として，民主的政治過程の役割分担，とくに違憲審査制との役割分担の問題がある．現代民主社会における価値の多元性，とくに人生や宇宙の意義に関する比較不能な価値の多元性にかんがみると，民主的政治過程に過剰な負担を負わせるべきではないであろう[40]．たとえ，民主的政治過程が「客観的な正解」に近づく可能性を帯びているとしても，そこで扱われうる問題の限界には留意する必要がある．

---

40) この問題についてはさしあたり，長谷部恭男『憲法学のフロンティア』(岩波書店，1999) 第1章；同『比較不能な価値の迷路』第4章参照．なお，公共空間で扱われるべき問題の射程については，周知の通り，ロールズとハバーマスの間で論議の応酬がある．John Rawls, *Political Liberalism, op. cit.*, pp. 372ff.; Jürgen Habermas, *The Inclusion of the Other, op. cit.*, chs. 2 & 3.

第13章 なぜ多数決か？
―― その根拠と限界

　集団がある問題に直面したとする．その問題が，たとえば昼食に何を食べるかというように，個々のメンバーの選択に任せれば足りるときは，集団としての決定は不要である．集団全体としての統一的な決定が必要だとしても，メンバー全員の意見が一致しているのであればやはり困難はない．集団としての統一的な決定が必要であり，かつメンバーの意見が分かれている場合，どのような手続で答えを決めるかが問われることになる．このとき，単純多数決，つまりメンバーの過半数の賛成する選択肢を集団の決定とする手続が選ばれることが通常である．何故だろうか．

　「それが民主的だから」という答えが咄嗟のものとしてかえってきそうである．しかし，日本銀行の政策委員会や裁判所の評議のように，制度自体としては民主的であることを標榜する必要のない合議制の機関でも，メンバーの意見が分かれている場合は，多数決で事が決せられる（日本銀行法18条2項，裁判所法77条1項）．民主的であることと多数決で答えを決めることとが常に一致するわけではない．また，そもそも民主的であろうとすると，なぜ多数決で答えを決める必要があるのだろうか．それはあまりにも当然であって問題にするにも値しないことであろうか．

　なぜ多数決で事を決すべきかについていくつかの根拠を示し，あわせてその限界をスケッチするのが，本章の目的である[1]．

---

1) 採決への参加者の選好の組み合わせによっては，いわゆる「投票のパラドックス」が発生し，多数決が決定的な答えを生み出しえなかったり，採決の順序によって結論が左右されたりすることはよく知られている．本章で検討するのは，多数決が決定的な答えを筋の通った形で生み出しうる標準的な場面において，なぜその答えに従うべきかという問題である．なお，以下第 1 節から第 4 節までで扱う 4 つの多数決の根拠は，Robert Dahl, *Democracy and Its Critics* (Yale University Press, 1989), ch. 10 で概観されている．

1 自己決定の最大化

(1) 概　要

何か問題に直面したとき，人がそれぞれの考えで答えを決めるというのが，自然な発想であろう．民主主義社会においても，社会全体としての答えが必要でない場合には，個々人の選択に任せるのがデフォルトであり，ベースラインである．政府の規制や干渉は最小限に抑えられるべきである．自分のなすべきことを自分で決めること，つまり各自の自己決定をできる限り尊重することが基本でなければならない．だとすると，たとえ社会全体としての決定が必要な場合でも，自己決定ができる限り多くの人々に保障される手続がよい手続だということになる．そして，単純多数決こそが可能な限り多くの人々に自己決定を保障する手続である[2]．

仮に，多数決の要件を加重して，3 分の 2 の多数の賛成が決定に必要だとすれば，3 分の 1 を僅かに超える人数の意見で，3 分の 2 近くの人々の自己決定が覆されることになる．4 分の 3 の多数の賛成が必要であれば，やはり 4 分の 1 を僅かに超える人々の自己決定のみが尊重される．全員一致でなければ集団の決定ができないとすれば，1 人の反対で残りの大多数の人々の自己決定が覆されるおそれもある．

つまり，過半数で事を決する単純多数決こそが，集団のメンバーのうち，可能な限り多くの人々の自己決定を保障する手続だということになる．

(2) 限　界

自己決定の最大化によって多数決を根拠づける議論には，いくつかの限界がある．第一に，そもそもなぜ各自の自己決定が尊重されるべきなのだろうか．

---

[2] こうした議論を明確に提示するのは，ハンス・ケルゼンである．彼によれば，「できるだけ多数の人間が自由である，すなわちできるだけ少数の人間が，彼らの意思とともに，社会秩序の普遍的意思と矛盾に陥らねばならぬ，という考えだけが，多数決原理への合理的途上に導くものである」（ハンス・ケルゼン『デモクラシーの本質と価値』西島芳二訳（岩波文庫, 1948) 39-40 頁．訳文には必ずしも忠実に従っていない）．

3 公平中立で応答的な手続

(1) 概　要

　第三にとりあげる単純多数決の根拠は，50年ほど前に数学者であるケネス・メイが提示したものである[6]．彼の論証は，社会的決定を行う手続にとって合理的と考えられる条件を4つ挙げ，それらをすべて満たす手続は単純多数決のみであること(そして単純多数決が社会的決定をもたらすにはこれらの4つの条件が満たされなければならないこと)を証明するものであった．彼の挙げる条件とは，第一に，その手続が決定的 (decisive) であること，つまりAとBという二つの選択肢に直面したときは，Aをとるか，Bをとるか，あるいはABに関して無差別であるかのいずれかに結論を決めることができるというものである．第二の条件は，その手続が投票者を差別しない(すべての投票者を同等に扱う)という直観的にも受け入れやすいものである．第三の条件は，その手続が論点について中立的 (neutral) であること，たとえばAをとるか否かで，あらかじめAをとるという結論に有利な手続となっていないことである．第四の条件は，その手続が投票者の選好に対して積極的に応答する (positively responsive) というものである．

　第四の条件は，たとえば，AとBとの選択が問題となっており，ほかのすべてのメンバーはどちらでも構わないと考えている場合でも，一人の投票者Xが，Aを選好するという意思を表明すれば，社会全体としての決定はAとなるべきことを意味する[7]．第四の条件が存在しないとすると，たとえば，ほとんどのメンバーがどちらでもよいと考えている問題については，投げたコインの裏表で結論を決めても構わないことになる．コイン投げで結論を決めてもそれは決定的であり，投票者を差別せず(にすべての投票者をゼロにカウントし)，しかも論点について厳密に中立的である．

---

6) Kenneth May, A Set of Independent Necessary and Sufficient Conditions for Simple Majority Decision, *Econometrica*, 20, pp. 680–84 (1952).
7) ほかのすべてのメンバーがAかBかについて無差別で，XのみがAを選好するとき，Aを社会的決定とすれば，誰の効用も低下させることなくXの効用を向上させることができる．つまり，この決定はパレート改善となる．

(2) 限 界

　この議論の限界は明らかである．ある決定によって賛成派と反対派とで鏡のように，両派に同じポイントの幸福の度合いの変化が，逆方向に生ずるという条件は，あまりにも恣意的で現実味がない．人によってある事柄に関する幸不幸の感じ方は違うものであるし，それをポイントで計量することや差引勘定することが正確にできるとも考えにくい．かりに，幸福の感じ方の差異を正確に反映する多数決が何らかの形で可能だとしても，そもそも社会全体としての幸福の量を正しい決定であるか否かの基準とすることが，妥当といえるか否か疑わしい．功利主義に対してしばしばなされる批判であるが，残虐な犯罪が起こったことで怒り狂っている人々の感情をなだめるために，無実の人をとらえて人民裁判にかけることは，社会の幸福の量の最大化(あるいは不幸の量の最小化)には資するかも知れないが，正しい社会的決定とはいいがたい．

　さらに，この議論は，第1節で論じた自己決定の最大化論と同様，代表議会における多数決の根拠としては使いにくい．国会議員は，各自の幸福の最大化のために国政の審議と決定に参加しているわけではないはずである．かりに，国民全体の幸福の最大化のために議員が行動するべきだとしても，先に述べた議論からすれば，やはり議員は出身選挙区の指令に厳格に拘束されるべきだという結論が導かれる[5]．第1節で述べたように，これは日本をはじめとする議会制民主主義国家が採用する憲法原則と衝突する．

---

5) ベンサムの憲法構想によれば，選挙区民は選出議員をリコールすることができるが (Jeremy Bentham, *Constitutional Code*, vol. 1 (Clarendon Press, 1983), eds. by F. Rosen and J. H. Burns, p. 26 (Ch. IV. A.2))，選挙区民の指令は議員の行動を拘束することはできない (*ibid.*, p. 26 (Ch. IV. A.2) & p. 43 (Ch. VI. S. 1, A.9))．議員が目指すべきは社会全体の幸福の最大化であって，個別選挙区の幸福の最大化ではないからである．とはいえ，ベンサムによれば，出身選挙区の利害と全国民の利害とが衝突するときは，議員は出身選挙区の利害に従って行動すべきである．全国民の利害なるものも個々の選挙区の利害の集積に過ぎず，そうした全国民の利害は，個別の選挙区の利害に従う議員の行動の集積を通じてはじめて現れるものだからである (*ibid.*, pp. 43-44 (Ch. VI. S. 1, A.10))．本文で説明した通り，多数決を通じて全有権者の選好を集計することで社会全体の幸福の最大化を目指すならば，個々の議員は出身選挙区の指令に拘束されると考える方が筋が通っている．

2　幸福の最大化

(1) 概　要

　社会全体としての一致した結論が必要となるとき，何が正しい答えであるべきかに関する一つの基準として，人々ができる限り幸せになるように，というものがある．功利主義哲学者のジェレミー・ベンサムが提示した「最大多数の最大幸福」という基準もその一種である[4]．なぜ多数決かという問題に対しても，それが社会の幸福の最大化に資するからだという議論が考えられる．

　今ある社会で，ダムを作るべきか否かが問題となっているとする．昼食をどれにするかという問題と違って，賛成した人についてだけダムを作ることにするという選択はありえないので，意見が分かれていてもどちらかに結論を決めなければならない．さらに，ダム建設に賛成の人はすべて，ダムの建設によって1ポイント，幸福の度合いが上がるとしよう．逆に，建設に反対の人は，ダムの建設によって1ポイント幸福の度合いが下がる(裏返しで，ダムを建設しないという決定によって，建設賛成派は幸福の度合いが1ポイント下がり，反対派は1ポイント上がる)．

　このとき，単純多数決でダム賛成という結論が得られたとする．51対49の割合という僅かな差異で賛否が分かれたとしても，全体の幸福の量について51対49の割合で増減があり，差し引き2だけ幸福の度合いが社会全体として向上する．仮に，多数決の要件を加重して3分の2，あるいは4分の3の多数の賛成がダム建設に必要だとすると，ダム建設によって社会全体の幸福の度合いが向上するはずの場合であっても，なお建設はなされない事態が生じ，社会の幸福の度合いはむしろ低下する．

　このように，単純多数決による社会的決定によって，社会全体の幸福の量は増大する蓋然性が高い．

[4)　ジェレミー・ベンサム『道徳および立法の諸原理序説』山下重一訳(中央公論社，1979)82頁参照．

自分の直面した問題についての正しい答えは自分自身が一番よく分かっているはずだというのがその根拠だとすれば，この議論は，集団としての決定について個々のメンバーの自己決定を尊重すべきだという根拠にはならない．集団についての正しい答えが分かっているのは集団自身（そんなものが実在するかは別として）であって，個々のメンバーではないはずである．他方，各人の自己決定に任せておけば人はそれぞれ満足を得るはずで，社会全体としてその満足度（幸福度）が最大化することが望ましい結果なのだという根拠も考えられるが，この根拠は，次節で述べる幸福最大化論に帰着するので，そこで改めて考えることとする．

　第二にこの議論は，住民投票や国民投票での多数決の根拠としてはともかく，民主的な代表議会における多数決の根拠としては使いにくい．代表民主政における議会の議員は，国民全体の利益を追求するために国政の審議と決定に参加しているはずであって（日本国憲法43条1項），各議員の自己決定の尊重を第一義として国の政策を決定しているわけではないはずである．かりに，各有権者の自己決定の尊重が目的だとすれば，各議員は出身選挙区の有権者（の多数派）の意思に厳格に従うべきであって，代表民主政国家の諸憲法の定める，議員の行動に関する出身選挙区の指令の禁止やリコール制度の禁止（日本国憲法51条，ボン基本法38条1項，フランス第五共和制憲法27条，アメリカ合衆国憲法1篇6節1項）は，民主主義の根本原理に反するということになりかねない．国会議員が，出身選挙区の有権者の判断に拘束されないで行動した方が，議会による国民全体の利益の追求に役立つはずだという判断が，こうした制度の背景にある．全国民の代表であり，社会全体の公益の実現を目指すべき議員は，出身母体の指令に拘束されるべきでないという考えは，近代立憲主義の成立期に多くの論者に共有されていた[3]．

---

3) たとえば，エドマンド・バークのブリストルでの演説（『エドマンド・バーク著作集2　アメリカ論・ブリストル演説』中野好之訳（みすず書房，1973）91-94頁），ジェームズ・マディソン執筆の『ザ・フェデラリスト』第10篇（斎藤眞・中野勝郎訳（岩波文庫，1999）），革命期フランス国民議会でのシェイエスの発言（*Archives parlementaires*, 1e série, tome VIII, pp. 594-95) 等を参照．

メイが論証したのは、これら4つの条件がすべて満たされるとき、そしてそのときにのみ、社会的決定の手続は単純多数決となることであった．つまり、4つの条件を満たす社会的決定の手続は、単純多数決のみである．

(2) 限　界

メイの掲げる4つの条件のうち、もっとも論議を呼ぶのは第三の、論点に関する中立性の条件であろう．個人あるいは少数派集団の基本的な権利や利益については、憲法でこれを保障し、単純多数決ではこれを変動させないという制度が多くの社会で採用されている．これは、論点について意図的に中立的でない手続、つまり現状維持にとって有利な手続がとられていることを意味する．つまり、論点に関する中立性という条件は、必ずしもすべての論点に関して広く受け入れられているわけではない．

第四の応答性の条件についても、議会制民主主義における議会の議員に関しては、その妥当性に疑念がある．全国民の利益が奈辺にあるかに関して、ほとんどの議員がどちらでも構わないのではないかと考えている論点について、一人の議員が特定の選択肢が正しいと考えたからといって、全体としてもそうした選択をすべき理由となるであろうか．応答性の条件は、有権者の選好に関しては、より受け入れやすいものといえるが、ここでも、有権者レベルの選好に応答するためには、議員が出身選挙区の指令に厳格に拘束されるという、多くの憲法の要請に反する条件を加える必要がある．

4　コンドルセの定理

(1) 概　要

コンドルセは、革命期のフランスで活躍した政治家であり、数学者でもあった．彼の示した定理によれば、単純多数決は、それが正しい答えにいたる蓋然性が高いがゆえに採用されるべき手続である[8]．

---

8) コンドルセの定理については、さしあたり長谷部恭男『比較不能な価値の迷路』（東京大学出版会，2000）第6章参照．そこでも紹介した通り、ルソーの『社会契約論』第2篇第3章の記述（「もし、人民が十分な情報を与えられて審議し、市民が相互に連絡しないならば、……その結果、常に一般意思が導かれ、決議は常に正しいものとなる」）は、コンドルセの定理に即して理解することが可能である．

もっとも，単純多数決によって正しい答えにいたる蓋然性が高まるには条件がある．まず，二つの選択肢のうち，投票に参加する人々が正しい選択肢を選ぶ確率が，平均して2分の1を上回っていなければならない．そして，人々は互いに独立して，それぞれ自分の考えで投票するのでなければならない（あの人がそう投票するから私もそうしようという投票行動をとる人は独立して投票したとはいえない）．コンドルセによれば，このとき，多数決によって正しい答えが選ばれる確率は，投票に参加する人の数が多ければ多いほど高まる．

　今，壺の中に白玉と黒玉がたくさんはいっていて，全体としては白玉の方が黒玉よりも多いとする．壺の中から任意の数の玉をつかみだしたとき，つかみだした玉の数が多ければ多いほど，その中で白玉の方が黒玉より多い確率は高まるはずである．壺の中のすべての玉をつかみ出せば，仮定からして白玉が黒玉より多い確率は100パーセントとなる．コンドルセの定理は，これとよく似た単純な話である．

　Aを選ぶか拒否するかといったように，選択肢が二つであれば，ランダムに選択したとしても正解を選ぶ確率は2分の1であるから，十分に情報を提供され，慎重に討議した末の多数決で，各人の正解を選ぶ確率が平均して2分の1を超えるという条件は，さほど非現実的とはいえないように思われる．

(2) 限　界

　コンドルセの定理の内容からして，人々が正しい選択肢を選ぶ確率が平均して2分の1を下回る場合には，投票に参加する人の数が多ければ多いほど，多数決で誤った答えが選ばれる確率は高まることになる．人々が偏見にもとづいて判断しがちな事柄や，正しい判断を行うために専門的な知見が要求される事柄については，したがって，多数決が誤った答えを出す蓋然性が高いことになる．少数派の思想信条への自由を憲法で保障し，それに関する判断を裁判所に委ねる制度や，複雑な金融政策に関する決定を政府から独立した中央銀行の判断に委ねる制度は，こうした事態に対処する方法として解釈することができる．

　第二に，投票の独立性がどこまで現実に保たれているかという問題がある．議会の内部がそれぞれ投票規律を持つ複数の党派に分かれている場合，議員の投票は独立しているとはいえない．所属党派によって投票行動が決定されるの

であれば，実質的な投票者の数は減少することになる．そして，実質的な投票者の数が減少すれば，多数決が正しい答えを生み出す蓋然性も低下する．同じことは，人民集会の内部が複数の党派に分断されている場合についても当てはまる．

　第三に，上述の 3 つの論拠と異なり，コンドルセの定理にもとづく多数決の論拠は，多数決の結果が自動的に正しい結論をもたらすというものではない．自己決定の最大化論は，多数決によることがすなわち自己決定を最大化させるというものであったし，幸福最大化論も，多数決によることが直ちに社会の幸福の量を最大化させるというものであった[9]．いいかえれば，多数決という手続とは独立に，結論の正しさを判断する基準はなかったわけである．このことはメイの論証についてもあてはまる．

　他方，コンドルセの定理にもとづく議論は，多数決の結果が，多数決という手続とは独立に判断しうる「正解」に一致する確率が高いという議論である．ここでは，果たして手続とは独立に正しい答えは判断しうるのかという問題が生ずる．かりに多数決の手続を踏むことなく正しい答えが判断できるのであれば，多数決をとる必要はないはずである．しかし，国政のあり方について，何が正しい答えであるかが簡単に判断できるものであろうか．社会の内部で，正しい答えについての基準が広く共有されている場合には見解の一致をはかることもできるであろうが，そうでなければ，多数決の結果が正解と一致するか否かの判断がそもそも難しい．多数決は，正しい答えがそれと独立に判断できるのであれば不必要であるし，それが判断できないのであれば，それにもとづいて多数決を根拠づけることも困難となる．

　もっとも，客観的真理を認識することが困難な経験科学においても，少なくとも何が誤った(反証された)仮説であるかは判断することができる．真理はそこでは，直接には認識できないとしても，自然科学者の活動を導く理念としての役割は果たしている．政治の場においても，コンドルセの定理を直接適用す

---

[9] 第二の幸福最大化論については，幸福が最大化するか否かは多数決の手続とは独立に判断可能だという考え方もありうる．しかし，投じられた票数以外に各自の幸不幸の度合いの算定手段として何がありうるかは困難な問題を提起する．投じられた票数以外に算定の根拠がないとすれば，結局，手続と独立の正しさの判断基準は存在しないことになる．

ることは困難かも知れないが，多数決という手続とは独立した正解という観念が，政治家の活動を導く理念としての役割を果たしえないと考えるのは尚早であろう．

5 現代の議会制民主主義

(1) 議会制の危機

　議会制民主主義諸国で議員が出身選挙区の指令に拘束されることなく，自由に（つまり独立して）発言し票決すべきだとされている背景には，そうすることで，議会が客観的な「正解」にいたることができるとの考え方（前述の根拠の中では，第四の根拠）があると思われる．社会の選良である議員は，出身母体の特殊利益に縛られることなく，社会全体の利益に関する公論を参照しつつ，自らの慎慮にもとづいて議会で審議・採決に参加すべきである．その結果，多数決によって公益に関する正しい結論に到達する蓋然性は高まる．ギゾーをはじめとするフランスの自由主義者が 19 世紀に，世論を反映する議会の公開の審議・採決を通じて真理に到達すべきことを提唱したのも，その例である[10]．

　しかし，普通選挙制度が普及し大衆が政治の舞台に登場すると，議員が独力で当選することは困難となり，政党の資金と組織に依存することになる．政党に依存してその地位を獲得した以上，所属政党の見解を支持し，発言や投票もそれに拘束されるのは自然である．しかし，議会内部が投票紀律を持つ複数の党派に組織化されれば，多数決によって「正解」にいたる蓋然性も低下する[11]．

---

10) 以下，本節の記述について詳しくは，長谷部恭男「討議民主主義とその敵対者たち」法学協会雑誌 118 巻 12 号 (2001 年 12 月) 1891 頁以下（本書第 12 章）参照．

11) ロバート・グッディンは，コンドルセの定理をベイジアンの立場から再解釈して，コンドルセの定理の帰結を，投票への参加者にとって，他の参加者が自説に同意（反対）を表明するにつれて自説の合理性への信念の度合が高まる（低下する）過程として理解しようとする (Robert Goodin, *Reflective Democracy* (Oxford University Press, 2003), ch. 6)．こうした立場からすれば派閥や党派の所属に基づいて投票を行ったとしても，コンドルセの定理の適用に全く支障はないこととなるが，こうしたグッディンの立場は，各参加者の投票が独立して行われなければならないというコンドルセの要請（本文 4 (1) および前註 8 参照）と正面から衝突する．グッディンの議論は，むしろ集団の内部で多数を占める傾向が，周囲から隔離されることでより過激な形で現れるという集団偏向現象 (group polarization)，つまり所与の空間で自分と同意見の人間が多数であ

(2) シュミットとケルゼン

20世紀初頭に顕在化したこの議会制の危機に関しては，ワイマール期のドイツで激しい議論が闘わされた．カール・シュミットは，古典的な議会政治が機能不全に陥った以上，議会での討議と議決を通じて「真理」に到達するという自由主義の前提を捨て去り，治者と被治者の自同性を目指す民主主義原理へと支配の正統性を一元化すべきとした．しかも，秘密投票にもとづく代表制のような中途半端な自同性ではなく，反論の余地を許さない公開の場における大衆の喝采をつうじた治者と被治者の自同性が目指されるべきだとした．そこでは民主主義は指導者のためにカリスマ的正統性を調達するための手段となり，議会制自体の廃棄が視野におさめられることになる．

これに対して，シュミットの論敵であったハンス・ケルゼンは，多数決は自己決定を可能な限り多くの人々に確保するメカニズムであるがゆえに，これを維持すべきだとした．議会制民主主義は，あるかないかもわからない「真理」への到達を目指すものではなく，多様な見解や利害の存立を許容し，相互の妥協をはかる仕組みである．多数決による決定過程を通じて，議会に代表されたさまざまな利益の妥協が促進され，最終的に敗れた少数派の利益も，結論になにがしかは反映される．多様な価値と利害で分裂した社会に平和をもたらすには，これが最善の途である．こうしたケルゼンの立場からすれば，議員の出身選挙区からの自由を確保する理由も薄れることになる．組織政党の存在，議員の活動に対する議会外からのさまざまな拘束は，むしろ積極的に意義づけられることになる．

ることを知って，ますます自説への確信が深まり過激化するという現象の説明として有効であるように思われる．サンスティンが指摘するように，集団偏向現象は望ましい民主政の実現にとって深刻な困難をもたらす (e.g., Cass Sunstein, The Law of Group Polarization, *Journal of Political Philosophy* (June 2002))．集団偏向現象が生ずる状況は，コンドルセの定理に従って多数決が誤った答えを導きやすい状況にほかならない．賛同者が多いほど自説が正しいとの主観的確信が高まるという主張は理解可能であるが，賛同者が多いほど自説が客観的に正しいという蓋然性が高まるという主張は意味をなさない．後者が意味をなすとすれば，それは，コンドルセの定理にもとづいて多数決が客観的な正解をもたらす条件が確保されている状況では，自分の結論に賛同する投票者が増えるにつれて，自分の結論が客観的に正しい（多数決で優位を占める）蓋然性が高まるという主張としてであろうが，それは，瑣末な事実（頭数が多ければ多数決で勝つ）を回りくどく言いなおしているだけのことである．

(3) ハバーマスの構想

　大衆が政治の舞台に現れ，組織政党が政治過程の主なプレイヤーとなった現代の民主政治においては，もはやギゾーの構想は非現実的であるかに見える．議会制民主主義自体を廃棄するシュミットの途をとらないとすれば，残るは議会を多様な価値や利害の調整の場とみるケルゼンの立場しかないという見方も成り立ちうる．しかし，ギゾーの構想を現代に生かす途はなおあるとの議論も存在する．現代ドイツの社会哲学者ユルゲン・ハバーマスの議論がそれである．

　ハバーマスから見ても，現代の議会では発言と票決は所属党派を単位として行われる．議会での討論を通じて，反対党派の所属議員が立場を変えることは想定しにくい．しかし，だからといって議会での討議が無意味となるわけではない．議会で討議する議員は，反対党派の議員を説得するためにそうしているわけではなく，国民一般を説得するためにそうしているからである．議会での討議はさまざまなメディアを通じて社会に紹介され，それは多くの人々を社会大の討議へと誘う．そして，その結果は，国政選挙を通じて長期的には議会の構成に反映される．つまり，ギゾーの構想は，時間的にも空間的にもより拡大された形でなお実現可能である[12]．

6　むすび

　本章では，多数決の根拠とされるいくつかの議論を検討した．そのうち，議会制民主主義の憲法原理ともっともよく整合するのは，多数決という決定手続とは独立した「正解」の存在を前提とする議論である．しかし，「正解」を求める議会での討議と議決が機能不全を起こしているとの見方をとり，それでも多数決という手続を維持しようとするならば別の論拠に訴えざるをえず，そのとき議員の活動に対する拘束を否定し行動の自由を確保する憲法原理の意義は

---

12)　「思想の自由市場」が真理を生み出す高い蓋然性を持つという信念がここでも前提とされていることには留意が必要である．思想の自由市場が一定の方向に歪曲しているために偏向した答えが出るおそれが強い場合は，これ以外の決定手続(たとえば独立した裁判所や中央銀行)が採用されるべきだということになるであろう．

薄れざるをえない．ただし，その場合でも，議会での討議を通じて「正解」を求める構想を時間的・空間的により拡大された形で生かす可能性は失われるわけではない．

第 14 章　司法の積極主義と消極主義
——「第 1 篇第 7 節ゲーム」に関する覚書

1　記述的概念としての「司法積極主義」と「司法消極主義」

　「司法積極主義」および「司法消極主義」という概念は，政治部門に対する関係で司法のあり方を記述する概念としても，また司法のあるべき姿を提唱する規範的概念としても使用することができる．

　別稿[1]で論じた通り，「司法積極主義」および「司法消極主義」のいずれも，司法審査のあるべき姿を描く規範的概念としては，さして役立たないと考えられる．「積極主義」あるいは「消極主義」という言い回しは，司法審査の結論を基礎付ける憲法解釈に判断の余地があり，それを裁判官があるときは積極的に，あるときは消極的に行使しているかのような印象を与えかねない．裁判所が，その時々の裁判官の政治的選好にもとづいて司法審査権をあるいは積極的に，あるいは消極的に講師する姿は明らかに好ましい司法審査の姿ではない．司法審査を民主的政治決定と整合する形で正当化するためには，「積極主義」あるいは「消極主義」ということばの含意する憲法解釈上の司法裁量の余地を否定し，司法審査の結論が憲法から導かれる「唯一の正解」であると主張する必要があると考えられる．

　しかし，こうした言い回しは，規範論においてはさして役立たないとしても，司法審査の現状や可能な司法審査のあり方を「記述」するための概念としてはなお有用であるかも知れない．裁判所が政治部門の判断を尊重し，それに

---

1)　長谷部恭男「司法消極主義と積極主義」高橋和之・大石眞編『憲法の争点〔第 3 版〕』(有斐閣，1999)．

謙譲を示しつつ違憲審査権をはじめとする権限を行使する国家とそうでない国家とは，現実問題として区別しうるように思われる．規範論としてはともかく，現実に，裁判所が法解釈にあたって，あるときは政治部門の判断を尊重し，あるときはそうしないという政策的判断を下すことは，ありうることであろう．

ただ，こうした使い方をする場合でも，何が「積極主義」であり，何が「消極主義」にあたるかを判断するには注意が必要である．一般には，議会制定法を憲法に違反すると裁判所が宣言する場合，とくに法令として違憲と宣言する場合が司法積極主義にあたり，憲法に照らしつつ制定法を解釈するが，それを違憲とはしない手法は司法消極主義にあたると考えられている[2]．憲法問題にそもそも触れることなく，制定法の解釈のみによって事件を処理することが消極主義にあたることは，さらに当然のことと考えられている．こうした見方の前提には，議会制定法に関する裁判所の解釈に議会が同意しない場合は，議会は新たな立法を行うことによってそれを容易に変更しうるのに対し，裁判所の憲法解釈は憲法改正を通じてでなければ変更しえないという，常識的な観念が控えている．

しかしながら，以下で見るように制定法を違憲無効とする場合と，その意味を解釈によって変更する場合とで，いずれが政治部門の判断を尊重することとなるかは簡単には答えにくい問題である．

2 「第1篇第7節ゲーム」

エスクリッジとフェアジョンの考案した「第1篇第7節ゲーム」を通じて，この問題を考えてみよう[3]．アメリカ合衆国では，連邦レベルの法律は，上下

---

[2] たとえば，芦部信喜『憲法訴訟の理論』(有斐閣, 1973) 350頁．もっとも，これに対して，日本の最高裁は，違憲判断には消極的であるが憲法判断を行うこと自体には積極的であったとして，憲法判断に関する消極・積極と違憲判断に関する消極・積極とを区別する樋口陽一教授の立場がある (樋口陽一『憲法〔改訂版〕』(創文社, 1998) 446-48頁)．

[3] 「第1篇第7節ゲーム」については，William N. Eskridge, Jr. and John Ferejohn, The Article I, Section 7 Game, 80 *Geo. L. J.* 523-64 (1992) 参照．本文で紹介したのは，Jerry L. Mashaw, *Greed, Chaos, and Governance* (Yale University Press, 1997), 101-05 で描かれたヴァージョンである．

両院と大統領の三者がある特定の法案について一致して同意した場合に成立する(合衆国憲法第1篇第7節).いいかえれば,三者のいずれもが拒否権を持っており,いずれかが拒否権を発動すれば,法律は成立しない.新たな法律が成立しない場合は,従前からの「現状 (status quo)」が維持されることになる.

今,ある立法事項について,三者の立場を左右のイデオロギー線上に並べると,図1のようになるとしよう(以下の説明は,左右の対立軸だけではなく,たとえば,環境保護と産業育成のいずれをとるか,表現の自由と女性の社会的地位向上のいずれをとるか,平和主義と自衛力強化のいずれをとるかなど,さまざまな問題について拡張可能である).

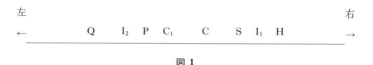

図1

Qは現状を意味しており,S, H, P がそれぞれ上院 (Senat),下院 (House),大統領 (President) の立場を示す.成立した法律は三者の妥協 (compromise) の結果としてCに位置しているとする.この法律を裁判所が解釈したところ,三者のいずれの意図とも異なり,I_1 あるいは I_2 に位置する規範として解釈されたとしよう.それぞれの場合,連邦議会と大統領とはこの裁判所の解釈を覆すことができるであろうか.

かりに,I_1 のように,解釈が三者の立場の枠内に収まっている場合,新たな立法を通じてこの解釈を覆すことは極めて困難である.なぜなら,新たな解釈がそもそもの妥協点Cよりも自らの立場に近いことを知った機関(図の場合は,下院あるいは上院)は,新立法による裁判所の解釈の修正を拒否するはずだからである.これに対して,I_2 のように,裁判所の解釈が三者の立場の外側に位置する場合,三者は一致してこの解釈を新立法によってそもそもの妥協点(C)に近づけようとするであろう.しかし,図のような場合,かりに新たな立法(C_1)が大統領(P)から見て I_2 との距離以上にCに近づくことは,大統領が拒否するであろう.したがって,せいぜい成立しうるのは図のように,I_2 と

C_1 と が P から見て等距離であるような妥協である[4].

3　ゲームの含意

このゲームが示しているのは，以下のようなことである．

第一に，アメリカのように立法機関が三者によって構成されている場合には，強い現状維持の圧力が働く．三者がすべて一致しない限り，現状は変更されない．複合的な立法機関の構成が法的安定性に資することは，モンテスキューが夙に当時のイングランド議会について指摘したことがらである[5].

第二に，裁判所の解釈は，立法の出発点となる「現状」を変更する．このため，裁判所の解釈がいったん下されると，それを変更することが三者すべてに有利であり，かつ，それぞれに有利である限度ではじめて新たな立法が成立する．これに対して，裁判所が問題の法律を法令として違憲であると宣言した場合はどうであろうか．この場合，そもそもの現状（Q）が回復され，議会および大統領はそもそもの出発点から新たな妥協点を探ることが可能となる．いずれが，立法機関をより強く拘束することになるかは，したがって，簡単には結論の出ない問題である．

図の場合でいえば，裁判所の違憲判決が C_1 よりさらに左よりの立法でない限り憲法違反になると宣言した場合にのみ，違憲判決の方がより拘束的であり，つまり司法積極主義的であることになる．しばしば，違憲判決は当該立法

---

4) William N. Eskridge, Jr., Philop P. Frickey & Elizabeth Garrett, *Legislation* (Foundation Press, 2000), ch. 3, III-C-2 は，第1篇第7節ゲームのケース・スタディとして，クリントン政権時に導入が試みられた包括的エネルギー税法案の事例を紹介している．この法案は，財政赤字削減と環境保護を目的に導入が試みられたが，産業界の利益を代表する両院の抵抗にあって，いずれの面でも効果の薄い交通手段用燃料税（transportation tax）にその姿を変えたが，現状に比べればなお改善にあたり，また当時の議会構成から，これ以上，自らの立場に近い法案の成立は見込めないと判断した大統領は拒否権を発動しなかった．

5) 『法の精神』第11篇第6章．モンテスキューの描いたイギリス議会のモデルによれば，貴族階級の利益を代表する貴族院，庶民の利益を代表する庶民院，そして国王の三者が同意することではじめて従前の法状態が変更される．これは，国家による立法活動が既存の法秩序に変更を加えないことをもってよしとする消極的国家観を示しているといえる．同様の説明が，マディソンとハミルトンにより，アメリカ連邦議会の構成についてなされている（『ザ・フェデラリスト』斉藤眞・武則忠見訳（福村出版，1991）第51篇，73篇）．

の目的と手段との関連性が十分に存するか否かにもとづいて下されるものであるから，立法目的と手段とを構成し直すことで，最初の妥協点 (C) に近い法律を新たに制定することは必ずしも困難とはいえないであろう．たとえば，「品位のない indecent」表現活動を罰する法律が漠然性のゆえに違憲無効とされた場合には，議会はより明確な構成要件を備えた法律を制定すればよいわけである[6]．

以上のような観察は，議会と裁判所の伝統的な役割分担についても，新たな示唆を与える．

第一に，自由主義憲法学の標語として，議会制定法が国民の「自由と財産」とを守るといわれることがある．これがモンテスキュー流の現状維持への圧力が強く働く議会の構成を前提とした見方であることは，周知のことがらである．しかし，そこでいう「現状」，つまり保護されるべき「自由と財産」とは，結局のところ裁判所の法解釈活動を通じて形成される「現状」であり，そうした「自由と財産」である．アメリカやイングランドのような，私法の領域が判例法によって形成されるコモン・ローの国家に限らず，成文法の国家においてもそうである．いいかえれば，議会の活動以前に，アプリオリに「自由と財産」の保護範囲が憲法によって直接画定されている事態を前提とする必要はない．

第二に，裁判所が違憲審査権を有する国家と有しない国家とでは，国家のあり方が根本的に転換するといわれることがある．確かに，一見したところ，複合的に構成された議会とその意思を実施する裁判所が現状を維持するにとどまる古典的自由主義国家は，議会の意思決定を裁判所が，それ自体は覆しえないはずの固有の実質的価値判断にもとづいて枠付ける現代型国家と根本的に異なるように見える．シュミットのいう「立法国家 Gesetzgebungsstaat」と「裁判国家 Jurisdictionsstaat」の対比が，こうした異なる国家像を示している[7]．

---

6) Cf. Cass Sunstein, *One Case at a Time* (Harvard University Press, 1999), p. 53.

7) 『合法性と正当性』田中浩・原田武雄訳（未來社, 1983）．シュミットのいう「立法国家」が，抽象的・普遍的な法の支配によって社会生活の安定性と可測性とを保障する「法治国」にほかならない点は，宮沢俊義が夙に指摘している（「法および法学と政治」同『公法の原理』（有斐閣, 1967）124-29 頁）．

しかし，裁判所が法令の違憲審査権を持たない「立法国家」においても，議会が立法活動の前提とする「現状」は，裁判所による法令の解釈活動を通じて形成されており，しかも議会の立法活動には強い現状維持への圧力が働くのであるから，裁判所の解釈によって立法活動が強く枠付けられている点で変わりはない．また，前述のように，事後的な違憲審査によって制定法が無効とされた場合，議会は裁判所によって変更されていない当初の「現状」に立ちもどることができるのであるから，そこでの立法活動への枠付けは必ずしも強いものではない[8]．「立法国家」と「裁判国家」との対比は，見かけほど大きなものとはいえないことになる[9]．

　日本の場合，アメリカと異なり，立法機関は両議院と大統領の三者によって構成されているわけではない．しかし，内閣およびその下で成立可能性のある法案の大部分を作成する官僚機構が，実質的にはアメリカの大統領に匹敵する拒否権を有していると考えることはさほど突飛とはいえないであろう．また，日本の参議院は比較法的に見た場合，第二院としては相当に強い立法拒否権を有しているといえる(憲法59条2項参照)．そうであれば，両議院と政府の三者間にある程度の政策の相違が存在する場合，やはり現状維持の圧力が働くことになるであろうし，成立した法律に裁判所が立法者意思とは異なる解釈を加えた場合，それを新たな「現状」として立法ゲームが改めて開始されることになる．「第1篇第7節ゲーム」とよく似た「第59条ゲーム」を想定することがで

---

[8]　フランスを典型とする事前型の違憲審査の場合は異なる考慮が必要であろう．フランスの憲法院は，むしろ立法機関の一構成要素とみるべき余地がある．この点については，たとえばミシェル・トロペール「違憲審査と民主制」日仏法学19号(1995)11-12頁．こうした事前型の違憲審査機関の場合，当該機関の憲法解釈に合致しない立法はそもそも成立することが困難であり，議会の立法活動に対する拘束性は高い．立法に関する同様のボトル・ネック機能は，日本における内閣法制局についてもある程度は，これを認めることができる．内閣法制局の憲法解釈が必ずしも憲法制定当時の解釈と一致しない場合，国会の立法活動を拘束する憲法解釈はその時々の内閣法制局の解釈である．そして憲法改正という「立法」活動に関しては，最高裁判所の憲法解釈と並んで内閣法制局の解釈が，新たな憲法改正活動の前提たる「現状」を構成することになる．

[9]　もちろん，裁判所をはじめとする解釈機関が，テクストに含まれる文言の通常の意味や立法者意思を全く無視して解釈を行い「現状」を形成するわけではないであろう．しかし，これらは，学説や判例に示された法理や帰結の妥当性に関する考慮などと同じく，具体的な法的結論を導き出す上での素材にすぎず，それが具体的結論と直結するわけではない．この点については，Dennis Patterson, *Law and Truth* (Oxford University Press, 1996), ch. 7 における興味深い分析を参照．

きる[10].

　また，内閣提出法案について，関連する官庁すべてのコンセンサスが事前に要求され，しかも各官庁の立場がそれぞれ異なる利益集団をクライエントとしているために異なる場合についても，同様の状況が想定できる．内閣提出法案が成立する法案の大部分を占める現状では，成立した法律について裁判所が下した解釈を，新たな法律によって修正することは困難となるであろうことが予想される[11].

---

10) 内閣総理大臣の指名について優越しかつ倒閣権を専有する衆議院多数派と内閣の立場は，あらゆる政策に関して一致しているはずだという単純化された前提をとると（Mashaw, *supra* n. 3, at 197-98 は，イギリスについて，内閣の立場と議会の立場は同一であると想定している），問題は，現状（Q）が衆参両院の選考の中間に位置しているか否かに限られる．図2のように，Qが両院の選考の中間に位置していれば，それを左右のいずれかに動かそうとする新たな立法の提案はいずれかの議院の拒否にあって成立しない．図3のように，Qがたとえば両院のいずれよりも左に位置している場合には，左に位置する院がQと無差別だと考える点（C）までの範囲内で，法律が成立しうる（ここでは衆議院の2/3の多数による法律の成立の場合は考慮しないことにする）．

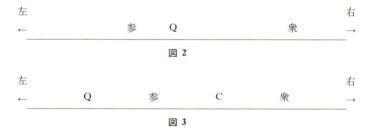

　法律が行政機関に広範な立法の委任を行っている場合には，異なる考慮が必要である．衆議院の多数派も，あらゆる論点について行政各部による政策の実施を常時監視しうるわけではない．Cではなく，参議院多数派と同じ点に位置する内容を持つ行政立法が行われた場合，それを衆議院が新たな立法によって修正しようとしても，参議院はそれをブロックするであろう．つまり，行政立法は裁判所による法解釈と同様に，「現状」を新たに形成する（cf. Eskridge and Ferejohn, *supra* n. 3, at 533-40; Mashaw, *supra* n. 3, at 191-95）．もし，行政府が両院のいずれとも異なる立場を持ち，しかも実質的拒否権を保有しているとすれば，広範な委任立法は，両院の妥協点とは別に行政府の意思に沿った立法を実現することになる．こうした場合，積極的な司法審査が国会の意思の部分的回復をもたらしうることについて，Eskridge and Ferejohn, *supra* n. 3, at 547-51 参照.

11) 関連する官庁が二つのみである単純な場合，註10で描いた，両院の立場が異なる状況での説明をほぼそのまま拡張することができる．また，1998年末から1999年前半にかけての国会では，一般的には，与党連合（自民党＋自由党）と公明党の合意が，法律案成立の不可欠の条件となっていた．こうした場合，与党連合と公明党とは，それぞれ事実上の立法拒否権を有する存在として，やはり註10で描かれた状況をほぼそのまま延長して記述することが可能である．

4　むすび

　従来の日本の憲法学は，制定法を違憲と判断することが司法積極主義であり，そうしないことが司法消極主義であるという「分かりやすい」区別を受け入れてきたが，この区別が，果して政治部門の判断への司法部の謙譲と正確に対応しているか否かは，実はなお精査を要することになる．日本の裁判所は，ほとんど制定法を違憲と判断することなく，したがって「司法積極主義」との非難を受けることなく，制定法を最高裁判所の有権解釈権を通じて読み替えることで積極的に政治部門の判断を変更し，しかもそれを「現状」として固定化してきた可能性さえある[12]．つまり，記述的概念としても，司法積極主義と消極主義は，取り扱いに注意を要する．そうである以上，法令の違憲審査の局面に限って民主的議会との関係で司法権をいかに正当化しうるか(しえないか)という問題を扱うことは，立法と司法の実際上の関係と乖離した論点設定をしている疑いが残ることになる．

---

[12]　違憲審査以外の場面での日本の裁判所の「積極主義」を指摘するダニエル・フット教授の諸論稿(「日本における交通事故紛争の解決と司法積極主義」(芹沢英明訳) 石井紫郎・樋口範雄編『外から見た日本法』(東京大学出版会, 1995); Judicial Creation of Norms in Japanese Labor Law: Activism in the Service of Stability? *UCLA Law Review*, Vol. 43, pp. 635-709 (1996) など) を参照．本文で指摘したように，少なくとも司法部門がその狭知によって「積極的司法活動」の余地を確保しようとしてきたとしても，さして驚くにはあたらない．

第15章　法源・解釈・法命題
——How to return from the interpretive turn

1　法実証主義

　法 (law) という概念にはいくつかの意味がある．本章で扱うのは，そのうち法命題 (proposition of law) としての法について，その真偽をいかにして判断できるかという問題である．法命題は，法的な権利義務などの法律関係を記述する言明である．つまり，法が人々に何を禁止し，何を許容し，いかなる権限を与えているかを述べる[1]．「従物は主物の処分に従う」や「所有権者は，その所有物を自由に処分することができる」は一般的な法命題，「樋口陽一教授は『近代立憲主義と現代国家』の著作権者である」は，個別的な法命題の例である．

　法命題の真偽をいかにして判断しうるかについては，いくつかの考え方がある．リーガル・リアリストと言われる人の中には，法命題とは裁判所がいかに行動するかに関する予測に他ならないと考える者がいる．「樋口陽一教授は『近代立憲主義と現代国家』の著作権者である」という法命題は，かりに『近代立憲主義と現代国家』の著作権について紛争が生じた場合，裁判所はそのように判断するだろうという予測を示している．この予測が的中すればこの法命題は真であり，外れれば偽である[2]．

---

1) Ronald Dworkin, *Law's Empire* (Harvard University Press, 1986), p. 4. ここでいう法命題 (legal proposition) は，法規範 (Rechtsnorm) と対比される Rechtssatz に相当する．Cf. Hans Kelsen, *Reine Rechtslehre*, 2nd ed. (Franz Deuticke, 1960), pp. 73-77.

2) こうした考え方を示す典型例として挙げられるのは，ホームズ判事の次のことばである．「いわゆる法的義務なるものは，人があることをなし，あるいはしなかったとき，裁判によってかくかくの不利益を被るであろうという予測にほかならない．法的権利についても同様である．」(Oliver W. Holmes, The Path of the Law, 10 *Harv. L. Rev.* 457, 458 (1897)). もっとも，ホームズ判事のこの主張を，一般的法理論を提唱するものとして理解すべきか否かについては疑念が提

しかしながら，しばしば指摘される通り，これが法命題を発する人々，とくに法律家の考え方を的確に捉えているとは言いがたい．私が「樋口陽一教授は『近代立憲主義と現代国家』の著作権者である」というとき，私は裁判所の行動の予測をしているというよりは，裁判所を含めて世の人々は，「樋口陽一教授こそが『近代立憲主義と現代国家』の著作権者である」との判断を下すべきだと，内的視点 (internal point of view) から，主張しているはずである．

より広く受け入れられており，現在の日本でも，法命題の真偽について多くの人々が暗黙のうちに前提としている考え方は法実証主義である．法律の専門家が，非専門家に向かって法命題の真偽について説明するときも，この単純な立場を前提とした説明をすることが多い．この立場によれば，法命題は，それが「権威ある法源 (authoritative sources)」に照らして確証できる場合には真であり，反証される場合には偽である．いずれでもない場合には真とも偽ともいえない．ある命題が，法源の意味内容を正しく記述しているか，あるいは法源の意味内容を正しく記述する命題から派生する場合には真だということになる．そして，何が権威ある法源であるかは，社会的事実 (social fact) の問題であり，たとえば，代表的な法実証主義者である H.L.A. ハートの場合は，当該社会で公職者に現に受け入れられている「認定のルール (rule of recognition)」によって，何が当該社会の法源かが決まる[3]．

起されている．彼の主張を，法と道徳の区分を改めて意識させ，弁護士にとって裁判所の行動を予測することの重要性を指摘するという射程の限られたものとして理解すべきだとする読み方として，William Twining, *Globalisation and Legal Theory* (Butterworths, 2000), pp. 119-21 参照．

3) Cf. Ronald Dworkin, *Law's Empire*, pp. 34-35. 立法機関は，当然のことながら，法の定立を意図して法源を創設するはずであり，したがって，法源は，その意味内容として，新たに定立された法を表すことが意図されているはずである．そして，権限ある立法機関がそうした法命題を発することが，「立法」という言語行為を構成するということになる．「法実証主義者」といわれる人々が，すべて本文で描いたような，いわば対応説的立場をとっているわけではないに留意する必要がある．たとえば，カール・フリードリッヒ・ゲルバーやパウル・ラーバントは，実定法源の定めが断片的であることを指摘し，それらを背後に控えている（はずの）法原理の体系に位置づけた上で，概念の計算によって表見的な法の欠缺（実は法源の欠缺）を埋めることが学問としての法律学の任務であるとした (Carl-Friedrich Gerber, *Gesammelte juristische Abhandlungen*, 2nd ed. (Gustav Fischer, 1878), pp. 23-35; cf. Olivier Jouanjan, Carl-Friedrich Gerber et la constitution d'une science du droit public allemand, in *La science juridique française et la science juridique allemande de 1870 à 1918*, sous la direction d'Olivier Beaud et de Patrick Wacksmann (Presses universitaires de Strasbourg, 1997), pp. 37-39; なお，関連して，宮沢俊

2　「正解テーゼ」と「解釈的転回」

　ロナルド・ドゥオーキンは，この法実証主義の立場に対して果敢に挑戦した法哲学者として知られている．彼の法実証主義への対応は，時期によって異なる．初期のドゥオーキンは，上記のハートの立場に対して，権威ある法源によっては確証が困難とされる法命題，つまり法実証主義からすると真偽が不明とされるはずの命題についても，真偽を問うことは可能だという主張を行った．ハード・ケースについても正解はあるというわけである[4]．

　彼によれば，法体系の中には，all-or-nothing で命題の真偽を決める準則（rule）のみではなく，一定の方向に答えを方向づけるにとどまる原理（principle）も存在する[5]．ハートのいう認定のルールは，出自の系譜によってある規範が法源としての身分を持つか否かを判断しようとするもので，準則に関しては認定基準として機能するが，その存在が内容の正当性にも依存する原理については十全に機能しない．そして，準則を参照するだけでは答えが明らかにならないハード・ケースについても，原理を含めた法源の総体をよりよく説明し，正当化する政治道徳を構成し，それとの対応の程度を計ることで，法命題の真偽を判断することは可能である．したがって，ハード・ケースにおいても裁判官に裁量があるとはいえない．

　この「正解テーゼ (right answer thesis)」に対する法実証主義からの反応は大きく二つに別れる．第一に，ドゥオーキンは，認定のルールによって法源と

　　義『憲法の原理』(有斐閣, 1967) 269 頁以下および同『公法の原理』(有斐閣, 1967) 135-36 頁でのラーバントの説に対する評価を参照)．これは，むしろ後で述べるドゥオーキンの立場に近い．
　　　ある種の「法実証主義」を代表するハンス・ケルゼンは，法の欠缺の存在を認めない．実定法源の不在は，問題となる行動が法によって禁止されていないこと，つまり自由に任されていることを含意するというのがその理由である (Kelsen, *Reine Rechtslehre*, 2nd ed., *op. cit.*, pp. 251-52)．しかし，これは実定法源が存在しない状況でのデフォルトないしベース・ラインは何かに依存する問題で，論理的に決まる問題ではなく，何らかの思想的・イデオロギー的前提があってはじめて定まる問題である (cf. G. H. von Wright, *Norm and Action: A Logical Enquiry* (Routledge, 1963), pp. 87-88)．そうした前提が，司法裁量や解釈を通じて決定されるのではなく，学問によって認識できると考える点では，ケルゼンはゲルバーやラーバントの系譜に連なっていると考えることができる．

4) Ronald Dworkin, *Taking Rights Seriously* (Harvard University Press, 1978), ch. 4.
5) ここでいう principle は広義のそれで，法政策 (policy) をも含む (*ibid.*, p. 22)．

しての地位を認定しうるのは準則のみであると主張したが,これに対しては,彼のいう原理をも包含する形で,つまりそれをも認定しうる基準として,認定のルールを想定することは十分可能だという反応がある.そして,ドゥオーキンの描く裁判官像も,せいぜい英米法圏における裁判官の社会的慣行を反映したもので,結局のところ,社会的事実にもとづいて法命題の真偽を決定している点では,法実証主義と異なるところはないとされる[6].ただ,この反応は,前述のドゥオーキンの批判によっては,法実証主義は崩壊しないとするにとどまり,積極的な反論とはなっていない.

第二の反応は,判例や法令など既存の法源の総体を説明し,正当化する政治

---

6) Jules Coleman, *Markets, Morals and the Law* (Cambridge University Press, 1988), pp. 12-27; Incorporationism, Conventionality, and the Practical Difference Thesis, in *Hart's Postscript*, ed. by Jules Coleman (Oxford University Press, 2001). ハートは,没後に出版された『法の概念』の第2版後記 (Postscript, *The Concept of Law*, 2nd ed. (Clarendon Press, 1994)) において,ジュールズ・コールマンと同様,認定のルールは原理をも法源として認定しうるという立場(ハートは,「柔らかい実証主義(soft positivism)」と呼び,コールマンは「組み込み論(incorporationism)」と呼ぶ)をとることを明らかにしている.
これに対して,ラズは,認定のルールが道徳的な妥当性に基づいて原理を法源として認定することは,法の権威主張と両立しないとする (Joseph Raz, *Ethics in the Public Domain* (Clarendon Press, 1994), pp. 210-14; cf. Scott Shapiro, On Hart's Way Out, in *Hart's Postscript*, pp. 169-80).それを支える実質的正当化根拠に言及することなく,法源を同定しえるのでなければ,法源はその根拠とは別個の権威としての用をなさないからである.そのとき,法の名宛人としては,直接,実質的正当化根拠にあたった方が,むしろよりよく彼が本来従うべき理由に従って行動することができるはずである(ラズも,裁判官がときに道徳原理を適用することで具体的事件を解決することを認めるが,そのことは道徳原理が実定法であることを帰結するわけではない.この点については,Shapiro, *op. cit.*, pp. 189-91参照).この批判は(もし妥当だとすれば),所与の法源の全体を整合的に説明し,正当化しうる道徳が何かによって妥当する法が定まるとするドゥオーキンに,より強く当てはまる (*ibid.*, pp. 204-10).裏返していえば,ドゥオーキンは,ラズがいう意味では,法をその実質的正当化根拠とは別個独立の権威としては捉えていないことになる.
コールマンは,たとえば「道徳的に正当な規範に従うべし」という認定のルールは,一般市民に対しても,また裁判官に対しても,各自の実践的考慮(practical deliberation)を遮断するという法の独特の機能を果しえないことは認める (Incorporationism, pp. 142-45).しかし,各人の実践的考慮を遮断し,人々の行動を嚮導するという法の機能は,全体としての法体系が果すべきものであって,必ずしも個々の実定法がそうした機能を果たす必要はないとする (Jules Coleman, *The Practice of Principle* (Oxford University Press, 2001), pp. 143-47.この回答を不十分とする批判として,Dale Smith, Authority, Meaning and Inclusive Legal Positivism, *Modern Law Review*, vol. 64 (2001), pp. 795 ff. 参照).他方,ドゥオーキンの立場からすれば,法は各人の実践的考慮を遮断する機能は持ちえないであろうし,そうした機能をそもそも果たすべきではないということになるはずである (cf. Ronald Dworkin, Thirty Years On, 115 *Harv. L. Rev.* 1655, 1672 (2002)).

道徳の候補が複数競合することも十分考えられ，その際，裁判官はいずれがよりすぐれた政治道徳であるかを客観的に判断しえないのではないかというものである[7]．それが裁判官の選択に任されているとすれば，やはり司法裁量は存在することになる．これは，ドゥオーキンの正解テーゼがそもそも成り立つか否かに疑念を提起する積極的な反論である．

この第二の反論に対するドゥオーキンの反応は，以下のような二つの段階を経ている．

第一に，彼は，よりすぐれた政治道徳が何かが証明可能でない限り，真の命題は存在しないとはいえないという議論を提出した．真の命題が存在するといえるためにその証明可能性を要求するのは，数学など，ごく限られた学問分野に止まる．経験科学や歴史学，文学批評などの分野では，たとえ命題が真であることが立証不能であってもなお，命題の真偽を論ずることは可能とされている．法実証主義は，なぜ法の領域で，証明可能性（demonstrability）が真偽を論ずる前提となるかを論証していない[8]．

しかし，証明可能性が真偽を論ずる前提ではないとすると，法学の領域では，命題の真偽は何に依存しているのであろうか．この問題に答えたのが，彼の解釈的転回（interpretive turn）であった．つまり，あらゆる法命題の真偽は，当該社会における過去の法令や判例の総体をよりよく説明し，正当化する政治道徳に依存しているが，その政治道徳は各個人の解釈（interpretation）により，各個人の観点から構成されるというものである．

3 すべては解釈である

ドゥオーキンは，ある社会における礼儀作法のルールの発展を例にとって，各自の解釈による法命題の真偽の判定という活動を描写している[9]．

第一の「解釈前の段階（preinterpretive stage）」では，人々は，当該共同体

---

[7] こうした批判については，長谷部恭男『権力への懐疑』（日本評論社，1991）216 頁およびそこで引照された文献を参照．
[8] Ronald Dworkin, Introduction, *The Philosophy of Law*, ed. by Ronald Dworkin (Oxford University Press, 1977), p. 8.
[9] Dworkin, *Law's Empire*, pp. 46-49.

で共通に受け入れられた特定のルールの集合，たとえば「目上の人に会ったら帽子をとるべし」等に単純に従って行動する．ところが，次第に，人々は，解釈的な態度 (interpretive attitude) をとるようになる．これが第二の「解釈的段階 (interpretive stage)」である．そこでは人々は，礼儀作法は単なるルールの集合ではなく，何らかの目的 (point or purpose) に仕えるものだと考えはじめる．すると，人々の間で礼儀作法の目的は何かについて根底的な考えの対立があることが明らかとなる．人はそれぞれ，既存の礼儀作法のルールを総体としてよりよく説明し，正当化するものは何かついての解釈理論 (theory of interpretation) を構築し，それにもとづいて各メンバーの行動を理解するようになる．もちろん，各自の解釈理論は，既存のルールと十分整合 (fit) していなければならないが，そのすべてと完全に一致している必要はない．かくして，礼儀作法という社会的慣習 (practice) に目的が押しつけられる．そして，その目的が何かについては，メンバーの間で対立が生じうる．

さらに，第三の「解釈後の段階 (postinterpretive stage)」では，各自の理解する礼儀作法の目的からすると，人々が一致して従っていたルールの中に誤ったものがあったことが判明するようになる．人々が十分に解釈的態度をとるようになると，一定の仕方で行動することが，何故礼儀作法に適っているかは，つまるところ，各自の解釈に依存することになる．これは，解釈的プロテスタンティズムと称される考え方である[10]．

プロテスタンティズムにおいて，信者はおのおの，聖職者を通さず直接，神と交流し，何が正しい信仰であるかを各自で判断する資格と責務を負う．他の信者が何を信じているかは，自分の信仰にとっては無関係である．法についても同様であり，各人の行う解釈活動によって構成される政治道徳に照らして，はじめて法が何を要求しているかが判明する．あらゆる市民は，こうした解釈を行う同等の資格と責務を負っている[11]．

ここにおいて，初期の「正解テーゼ」において維持されていたハード・ケースとイージー・ケースの区別は消滅したといってよいであろう．すべての個人

---

10) *Ibid.*, p. 413.
11) Cf. Gerald Postema, 'Protestant' Interpretation and Social Practice, 6 *Law & Phil.* 283, 292 (1987).

が，過去の法令や判例の総体をよりよく説明し，正当化するための政治道徳を各自の責任で構成し，それに照らして法律問題の答えが，各自の観点から判定されるという点で，両者の間に根本的な区別はない．イージー・ケースでは，各自の解釈から導かれる答えが事実上，広範に一致しているために，前提とされている解釈および政治道徳の存在が意識されないだけのことである[12]．

ドゥオーキンの新たな立場からすると，すべては解釈である．法学は文学や歴史学などと同様，解釈の対象を最善のものとして提示するべく，当該対象に目的ないし意義を押しつける (impose) 点で共通している[13]．より身近な「解釈」の例としては，会話を挙げることができる．我々は他者の発する音や記号を解釈して，相手が何を言わんとしているかを判断している[14]．

4　解釈的転回の問題点

(1) すべては解釈なのか

すべては解釈であるという解釈的転回の結論からすると，「解釈なくして法命題なし」ということになる．このテーゼは，その限りで，有権解釈によってはじめて法命題の真偽が定まるとするミシェル・トロペール教授の解釈理論と共通する[15]．

---

12) こうした考え方からすると，ある法命題を主張することと，その法命題が真であると主張することにも違いはない．たとえば，「人種別学は違憲である」と主張することと，「人種別学が違憲であることは真である」と主張することの間には違いはない．後者も，その主張者が構成した政治道徳からすると，「人種別学は違憲である」との命題が導かれると述べているだけのことである．「真理」という概念は，単なる剰余と化す (*Law's Empire*, p. 81.)．
13) *Ibid*., p. 52.
14) *Ibid*., p. 50. ドゥオーキンの解釈的転回については，長谷川晃『解釈と法思考』（日本評論社，1996）第4章，第5章を参照．
15) トロペール理論からすると，解釈の主体は各個人ではなく，有権解釈権者に限定されるが，解釈によってはじめて法規範が創造され，それに対応して法命題の真偽が定まる点ではドゥオーキン理論と同様である．トロペール教授の解釈理論については，樋口陽一『権力・個人・憲法学』（学陽書房，1989）170頁以下，および拙著『権力への懐疑』第1章参照．彼の解釈理論は，「違憲審査と民主制」日仏法学19号 (1995) で簡潔に要約されている．すべては解釈であるとする論者の例としては他に，スタンリー・フィッシュが著名であるが，彼はドゥオーキンと異なり，解釈活動がもたらす結果の整合性については悲観的である．彼の議論についてはたとえば，Stanley Fish, Working in a Chain Gang, in W. J. Thomas Mitchell ed., *The Politics of Interpretation* (University of Chicago Press, 1983) 参照．

トロペールによれば，有権解釈機関による解釈以前に存在するのはテクストにとどまる．解釈によって意味を付与されて，はじめてそこに法規範が出現する．解釈を要しないほど明瞭なテクストなど存在しない．なぜなら，意味が明瞭であることがわかるのは，すでに解釈がなされていることを前提とするからである．つまり，あらゆる意味の理解は解釈である．

このトロペールの議論に対しては，そこに含まれる議論の循環は別としても（解釈なしに意味の了解が可能なのであれば，意味が明瞭であることがわかるのに解釈は要しない），およそテクストの意味の理解なるものを不可能にするのではないかとの疑問を提起することができる．ウィトゲンシュタインがつとに指摘するように，解釈の結果生み出されるのは，それ自体，新たなテクスト（記号の列）なのであるから，それを理解するためにはまた新たな解釈が必要となり，その結果として生み出されるテクストを理解するためにも，さらに新たな解釈が必要となる．この作業をどこまで続けても当初のテクストの理解は達成しえない[16]．

つまり，およそ理解が可能なのだとすれば，解釈によらない理解があると考えざるをえない．当該社会において広く受け入れられているルールあるいは慣行 (convention) からすれば，直ちにその意味が了解可能なテクストが十分な数，存在していなければ，そもそも人と人とのコミュニケーションはありえないし，法およびそれに関わる人々の活動もありえない．言い換えれば，解釈は例外的であり，かつ，寄生的であらざるをえない．解釈は，意識的な努力もなく行われる通常の言語作用を背景としてはじめて可能となる．イージー・ケースとハード・ケースの区別に即していえば，イージー・ケースがイージーなのは，それをコントロールしている法源の意味が明瞭だからであり，そこでは解釈は不要であり，解釈によって構成される政治道徳も不要である．たとえば，自宅の前の道路が駐車禁止であるか否かを知るのに，人々はとくに既存の法源のすべてと整合する道徳理論を構成しようとはしない．

---

16) この論点については，長谷部恭男『比較不能な価値の迷路』(東京大学出版会，2000) 第 8 章および Andrei Marmor, *Positive Law and Objective Values* (Clarendon Press, 2001), pp. 73-78 を参照．フランス法学界において，解釈が常に必要な作業とはされていない事情を指摘するものとして，大村敦志『法源・解釈・民法学』(有斐閣，1995) 15-17 頁参照．

法に関する一般市民のものの言い方や考え方,さらには法律家の活動の相当の部分も,ドゥオーキンのいう解釈とは関わりがないと考えざるをえない.彼の描いた法の姿は,彼自身の標榜するところとは異なり[17],制度参加者の法に対する態度や考え方を適切に示す内的視点からのものとは言いがたいように思われる[18].

(2) 解釈はプロテスタント的か

ドゥオーキンの解釈的転回については,法の解釈をプロテスタント的なものとするその性格づけについても疑問がある.

今述べたように,解釈は無意識に行われる言語活動の存在に依存する例外的な活動である.しかし,そこで行われる解釈がドゥオーキンの言うように,他者の解釈とは独立した,全く個人的・私的なものだとすると,我々は,法を解釈することと,法を解釈していると思い込んでいることとを区別できなくなる.ウィトゲンシュタインが指摘するように,ルールに従うことと,ルールに従っていると思っていることとは異なる[19].

法を解釈することと,法を解釈していると思い込んでいることとを区別しうるためには,解釈は個人的・私的なものではなく,社会的な,つまり原理的には誰にも共通にアクセス可能な,公的活動でなければならないはずである.各人がそれぞれ異なった形で得心がいっただけでは,法の解釈として十分とはいえない.解釈者は,他者を説得し,同じように既存の法源(判例・法令)を見るように議論を進める必要がある.もちろん,その結果,つねに同一の結論へと人々の意見が集約されるとは限らない.同じ程度に説得力を持つ複数の解釈が競合することは珍しいことではない.

解釈が解釈であるためには,つまり,それが原理的に誰もが参加しうる公的

---

17) *Law's Empire*, pp. 13–14.
18) Dennis Patterson, *Law and Truth* (Oxford University Press, 1996), p. 92. 本章の第 4 節から第 6 節までは,大幅に本書の第 5 章,7 章,8 章に依拠している.本書の内容については国家学会雑誌 114 巻 3・4 号 227 頁以下に大屋雄裕氏による紹介がある.
19) Ludwig Wittgenstein, *Philosophical Investigations*, 3rd ed. (Blackwell, 2001), s. 202 (p. 69). 法を解釈していると思い込んでいる実例としては,サイドマンのいう「狂信的立憲主義 (crazy constitutionalism)」を挙げることができる (Louis Michael Seidman, *Our Unsettled Constitution* (Yale University Press, 2001), pp. 52–53).

な活動であるためには，第一に，法源の核心的な意味の理解を可能とする共通の言語作用が背景として存在していなければならない．そして，第二に，解釈の目的は，例外的・病理的現象である法の意味の不明瞭化に対して，人々の合意をとりつけることで，正常な法の機能を回復すること，人々が再び疑いをもたずに法に従いうる状態を回復することになければならない[20]．

(3) 議員定数不均衡訴訟

日本の議員定数不均衡訴訟を例にとって考えてみよう．議員定数不均衡訴訟は，公職選挙法上の選挙無効訴訟として争われている．かつての無意識な共通了解は，この訴訟は公職選挙法上のルールを前提としつつ実際に執行された選挙がそれに違反しているか否かを審査するもので，公職選挙法上のルールの違憲性自体を争うルートとなりうるものではないというものであった．法の意味に疑いはなく，人々は疑いのない法の意味に従って行動していた．

ところが，あるとき，最高裁は，衆議院議員定数の不均衡がもはや「一般的に合理性を有するものとはとうてい考えられない程度に達している」と認め，それによる選挙権の侵害に対する是正・救済の途としては選挙無効訴訟が唯一のもので，「これを措いては他の訴訟上公選法の違憲を主張してその是正を求める機会はない」ことからすると，公選法は，定数不均衡による選挙権の平等の違反を「選挙無効の原因として主張することを殊更に排除する」ものではないとの理解をうち出した[21]．周知のように，この判断に対しては，選挙無効訴訟は，こうした違憲の主張を無効原因として予想するものではなく，訴え自体を不適法として却下すべきだとする天野武一裁判官の反対意見がある．

公選法の諸規定は議論の当然の出発点である．それまでは，選挙無効訴訟の意味について誰も疑いを持っていなかった．投票価値の異常な不均衡とその是正の必要という例外的な事態が生じたために，はじめて，選挙無効訴訟の目的は何かが改めて問題とされるにいたったわけである．天野裁判官は，選挙が公選法の規定通りに正確に執行されたか否かをコントロールすること，そしてそれのみが選挙無効訴訟の目的だと主張した．それに対して，法廷意見は，異常

---

20) Patterson, *Law and Truth, op. cit.*, p. 117. 前掲註 6 で紹介したラズの議論をも参照．
21) 最大判昭和 51 年 4 月 14 日民集 30 巻 3 号 223 頁．

な定数不均衡状態による投票価値の不平等を是正するためには，唯一の可能な手段である選挙無効訴訟を利用することも許されるべきだと考えた．

こうした意見の対立は，各裁判官がそれぞれ，所与の法源をもっとも整合的に正当化する政治道徳を個人的に構成し，それにもとづいて何が真の法命題かを述べ立てるという性質の対立ではない．いずれも，共通の言語活動を背景とし，合意に達することを目的としてなされている主張である．解釈活動のポイントは，誰もが疑問なく法に従いうる本来の状態をいかなる形で回復するか，つまり法の実践という公的活動をいかにして継続していくかである．そして，選挙無効訴訟を通じて議員定数不均衡を争いうるという了解が定着した現在では，立法者を含めて，誰もがそれを前提として行動することができる．

5　法実証主義に回帰できるか

解釈的転回に沿って転回することは難しい．しかし，法実証主義に全面的に回帰することも困難である．法令や判例のみが法命題の真偽の判定基準となるという考え方は，他の法分野はともかく，少なくとも憲法の領域では狭すぎる．憲法学では，条文のみから法命題の真偽が導かれることは稀である．我々は，憲法典の条文を素材とし，一連の法律学特有の議論の様式（modality）に従って，さまざまな法命題を導き出す．

この点で示唆を与えるのが，フィリップ・バビット教授の整理する憲法学における議論の様式である．彼は，アメリカ憲法学では六つの議論の様式，つまり法命題の真偽を判定する方法が用いられてきたことを指摘する[22]．一つは制定者意思，第二はテクストの現在における通常の意味，第三が憲法全体の構造，第四が先例に示された法理，第五が長年にわたって社会に受容され，憲法

---

22) Philip Bobbitt, *Constitutional Fate* (Oxford University Press, 1982), Book I; ditto, *Constitutional Interpretation* (Blackwell, 1991), pp. 11–22; cf. Dennis Patterson, *Law and Truth*, *op. cit.*, pp. 136–38. なお，バビットの議論をアメリカ最高裁のプライヴァシーに関する判例を素材として展開するものとして，Mark Tushnet, Legal Conventionalism in the U.S. Constitutional Law of Privacy, in *The Right of Privacy*, eds. by Ellen Frankel Paul, Fred D. Miller & Jeffrey Paul (Cambridge University Press, 2000) がある．タシュネットによれば，アメリカ連邦最高裁は，憲法上保護されるべきプライヴァシーの概念を，アメリカ社会の通念にもとづいて画しているのであって，何らかの道徳哲学にもとづいてそれを決しているわけではない．憲法

に反映している道徳，第六が帰結の妥当性に関わる慎慮 (prudence) である．これらの議論の様式に訴えかけることで，憲法上の法命題の正当性は判定される．憲法とはそうした慣行 (convention) にもとづく実践であって理論ではない．これらを超える理論，たとえば法と経済学，功利主義，カントの道徳理論，ロールズの正義論などは，法律学にとっては無関係 (irrelevant) である．これらの基準にもとづいて行われる判断は，法に関する外在的評価ではあっても，法的判断ではない．

功利主義においては，社会全体の幸福を最大化させるか否かが唯一の正当性の判断基準であるが，それは功利主義の内部の論理にとどまる．功利主義の外側から見れば，社会全体の幸福の最大化がなぜ正当性の基準となりうるかを議論しうるであろう．しかし，それは功利主義の立場からすれば無関係な議論である．それと同様に，憲法学の内部では，憲法学が伝統的に遵守してきた議論の様式に従っているか否かが，正当な憲法学の議論であるか否かの判断基準であり，当の議論の様式が正当か否かを論ずるのは憲法学の枠外の話である．法学の様式に従った命題は法命題 (proposition of law) だが，法学の様式を批判し，評価する命題は，法に関する命題 (proposition about law) にとどまる[23]．

たとえば，バビットによれば，司法審査が何故正当かという問題は，問題設定の仕方自体が誤っている．それは憲法を超える外側の理論に正当化の根拠を求めようとするもので，法律上の議論とはいえない．司法審査は，上述の六つの様式にもとづいて行われている限り，それを超える正当化根拠 (justification) を要することなく，正統 (legitimate) である[24]．もちろん，いかなる様式が正当化の根拠となるかは社会によって異なるはずで，各社会でいかなる様式が受容されているかは経験的な問題だということになろう．

バビット教授の整理に対して思い浮かぶ疑問は，これらの議論の様式が相互

---

23) Patterson, *Law and Truth, op. cit.*, p. 147.
24) Bobbitt, *Constitutional Fate, op. cit.*, pp. 234-40. バビットは正当化 (justify) しうるか否かと正統 (legitimate) であるか否かの問題を区別している．ある議論の様式に沿って，各自の主観的選好から独立に導かれる決定はその限りで正統であるが，それが何らかの根源的な基準に照らして正当化 (justify) できるとは限らない (cf. Bobbitt, *Constitutional Interpretation, op. cit.* pp. 118-21).

214　第 III 部　立法過程と法の解釈

に衝突する命題を導くときはどうすればよいかである[25]．さらに，たとえば，制定者意思への訴えかけや社会道徳（日本流にいえば，「社会通念」）の援用に対しては，こうした様式を採用すること自体に法律学の内部から異議が提起されることもある．こうした疑問に対するバビット自身の答えは，異なる議論の様式によって複数の相互に衝突する命題が導き出されるときは，それらのいずれもが真の法命題だというものである．単一の法命題のみが真でなければならないという意味での確定性（determinacy）は，法の世界には存在しない．もちろん，裁判所は最終的には一つの答えを選ばなければならない．しかし，異なる正当化の様式は，相互に比較不能（incommensurable）であり，その間の選択は良心（conscience）によるしかない[26]．

これで疑問が解けたとして納得する人はそう多くはないであろう．「良心」は比較不能な様式の齟齬を解決しうるであろうか．それは，ドゥオーキンのプロテスタンティズムと同様の問題を含んでいるように見える．所与の社会において受容された異なる議論の様式の間の衝突は，やはり公の議論の場で解決される必要があるのではなかろうか[27]．

6　法命題はいかなる場合に適切か

この問題に対して答える前に，関連するもう一つの問題を処理しておく必要がある．それは，我々は，法命題によって，何らかの形で客観的に実在する外界の事態を描写しようとしているのかという問題である[28]．法実証主義者やあ

---

25) Richard Fallon, A Constructivist Coherence Theory of Constitutional Interpretation, 100 *Harv. L. Rev.* 1189 (1987).
26) Philip Bobbitt, Reflections inspired by My Critics, 72 *Tex. L. Rev.* 1869, 1874, 1966 (1994). バビットの議論は，理由（reason）の比較不能性に関するジョゼフ・ラズの議論と響きあう部分がある．複数の比較不能な理由が衝突するとき，理由（reason）にもとづいて結論を確定することはできない（underdeterminate）．こうした状況において，いかなる選択をするかがその人がいかなる人であるか，あるいはその裁判官がいかなる裁判官であるか，を決めることになる．ラズの議論については，たとえば，Joseph Raz, *Engaging Reason* (Oxford University Press, 1999), pp. 239-45 参照．
27) Patterson, *Law and Truth, op. cit.*, pp. 143-45, 149. ルイス・サイドマンのことばを借りるならば，「バビットの見方では，憲法理論がいかに社会（community）と相互作用するかを理解することができない」(Seidman, *Our Unsettled Constitution, op. cit.*, p. 72).
28) Cf. Bobbitt, Reflections, p. 1874.

る種の自然法論者が主張するように[29],問題となる命題がその外界の事態と対応していれば真で,そうでなければ偽なのだろうか[30].

パットナムやローティが強調するように,そもそも経験世界についてさえ,外界の状態と1対1で厳密に対応する記述があるわけではない[31].一つの状態は,さまざまな観点から,そしてさまざまな形式での記述が可能であり,それらのすべてが同時に適切な記述でありうる.この点では,法命題についても,事態は同様であると考えてよいであろう.では,記述の適切さは何に依存しているであろうか.

この点では,しばしば援用されるクワインのことばが手がかりになる.彼によれば,

---

29) See, e.g., Michel Villey, Law in Things, in *Controversies about Law's Ontlogy*, eds. by Paul Amselek & Neil MacCormick (Edinburgh University Press, 1991).

30) 経験世界に関する命題についてこうした見方を典型的に示すのは前期ウィトゲンシュタインである.この見方からすると,「私はリンゴを食べている」という命題は,ある事態と対応している限りにおいて真であり,そうでなければ偽である.ウィトゲンシュタインによれば (Ludwig Wittgenstein, *Tractatus Logico-philosophicus* (Routledge, 1961), s. 2.1–2.1512),

2.1	我々は事実を描く.
2.11	描かれた絵(写像)は,論理的空間における状況,つまりさまざまな事態の成立ないし非成立を示している.
2.12	絵は現実のモデルである.
2.13	描かれた対象の諸要素は,それぞれ絵の中の諸要素に対応している.
2.131	絵の中において,絵の諸要素は,対象を示している.
2.14	絵が絵であるのは,その諸要素が互いに一定の仕方で関連し合っているからである.
2.141	一つの絵は一つの事実である.
2.15	絵の諸要素が互いに一定の仕方で関連し合っていることは,描かれた対象の諸要素が同じ仕方で互いに関連し合っていることを示している.絵の諸要素のこうした関連を「絵の構造」と呼び,こうした構造の可能性を絵の写像形式 (pictorial form) と呼ぶこととしよう.
2.151	写像形式は,絵の諸要素と同様の仕方で諸事物が互いに関連し合う可能性である.
2.1511	これが絵が現実と結びつく仕方である.絵は直接,現実に到達する.
2.1512	絵はものさしのように現実にあてられている.

つまり,ある命題が現実を正確に描写している程度に応じて,当該命題は真であったり,偽であったりするというわけである.

31) Hilary Putnam, *Representation and Reality* (MIT Press, 1988), pp. 114–15; Richard Rorty, *Objectivity, Relativism, and Truth* (Cambridge University Press, 1991), p. 81; cf. Patterson, *Law and Truth*, pp. 167–69.

いわゆる知識ないし信念なるもののすべては，ありきたりの地理や歴史に関するものから原子物理学，純粋数学，論理学の深遠な法則にいたるまで，経験とはその端でひっかかっているだけのつくりものである．いいかえれば，科学は，経験を境界条件とする力の場のようなもので，境界で経験との乖離が発生すると，場の内部での調整が必要となる．いくつかの言明についての真理値の配り直しと，言明間の論理的相互関係による場内部の再調整が必要となる．もっとも，論理学の法則自体も場内部の言明の一部であり，場の要素の一つにすぎない．……しかし，場の全体は境界条件たる経験によって厳しく限定されてはいない (underdetermined) ため，理論と対立する一個の経験に照らしていずれの言明を再評価すべきかについては広い裁量の余地が残る．個々の経験と場の内部の個々の言明とは，場全体の均衡という考慮を通じて間接的に結びついているにとどまり，直接に結びついているわけではない．

もしこうした見方が正しいとすると，個々の言明の経験内容について語ることはミスリーディングだということになる．とくに，その言明が境界条件たる経験から遠くに位置しているものであるとすると．さらに，真偽が経験に依存している綜合命題と何があろうと妥当な分析命題とを区分する意義も疑わしい．もし，システム内部で十分な規模の調整を行えば，いかなる言明でも真だということになるはずである[32]．

つまり，たとえば物理学におけるある言明の真偽は，物理学の全体に依存している．外部の経験世界と対比されテストされるのは，個々の仮説ではなく，理論全体である．より一般的にいえば，ある命題が真であるか否かは，我々の大部分が共有している所与の信念の総体に依存している．

法律学の場合に置き直せば，法命題の真偽は法律家が共通して抱いている信念，つまり法命題の総体に依存する．クワインのいう，経験科学における言明相互の論理的関係にあたるのが，法命題相互のネットワークであり，それを規律する文法が法的議論の様式である．他の信念を前提としつつ，それらとなる

---

32) Willard V. O. Quine, Two Dogmas of Empiricism, in his *From a Logical Point of View* (Harper & Row, 2nd ed., 1961 (1953)), pp. 42–43.

べく衝突を起こさない整合的な命題として位置づけられるものが，法律学では真の法命題といわれる．真理は，外界の事態との対応関係にもとづいて定まるものではない．それは，言語能力，つまり，それぞれの場面でどのように言語を操ることが適切かに依存する[33]．

法律家固有の議論の様式を駆使して，法律家は一定の法的素材（法源）にもとづき，ある法命題の妥当性を基礎づけようとする．ある議論の様式が結論を決しないときは別の議論の様式が試みられ，複数の様式が異なる結論を基礎づけるときは，それを裁定する別のレベルの論拠が援用される．こうした作業を続けることで合意に達すること，人々が再び疑いを抱くことなく法に従いうる状態が回復されることが目指される[34]．

たとえば，「酒類販売業の免許制は違憲である」という主張を考えてみよう．こうした主張を行う人に対してまずなされるのは，その論拠は何かという問いかけである．論拠として，当人が「なぜなら，この制度の立法目的（酒税の確実な納入の確保）と，酒類販売業の経営の安定をはかるために免許制をとるという立法手段との間には合理的な関連がないから」と答えたとする．次に問題となるのは，なぜこの「論拠」が酒類販売業免許制が違憲である論拠になるのかである．それに答えるためには，憲法22条により職業選択の自由が保障されているという事情が引き合いに出されるだろう．しかし，憲法22条の含意

---

[33] Patterson, *Law and Truth*, op. cit., p. 169.
[34] こうした法的議論のあり方を描く試みの一つとして平井宜雄『続・法律学基礎論覚書』（有斐閣，1991）がある．討議参加者の合意形成を通じて法に人々が従いうる正常な状態の回復を目指すこうした活動では，論理的演繹の系譜による命題の「正当化」の場合と異なり，無限背進は懸念の対象とならない（それを深刻に懸念せざるをえない社会では，もはや法が法としての機能を正常に果たすことは期待できない）．この点については，長谷部『比較不能な価値の迷路』第2章参照．ところで，こうした議論における基礎づけの作業と，論理的な演繹（deduction）の作業とは区別されなければならない．ある命題の論拠（support）として別の命題が援用された場合，前者と後者との関係は，いずれかが他方から論理的に演繹される関係にあるとは限らないし，たとえそうした関係にあるとしても，いずれが論理的演繹の秩序で上流に位置するかは場面ごとに異なる．また，複数の命題が論理的演繹の関係として秩序づけられていることと，そこに含まれる個々の命題や秩序付けられた理論の総体が説得力を持つか否かは全く別の問題である．以上の点については，John Rawls, *Political Liberalism* (Columbia University Press, 1993), p. 242, n. 31 参照．

　筆者自身は，法律家共同体で共有されているさまざまな信念の全体が論理的に一貫した整合的な体系として構成される可能性については，懐疑的である．それらの信念の少なからざる要素は相互に比較不能だからである．この点については，長谷部『比較不能な価値の迷路』第4章参照．

は一目瞭然というわけではない．それが立法目的と立法手段との間にどの程度の合理的関連性を要求するかについては，いくつかの最高裁の先例が呼び出されるであろう．バビット教授の整理でいえば，先例に示された法理に訴えかけられることになる．こうした問いかけと応答とは，議論を行う当事者の間で合意が成り立つまで続く．確立した先例，誰もが疑うことのない通説まで論拠が行き着けば，合意が成り立つ．

　もちろん，ときには，我々が何の疑いも持たずに受け入れてきたある法命題の妥当性やある議論の様式に訴えかけること自体に疑義が提起されることもある．たとえば，憲法 22 条に関する最高裁の先例，つまり立法目的が消極的であるか積極的であるかによって違憲審査基準に差異を設ける法理については，それ自体に疑義が提起されることがある．そうした疑義に対する「優れた解決」は，特定の肝心な論点についてのみ従来の通念を覆すことで，残りの共有された信念は維持しつつ，しかも維持された部分を含めて全体の相貌を一変させるような議論である[35]．異なる議論の様式の間でいずれを選択すべきかが問題となるときも，同様の基準で解決がはかられることが通常である．システム内部で適切な規模の再調整を行い，深刻な疑義を解消することで全体の均衡を回復することが目的であることは，クワインの描いた科学理論の場合と異ならない．問題となっている当の命題や様式以外の，法律家に共通して受け入れられている信念の総体を維持したまま，いかにそれを再構成して均衡を回復することができるかが事を決する[36]．どこまでいっても法的議論の実践であり，その外側に出ることは不可能である[37]．

---

35) Patterson, *Law and Truth, op. cit.*, pp. 174-79.
36) 憲法 22 条に関する先例への疑義に対する筆者の応答については，長谷部『比較不能な価値の迷路』107 頁以下参照．拙論に対する批判的コメントとして，「憲法学の可能性を探る」法律時報 69 巻 6 号 58 頁における石川健治発言を参照．石川発言は，拙論が日本の実定憲法学の議論の様式 (modalities) に即していないとするものである．
37) このことは，解釈活動が開始されたとき，つねにその結果として法律家共同体内部の合意が形成されることを意味するわけではない．すべての解釈活動は合意形成を目的とするはずであるが，そもそも，バビットが指摘するように (前掲註 26)，比較不能な価値の間の選択がそこで求められているのであれば，特定の解釈が一義的に論拠をもって指定できるわけではないはずである．合意は形成されることもあればそうでないこともあるであろう．比較不能な価値の選択の場における理由と意思の機能については，Joseph Raz, *Engaging Reason, op. cit.*, ch. 3 が参照にあたいする．

7　いくつかの帰結

第5節以下で描いたような法的議論および法解釈の理解が適切であるとすると，そこからいかなる帰結が導かれるであろうか．

第一に，法律家の行う法実践活動のすべてを「解釈」と呼ぶべきではない．解釈は法学固有の様式に従う議論が一致した結論を生み出さない例外的な場面ではじめて必要となる活動である．従来の日本で，「解釈」という概念は，法律家による法源からの法命題の導出，導出された法命題，複数の法命題の間の適切さの判定，単に一般的法命題から個別命題を導出する作業，導出された個別命題など，さまざまな作業や命題を指示するために広く用いられてきた．こうした用法は「解釈」とは何かを解明する上でミスリーディングである．より厳格な使用が望ましい．

第二に，かつての君主にせよ，現在の議会にせよ，いわゆる「立法者」が直接に法命題を「定立」するわけではない．「立法者」が直接に行うのは，法命題を基礎づけるための素材となるテクストを提供することである．その限りで，いわゆる「立法者」が定めるのはテクストにとどまるとするトロペール教授の指摘は正しい．ただし，テクストから法命題を導くために，つねに解釈が要求されるわけではない．

第三に，繰り返しになるが，法律学の通常の活動は，権威ある法源を素材とし，法学固有の議論の様式に従って特定の法命題の正当性を基礎づけることであり，こうした作業が破綻した例外的な状況で行われるのが法の解釈である．解釈が必要となること自体，法律家共同体で当然に合意しうる回答は存在しないことを含意しており，したがって「誤った解釈」や「にせの解釈」などという解釈活動は，そもそもありえない．「誤った」とか「にせの」という判断は，法律家共同体内部に，それを「誤り」あるいは「虚偽」とする基準が共有されていることを前提とするはずだからである．それがないときに必要となるのが解釈である．

第四に，法律家が行う実践活動とそれに関する諸学，憲法学の場合でいえば

「憲法の科学」といわれる諸学との関係についても再考が必要である[38]．憲法の科学といわれる歴史学，社会学，法哲学等の知見を用いた分析は，何らかの法命題の適正さを保証したり反駁したりするために用いられているのであれば，実践活動としての法的議論の一部である．これに対して，法的議論を外側から記述したり，説明したり，批判したりする活動なのであれば，それは法的議論とは関係がない (irrelevant)．法的議論を実践しようとする限り，その枠外に飛び出すことはできない．

8　これでよいのか

これでよいのだろうか．少なくとも第四の帰結については疑念が残る．法律家が行う実践は，たしかに本章で描いたようなものかも知れない．しかし，そうした実践の意味は何なのであろうか．それを問うことは，たしかに法的議論の枠組みの外側に飛び出すことになる．しかし，だからといって，それを問うことが意味をなさないと言えるであろうか．違憲審査に関する論議を法律家共同体内部の準則や慣行にもとづいて行うだけではなく，それらが果して正当か否かを問うこと，共同体の内側からの整合性を追求するだけでなく，外部の基準に照らして内側の準則や慣行の正当性を評価することは意味をなさないのであろうか．

それが意味をなさないとする立場は，法的実践を自己目的化する立場である．法学というゲームの意味を問題にすることは意味をなさない．ゲームをし

---

38)　憲法の科学に関する最近の研究として，樋口陽一『近代憲法学にとっての論理と価値』（日本評論社，1994）第1章および第2章がある．憲法の科学と対比される「憲法の解釈」について，樋口教授は，そこに「解釈のワク」というべきものが存在することを指摘する（樋口陽一「裁判と裁判官」樋口陽一・栗城壽夫『憲法と裁判』（法律文化社，1988）52-53頁）．そこで言われている「ワク」が，樋口教授が援用する広中俊雄教授の提示するような「ある解釈はそれ自身として論理的一貫性をもたなければならず，また法体系全体に対し論理的に矛盾しないものであることが説明されうるのでなければならない，というワク」にすぎないのであれば，広中教授も，また樋口教授自身も指摘する通り（広中『国家への関心と人間への関心』（日本評論社，1991）226頁，樋口・前掲53頁），その解釈活動に対する拘束力は弱いものであろう．解釈活動にはほとんど拘束が存在しないという事実を指摘することが，両教授にとっては，解釈者の責任の所在を明確化させる意味をもつことになる．これに対して，本章で示したのは，より実質的で濃厚な「解釈のワク」，つまり「法的議論」でありうるためのワクは存在するという見方である．そうした見方に立つとき，解釈者の責任を問う余地は，それだけ狭まることになる．

てみれば，おのずと分かるというわけである[39]．しかし，それでは，現在の法律学のあり方を外側から根底的に問い直すことも，その変革を提唱することも不可能だということになりかねない．法律家共同体内部のメンバーが，全く疑いを抱くこともなく，日々の法言語ゲームに従ってさまざまな法命題を基礎づけているとしても，それが(少なくともその一部が)社会全体の観点から見て的の外れた活動になっていることは十分ありうる．法は，やはりそれ自体が目的なのではなく，人々の社会生活のために存在する道具というべきであろう[40]．

これは，法学内部の，たとえば民事法と憲法との関係についてもいいうる事柄である．通常の民事法の解釈活動は，民事法の内側における整合性をいかにして回復するかという観点からなされるのが通常であろう．しかし，それは，少なくとも特定の論点に関する民事法の解決が，外側の憲法的原理に照らしていかに評価されるべきかという問題提起の意義を失わせるわけではない．

これは，法が，愛や芸術とは異なる点である．愛や芸術が，それ自体以外の何のためにあるのかという問いは意味をなさないという人もいるであろう．芸術のための芸術という言い方は十分意味をなすように思われる[41]．しかし，法という実践を，愛や芸術と同列に論ずることができるという法律家は常軌を逸している．法的議論の様式と技術に習熟し，それを実践することのみが，法律家の目的であってはならない[42]．

---

39) レイ・モンク『ウィトゲンシュタイン』第1巻，岡田雅勝訳（みすず書房，1994）326頁参照．
40) 以上の論点については，長谷部『比較不能な価値の迷路』79-80頁参照．
41) もちろん，「イエの存続のための愛」とか「気晴らしのための芸術」という言い方が意味をなさないわけではない．ただ，少なくとも，芸術やスポーツは，それを構成するルールの確定に際して，芸術やスポーツ以外の事柄を考慮する必要性は少ない．言い換えれば自律性が高い活動である．これに対して，ドゥオーキンがその「正解テーゼ」において指摘するように，法については，それを構成するルールの確定に際しても，内容の正当性に関する考慮が必要となる場合が比較的多いといえる．法の自律性は，芸術やスポーツほどには高くない．他方，愛については，それがルールによって構成されているか否かがそもそも議論の対象となりうる．
42) 本節で扱った論点については，政治参加を自己目的化する議論を批判するジョン・エルスターの分析（Jon Elster, The Market and the Forum, in *Deliberative Democracy*, eds. by James Bohman and William Rehg (MIT Press, 1997), pp. 19-25）が参照にあたいする．関連して，長谷部恭男「討議民主主義とその敵対者たち」法学協会雑誌118巻12号(2001)1902頁以下（本書179-80頁）参照．

補章 I　攻撃される日本の立憲主義
　　　──安保関連法制の問題性

1　はじめに

　第2次安倍内閣は，2014年7月1日の閣議決定で憲法9条に関して長年にわたって維持されてきた有権解釈を変更し，集団的自衛権の行使を容認した．閣議決定の内容は，2015年5月に国会に法案として提出され9月19日に成立した安保関連法の核心部分として具体化された[1]．この行動は，本書で扱われたさまざまな論点と関連する．

　憲法9条の下で武力の行使が許されるのは，個別的自衛権の行使の場面に限られる，すなわち日本に対する急迫不正の侵害があり，これを排除するために他の適当な手段がない場合に行使される必要最小限度のやむを得ない措置に限られるとの政府解釈は，1954年の自衛隊創設以来，変わることなく維持されてきた．集団的自衛権の行使は典型的な違憲行使であり，憲法9条の改正なくしてあり得ないことも，繰り返し政府によって表明されてきた．

　2014年7月の閣議決定は，こうした長年にわたって維持され，多くの専門家の知恵と熟議の積み重ねを経て紡ぎだされてきた確立した憲法解釈を無視するもので[2]，立憲主義に対する正面からの攻撃と考えざるを得ない．立憲主義

---

1) 典型は，いわゆる存立危機事態を防衛出動の発令要件として成文化した自衛隊法76条1項2号である．
2) サー・エドワード・クックのことばを借りるならば，「幾世代にもわたり，数えきれないほどの権威と学識を備えた人々により繰り返し研ぎ澄まされた by many succession of ages, it hath been fined and refined by an infinite number of grave and learned men」解釈である (Coke, 1 Inst., 97b)．クックの法解釈観については，長谷部恭男『比較不能な価値の迷路』(東京大学出版会，2000) 第3章「コモン・ローの二つの理解」で触れたことがある．

という概念も多様な意味で用いられるが，ここでまず問題となるのは，憲法による政治権力の拘束という最低限の意味における立憲主義である．ある一定時点でたまたま政権の座にある人々の判断で憲法の意味内容を変更できるとなれば，この最低限の意味における立憲主義が崩壊する[3]．

2014年7月の閣議決定は，従来の政府見解との論理的整合性に欠けるところはないと主張するが，この主張が何らの説得力も有していないことは，歴代の内閣法制局長官をはじめとする多くの権威と学識を備えた人々が論証する通りである[4]．基本的な原理・原則は維持したまま，状況が変化したが故に当てはめた結果の結論のみが変化したというのであれば，従来の政府見解との論理的整合性に欠けるとは言えない．しかし，わが国と密接な関係にある他国に対する武力攻撃のために，「我が国の存立が脅かされ，国民の生命，自由及び幸福追求の権利が根底から覆される明白な危険」がある場合には，集団的自衛権の行使も許されるとの今回の主張は，個別的自衛権の行使のみが許されることを論証するための原理を前提としつつ，具体的な存在が立証されていない状況の変化を言い募ることで結論を正当化しようとするものであり，従来の政府見解の基本的論理の枠を逸脱しているのみならず，認められる武力行使の範囲を根底的に不安定化させている．

2　安保関連法制の合理性・必要性の欠如

安保関連法制はそもそも立法の必要性・合理性を欠いており，日本の安全保障に貢献すると考えるべき理由がない．7月の閣議決定は，集団的自衛権の行使が容認される根拠として，「我が国を取り巻く安全保障環境」の変化を持ち出しているが，その内容は，「パワーバランスの変化や技術革新の急速な進展，大量破壊兵器などの脅威等」というきわめて抽象的なものにとどまっており，説得力ある根拠を何ら提示していない[5]．あれほど声高に叫ばれたホルムズ海

---

[3] この指摘の，より正確な意味については，後述第5，第6節および補論II参照．
[4] たとえば，長谷部恭男編『検証・安保法案――どこが憲法違反か』(有斐閣，2015) 35頁以下の大森政輔氏の発言を参照．
[5] 今年6月に公表された *Global Peace Index 2015*, by Institute for Economics & Peace によれば (http://www.visionofhumanity.org/#page/news/1187)，日本は世界で8番目に平和で安全な

峡の機雷封鎖について，その現実的可能性がないこと，単独で行動する米艦を自衛隊が防護すべき現実的必要性があるとは考えがたいことは，国会審議の過程で，政府自身が認めた通りである．かりに我が国を取り巻く安全保障環境が，本当により厳しい，深刻な方向に変化しているのであれば，限られた我が国の防衛力を地球全体に拡散するのは愚の骨頂であろう．

世界各地でアメリカに軍事協力することで，日本の安全保障にアメリカがさらにコミットしてくれるとの希望的観測が語られることがある．しかし，アメリカはあくまで日米安全保障条約 5 条が定める通り，「自国の憲法上の規定及び手続に従つて」条約上の義務を果たすにとどまる．アメリカ憲法は本格的な軍事力の行使について，連邦議会の承認をその条件としていることを忘れるべきではない（米憲法 1 篇 8 節 11 項）．つまりいざというとき，アメリカが日本を助けてくれる保証はない[6]．いかなる国も，その軍事力を行使するのは，自国の利益に適う場合だけである．アメリカが尖閣諸島の防衛に協力してくれるのではないかとの希望的観測が語られることがあるが，柳澤協二氏が指摘するように，人も住まない小島を守るために，アメリカの若者の血を流す用意がアメリカ政府にあるという想定は，現実的とは言えない[7]．アメリカの政策決定者の立場に自分を置いてみれば分かることである．

集団的自衛権の行使を容認することが，抑止力を高めるとの主張も見られるが，これも説得力に乏しい．抑止力を高めるには，いかなる場合に集団的自衛権を新たに行使するかを周辺国に対して明確に示す必要がある．ところが，与党の政治家の間では，今回の安保法制はこれまで以上の武力の行使を認めていないと主張する者もいれば（だとすれば，抑止力は高まらない），地球の裏側まで武力行使の範囲が広がるかのような言説も見られる．しかし，後者の主張をする者も，いかなる場合に新たに武力が行使されるかを明確に述べようとはせ

国である．この順位は 4 年前から変化していない．

6）アメリカ合衆国が他国と締結した相互安全保障条約に自動執行性はない．つまり，相手国が武力攻撃を受けた場合に，自動的にアメリカに防衛義務が発生することはない．自動執行性のある相互安全保障条約を締結することは，連邦議会の承認権を簒奪することになり，憲法違反となる．この点については，Laurence Tribe, *American Constitutional Law*, 3rd ed., vol. 1 (Foundation Press, 2000), p. 660, n. 14 参照．

7）柳澤協二『亡国の集団的自衛権』（集英社新書，2015）145 頁．

ず，最後は政府が総合的に判断して決めるというだけである．これでは，抑止力は高まりようがない[8]．

そもそも一般論として抑止力を高めることが安全保障に寄与する保証も存在しない．我が国が抑止力を高めれば，相手側はさらに軍備を強化し，安全保障環境は悪化する可能性も少なくとも同じ程度に存在するからである．結局のところ，安保関連法制が日本の安全に資すると考えるべき理由はきわめて乏しい．

実はさらに究極的な論点がある．そもそも日本の安全保障がなぜ必要かと言えば，それは現在の日本の政治体制，つまり立憲主義に基づくリベラル・デモクラシーの体制を維持することに意味があるはずだからである．憲法による政治権力の拘束という最低限の意味における立憲主義を破壊しておいて，一体何を守ろうというのであろうか．また，安全保障における同盟は，同盟国の政治体制が根本的に同一であるという信頼関係があってはじめて長期的に安定し得る．今回の安倍政権のやり方は，日本が立憲主義に基づくリベラル・デモクラシーであるか否かという点について，根底的な疑念をわき起こすものである．それは結局，同盟国との信頼関係を深く傷つけることになるであろう．

3　法とは何か，解釈とは何か

従来の政府解釈については，条文上の手掛かりに欠けているとの批判がなされることがある．しかし，国民の生命・財産の保全はいかなる国家であろうとも，最低限果たすべき普遍的な役割であり，国外からの急迫不正の侵害に対して実力の行使なくして対処することは不可能であることからすれば，個別的自衛権の行使が憲法 9 条の下においても認められるとの結論は，良識にかなうと考えられるし，またそれさえ否定することは，絶対平和主義という特定の価値観を人としての善き生き方として全国民に押しつけることになり，多様な価値観の公平な共存を実現しようとする近代立憲主義(狭義の立憲主義)の根本理念

---

[8] 栗崎周平「集団的自衛権の抑止力について」長谷部恭男・杉田敦編『安保法制の何が問題か』(岩波書店，2015) 163 頁以下参照．

そのものと衝突する[9]．

　また，武力の行使一般と個別的自衛権の行使を区別するこうした解釈には先例がないわけではない．前述したように，アメリカ合衆国憲法は条文上，軍事行動の開始 (declare war) について連邦議会の承認を要求しているが，憲法制定議会においても大統領が to 'repel sudden attacks' つまり急迫不正の侵害に対処する権限を持つことは疑われていなかった．ここでも，憲法を通じて政府による軍事力の行使に歯止めをかけるべき必要性と，外敵の攻撃という緊急事態に対処すべき必要性とのバランスをいかにとるかが問題とされている[10]．

　この問題はさらに，解釈とは何か，法の支配とはいかなる理念なのか，さらに憲法の条項は法と同じ機能をいつも果たしているのか，という諸論点とも関連する．

　解釈とは何か，それはどのような場合に必要とされる活動なのかという論点は，本書第 15 章で扱っている．そこでも述べたように，法令の条文の解釈とは法令の素直な意味，つまり意味論上の意味が困難を引き起こす場合に必要とされる例外的な活動である[11]．ジョゼフ・ラズが明らかにしたように[12]，実定法の主要な役割は権威 (authority) として機能すること，つまり人が自分で熟慮し，判断を下すまでもなく，法の指示に従うことで，自身が本来とるべき行動

---

9) ちなみに，自衛隊創設以前において，とくに憲法制定直後においては，政府は個別的自衛権の行使さえ想定していなかったと言われることがあるが，これは誤解である．当時の内閣法制局のメンバーによって執筆され，憲法公布と同時に刊行された『新憲法の解説』は，その第 2 章「戦争の放棄」で，「本規定 [憲法 9 条] によりわが国は自衛権を放棄する結果になりはしないか」との懸念が制憲議会で提起されたことを指摘した上で，独立後に「日本が国際連合に加入する場合を考えるならば，国際連合憲章第 51 条には，明らかに自衛権を認めている」と述べ，この懸念が当たらないとしている (高見勝利編『あたらしい憲法のはなし 他二篇』(岩波現代文庫，2013) 103 頁）．この指摘をもって，占領下にあった当時においてすでに集団的自衛権の行使が想定されていたとするのは常識的に考えて読み込み過ぎであろうが，「自己防衛」の手段としての個別的自衛権の行使の可能性が想定されていたことをうかがわせるに足るものではある．

10) 'declare war' が，いわゆる宣戦布告に限らず，本格的軍事行動の開始を広く指すと考えられていること，また，合衆国憲法制定議会において，大統領が急迫不正の侵害に対処する権限を当然有すると考えられていたことについては，Yasuo Hasebe, 'War Powers', in *The Oxford Handbook of Comparative Constitutional Law*, eds. Michel Rosenfeld and András Sajó (2012), pp. 4368-71 参照．

11) この点については，長谷部『比較不能な価値の迷路』第 8 章「制定法の解釈と立法者意思」でも取り扱った．

12) たとえば，Joseph Raz, *The Morality of Freedom* (Clarendon Press, 1986), Chapter 3 参照．

をよりよくとることができる点にある．そうである以上，法の指示は明らか(透明)である必要がある．法令の文言の素直に指し示す意味の通りに受け取り，その通りに行動することができなければ，そもそも法は権威として機能し得ない[13]．

しかし，あらゆる法文がつねに権威として機能するわけではない．普遍的な概念を用い，一般的な形で指示する法の文言は，その日常言語上の意味通りに受け取り，その通りに行動すると，場合によっては良識に反する帰結を生み出すことがあるし，また，複数の法令が相互に抵触・衝突する方向性を指し示すこともある．漠然とした概念を用いているために，具体の場面でいかなる帰結を導くかが明らかでない場合もある．そうした例外的な場合に必要となるのが，解釈という活動である．つまり，法令の示す文言の通常の意味通りに受け取るのをやめて(あるいはそれができないので)，具体的な場面において何が適切かを自分で判断する必要がある．そこでは法令は，権威としては機能しない．

言い換えれば，一般的には解釈抜きで意味を理解できるのでなければ，実定法は実定法としての役割を果たし得ない．さらに，本書第15章でアンドレイ・マルモアの議論を紹介しながら論じたように，およそ文言や文章の意味の理解がすべて必ず解釈を前提とする，というテーゼは無限背進を導き，文言や文章の理解をおよそ不可能とする．解釈の結果たるテクストもその理解のためには解釈が要求され，その結果たるテクストもさらに解釈を要求することとなるからである．

憲法9条，とくにその第2項を文言通りの意味で理解すべきだという人々は，9条2項を権威として受け取るべきだと主張していることになる．つまり，自分たちで判断するよりも，9条2項の文言通りに行動した方が，自分たちが本来とるべき行動をよりよくとることができると主張していることになる．

そこで言う「本来とるべき行動」が，日本国民の生命・財産の安全を実効的に保障する行動という意味であれば，9条2項の文言通りに行動することが，

---

13) その場合，法は権威であると主張(claim)することさえできないであろう．

それと全く逆の帰結をもたらすことは，とくに論ずるまでもないことであろう．ただ無抵抗のまま敵軍に虐殺されるに任せることが，国民の生命・財産の安全につながるはずがないし，人民によるゲリラ戦の実効性が常備の武装組織による防衛に優るという主張も理解不能である．

そうであれば，そこで言う「本来とるべき行動」なるものは，違う意味で受け取らなければ意味をなさない．そうした「違う意味」があるとすれば，それは実効的な防衛措置をとることもなく，外敵のなすがままにされること，左の頬を打たれれば右の頬を出すだけでなく，命をもとられることが，人としての「善き生き方(死に方)」を示しているがゆえに，そうすべきだというものであろう．

本書第1章第4節で示したように，こうした考え方は，日本国憲法の根底にある，多様な価値観・世界観の公平な共存を目指す近代立憲主義と両立し得ない[14]．

4 近代立憲主義とは何か

人それぞれにとって，自分の人生の意味は何か，この宇宙はなぜ存在するのかといった根底的な価値観は，きわめて大切である．それは各自の人生の意味を決める．これこそが正しい価値観だと思えば，それは自分にとってだけではなく，人一般にとって正しいと考えるのが，人間の自然の傾向であろう．異なる価値観を持っている人がいれば，そうした人に抑圧や強制を加えてでも，「正しい」価値観へと立ち直らせるのが，「正しい」人のつとめだというのが，自然な思考の流れ赴くところである．

しかし，そうした根底的な価値観は一つではなく多様である．しかも，それらは両立しない[15]．一人の人間が，一国の有能な宰相であると同時に，バレ

---

14) 次節で述べる近代立憲主義の観念については，長谷部恭男『憲法と平和を問いなおす』(ちくま新書，2004)第3章で詳しく述べたことがある．また，Yasuo Hasebe, 'Constitutions', in *Routledge Handbook of Constitutional Law*, eds. Mark Tushnet, Thomas Fleiner and Cheryl Saunders (2013) (with Cesare Pinelli), pp. 12-14 参照．

15) これは，H.L.A. ハートが自然法の最小限の内容の1要素として，またジョン・ロールズが「正義の状況 circumstances of justice」の主観的要素の一つとして描いた事態である．

リーナとして世界的に活躍することがありえないという意味で両立しないというだけではない．異なる価値観は，比較不能でさえある[16]．

ミラン・クンデラの小説『存在の耐えられない軽さ』の冒頭部分で，主人公のトーマが，田舎町でたまたま出逢ったテレザと結婚すべきか，それとも，独身のプレーボーイの生活を続けるべきかを迷う場面がある．トーマは考える．

> テレザと共に生きる方が善いのか，それとも独りで生きるべきか．いずれが善いかを知るすべはない．比べる基準が欠けているからだ．

トーマはテレザと共に生きることを選ぶ．その選択は物語の展開が示すように，二人の将来にとって致命的なものであった．しかし，それより善い選択があったわけではない．そもそも，人生の善さはそれを生きてみなければ分からない．

同じように，人生の意義にかかわる二つの根底的な価値観，たとえば二つの異なる宗教は，両方を比べる共通の物差しが欠けているという意味で，比較不能である．それぞれの宗教は，それを信奉することではじめてその信者の人生に意義を与えることができる．その人自身にとっては，自らの宗教が最善の宗教であろう．しかし，別の宗教を信奉する人にとっては，その宗教こそが最善の宗教である．二つの宗教の価値を比べる物差しはない．

多様な価値の比較不能性という，以上で描いた事実からは，アイザィア・バーリンが指摘するように，すべての人にとっての理想の社会なるものは決して到来しないであろうし，また，そもそもそうした社会を考えつくことも不可能だという結論が導かれる[17]．人によって究極の理想が異なり，しかもそれらが両立しえず，両立しえない理想を相互に順序づけることもできない以上，すべての人にとっての理想の社会という観念自体，四角い円という観念と同様，筋の通らない，ありえないものとなる．すべての人にとっての理想の社会を実

---

16) 比較不能性については，長谷部『比較不能な価値の迷路』第2章「比べようのないもの」参照．
17) アイザィア・バーリン「理想の追求」同『バーリン選集4　理想の追求』河合秀和他訳（岩波書店，1992）所収．

現するという人が現れたとき，眉につばをつけて用心すべき理由もそこにある．

　比較のための客観的な物差しのないところで，複数の究極的な価値観が優劣をかけて争えば，ことは自然と血みどろの争いに陥りがちである．それぞれの人生の意義，世界の意味がかかっている以上，たやすく相手に譲歩するわけにはいかない．しかも，人の能力はさほど異なるものではなく，一方の陣営が必ずしも圧倒的な優位に立ち得るわけではない．宗教の対立は戦争を生み出しがちである．今も世界各地でそうした戦争が遂行されている．「理想の社会の実現」という目標は，意味をなさないだけではなく，人々の平和共存にとってきわめて危険でもある．

　しかし，いずれ人々はこの破壊的メカニズムに気づく．人生の意義，宇宙の存在意義をかけて血みどろの争いを続けるよりは，この世で平和な社会を築き，人間らしい暮らしを送ることを，よりよい選択として選ぶようになる．そのためには，人々の深刻な対立をもたらしかねない根底的な価値観の対立が，人々の社会生活を支える，社会全体に共通する枠組みの中に侵入しないよう歯止めを置く必要がある．

　たとえば，特定の宗教を信じていること（あるいはともかく何か宗教を信じていること）が，社会生活を送る上で有利な地位（有利な資源配分）を意味するような枠組みが設定されると，人が生きていく上で必要な資源配分の対立が根底的な価値観の対立と結びつけられることになる．不利益を受ける側にとっては，自分が心から大切だと思う価値観に結びつけられた差別であり，きわめて不公正な扱いだと受け止めるであろう．そうした扱いを受けるぐらいなら，社会生活を支える枠組み自体を破壊しようとする動きや，逆に相手の価値観こそを不利に扱うような枠組みを設定すべきだという動きが現れても不思議ではない．それは，社会の分裂を招きかねない深刻な対立の火種となる．

　人々の抱く価値観が根底的なレベルで対立しており，しかも，各人が自分の奉ずる価値観を心底大切だと考えているような状況で，多様な価値観が公平な形で共存し，人々が平和に社会生活を送ることのできるような枠組みを形成し，維持しようとすれば，人々の抱く価値観の対立が社会生活の枠組みを設定する政治の舞台に入り込まないようにする必要がある．公と私との区分，より

狭くいえば，政治と宗教との区分が，こうして要請される．

　自分が自分にとって真に大切だと考える価値観，たとえば宗教については，自分自身が，あるいは自分の家庭で，さらには志を共にする仲間同士でそれについて語り合い，信仰を確かめあうことで足りるであろう．しかし，どんな価値観を抱いている人であれ，人が生きる上で必須の資源，不可欠な財を社会の中でいかに配分し，どう使用するかについて考える際には，そうした各自にとってこの上なく大切な価値観は脇に置いて，いかなる価値観を奉じている人にも共通するような論拠に基づいて議論し，判断を下す必要がある．

　もちろん，そうした審議や決定に参加するとき，事実上，自分の奉ずる宗教が全く自分の判断に影響を与えないことは考えにくい．しかし，公の場で社会全体にあてはまる政策の善し悪しについて議論するときは，同じ宗教を奉ずる人にしか理解できない理屈にもとづいて政策の当否を論じても説得力を持ち得ない．どんな人でも理解し，共感できるような議論を提示することで，はじめて社会全体の利益に関する冷静な判断が可能となる．

　こうした立憲主義は，何か特定の宗教や哲学によって基礎づけられているわけではない．立憲主義の底を掘っていくと，たとえば，人間だけが平等な権利を生来与えられたものとして，万物の創造主によって創造されたというテーゼに行き当たるわけではない．そうした特定のテーゼに寄り掛かったのでは，そのテーゼを信奉する人しか，立憲主義を支持することはできない．それでは，根底的に異なる価値観を抱く人々の間に，公正な社会生活の枠組みを打ち立てることはできない．

5　「法の支配」の問題なのか

　日本国憲法の根底にあるのは，前節で描かれた狭義の立憲主義，近代立憲主義である．この立憲主義は憲法9条2項を文字通りに理解し実行に移そうとする絶対平和主義，つまり日本が直接の武力行使の対象となった場合でさえ，それに対処するための実力の行使を否定する立場とは両立しない．立憲主義者として選ぶべきなのは，憲法9条2項を文字通りには理解せず，解釈の対象とする途である．

法の支配の要請からして，条文のことば通りの意味内容と異なる帰結を導くような解釈はとるべきではないとか，そうした解釈を要求するような条文は廃止すべきだと主張する人もいるようである．しかし，こうした主張は――日本国憲法の根底にある立憲主義と両立し得ない絶対平和主義が書き込まれたものとして9条を理解すべきだという不当な結論を先取りしているだけではなく――法の支配が何のためにある理念なのかという論点，法の支配の射程は何かという論点をそもそも理解し損なっているように思われる．

　法の支配とは，法が法として機能するために要求される諸条件――法の公開性，明確性，一般性，安定性，無矛盾性，事後法の禁止等――を指す[18]．これらの諸条件は，法が人の行動を指示する権威として役立つための条件である．人が自分自身で判断するまでもなく，法の指示に従うことで，本来自分がとるべき行動をよりよくとることができるという場面では，法令の条文は，法の支配の要請を満たしている必要がある．条文の意味を理解するために解釈が要求されるようでは，条文は権威としては役に立たない．通常のことば通りの意味に理解して，その通りに行動できるのでなければ，自分で判断するまでもなく，法の指示に従うことで，本来自分のとるべき行動をよりよくとることができることに，そもそもならないからである[19]．

　しかし，解釈が必要となる場面，つまり法がそのままでは法として機能していない場面，法以前の実践理性一般の地平に戻るべき場面では，法の支配が要求される前提がそもそも満たされていない．せいぜい，解釈の結果として生み出される具体的結論は，法の支配の求める諸条件を可能な限り満たすべきだということになるだけである[20]．前節までで説明したように，憲法9条2項は，

---

18) 長谷部『比較不能な価値の迷路』第10章「法の支配が意味しないこと」および長谷部恭男『法とは何か』〔増補新版〕(河出書房新社，2015) 第9章「法が法として機能する条件」参照．

19) ここで言う法の支配の諸条件は，個人がいかに行動すべきかに関して自律的に判断し得るための前提となると言われることがある．どのような場合に政府が強制力を発揮するかが予測可能でなければ，個人の自律的な判断と行動は困難となる．ただし，たとえば明確性の要請に関して言えば，条文が漠然としていることが，必ずしも個人の自律的判断を困難とせず，むしろその余地を確保することにつながることもある．この点については，長谷部恭男「漠然性の故に有効」『高橋和之先生古稀記念　現代立憲主義の諸相(上)』(有斐閣，2013) 443頁以下参照．

20) 憲法9条に関する政府の従前の解釈は，法の支配の求める諸条件を満たしていたと言えるであろう．これに対して，2014年7月の閣議決定が示した解釈は，本章第2節で説明したように，武力行使の範囲をきわめて漠然不明確なものとし，法的安定性を揺るがせにしている．

権威として機能すべき条文ではない．文字通りに受け取ってその通りに行動すると，常識的に理解される政府のなすべき安全保障サービスの要請に完全に反する事態が生ずるし，常識的ではない理解——絶対平和主義的理解——をとると，日本国憲法の根底にあるはずの近代立憲主義と根本的に対立することになる．ここでは，条文を解釈せざるを得ない．

　法の支配が重要であるから，憲法9条2項の解釈などすべきでない(あるいは，解釈が必要となるような条文は廃止すべきである，解釈が不要となるように改正すべきである等)という主張は，そもそも法の支配は何に奉仕すべき理念なのか，どのような状況でこそ要請されるものか，という論点を理解し損なっているし，さらにそれ以前の問題として，法とはそもそもいかなる役割を果たすべきなのか，何のために存在するのかという点を理解し損なっている．

　権威ある実定法として機能しない，機能すべきでない条文に権威ある実定法としての特質を要求することは，自動食器洗い機として備えるべき特質を電気掃除機に要求したり，食器を十分に洗浄できないのであれば電気掃除機は存在すべきでないと主張したりするのと同じくらいに不条理である．ハート，ラズ，マルモア等の法哲学の基本文献を必要最低限のレベルまで理解してさえいれば，こうした主張はおのずと終息するはずのものである[21]．

6　実践理性へ戻れ

　憲法9条2項は権威として受け取るべき条文ではない．しかし，全く意味のない条文でもない．それは名宛人たる政府の行動を明確に枠づける準則 (rule)

---

21) この種の主張がなされる背景には，平和主義，憲法典の条文へのこだわり (textualism) 等，一定の考え方を，それが妥当する現実的な条件を考慮することなく，純化し，徹底しようとする性向を見てとることができる．「抑圧された人間性」を回復し，宗教的情熱に比すべき「純化された精神と生命」をもって世界の恒久平和を実現することこそ，いかに至難の業であり荊棘の途であろうとも，わが民族の使命であると叫ぶ南原繁の発言はその典型である(同『新装版　文化と国家』(東京大学出版会, 2007) 各所)．思想の純化は，その反面として異物を排除し，立場の異なる他者との妥協を否定し，異論を抑圧する傾向を導きかねない．本章第4節で描いた近代立憲主義とは真っ向から対立する傾向である．こうした心理的機制が，ファシズムや共産主義による少数派抑圧や，フランス革命時における恐怖政治の背後にもあったことについては，本書51頁および長谷部恭男「主権のヌキ身の常駐について——Of sovereignty, standing and denuded」法律時報87巻9号 (2015年9月号) 103頁以下参照．

ではないが，一定の方向を目指すべきことを明らかにする原理 (principle) ではある[22]．9 条は，武力の行使も，そのための実力組織の保持も必要最小限度にとどめるべきだという方向性は指し示しているはずである．しかし，具体的に何が必要で何が最小限度なのかは，条文を読んだだけでは明らかにならない．文字通りの意味に受け取るわけにもいかない．解釈が必要となる．自分で考え，判断する必要がある．

　こうした条文は，他にもある．憲法第 3 章で規定される基本権条項の多くはこうした性格を備えている[23]．「一切の表現の自由」を保障するという憲法 21 条の明文にもかかわらず，実際にはかなりの表現活動は自由ではない．他人の名誉の毀損，プライバシーの侵害，犯罪の煽動，わいせつな画像の販売等は，いずれも表現活動ではあるが，犯罪として科罰の対象となり，不法行為として損害賠償責任を問われる．だからと言って，これらの活動を取り締まることが憲法 21 条違反だという声は聞かれない．また，名誉毀損や犯罪の煽動等を刑罰で取り締まることが憲法違反でない旨を明文で定めるべく憲法改正をすべきだという話も聞いたことがない．なぜかと言えば，憲法 21 条が準則ではなく原理であり，条文の文字通りの意味では理解すべきでないこと，具体の問題の解決にあたっては，解釈を施すべきことは当然のこととして理解されているからである[24]．

　ここでも，21 条は権威としては機能していない．むしろ，表現活動にかかわる実定法(つまり権威として機能すべき法)が制定されたとき，それを権威として受け取るべきか否かを改めて考え直すべきだという呼びかけとして，21 条は機能している．本書第 7 章補遺 2 で指摘したように，そうした実定法が制定されたとき，人々はその権威主張 (claim) を素直に受け入れ，権威として受

---

[22] 原理と準則の区別については，本書第 1 章 4-5 頁参照．9 条を文字通りに理解すべきだと主張する人々は，9 条は準則だとの結論を先取りしているだけである．なぜその結論をとるべきかの理由は明らかでない．その結論をとるべきでない理由は，本論で述べた通りである．

[23] 各国の憲法典の基本権条項のこうした役割については Joseph Raz, *Between Authority and Interpretation* (Oxford University Press, 2009), Chapter 7 および長谷部恭男『憲法の円環』(岩波書店，2013) 第 12 章「裁判官の良心・再訪」参照．

[24] 現在の日本の最高裁の判例によれば，わいせつ表現，名誉毀損表現，犯罪の煽動等は，表現の自由の保護範囲外にあり，そもそも憲法 21 条の保護対象とならない．これは，第一修正に関するアメリカ合衆国の判例法理と軌を一にする立場である．

け取ることもできる．しかし，21条の呼びかけに応じてその実定法を権威と見なさないこと，自らの実践理性の地平に立ち戻って，何がなすべき行動かを自分自身で判断することもできる．21条は表現の自由の重要性を指摘することで，権威の排除を許容している．それが21条の意義である[25]．

ただ，解釈の結果は権威として機能し得るものでなければならない．明確性と安定性を備えたものでなければならない．そして，一旦確定した解釈の結論は，十分な理由がない限りは，変更を許すべきではない．とくに憲法の解釈に関しては，憲法によって拘束されているはずの政権担当者による恣意的な解釈の変更を許すべきではない．権威ある条文と権威ある解釈の総体が，機能する憲法[26]として政府の権力行使を制約し，立憲主義を支えている[27]．

9条も同じである．自らの実践理性の地平に立ち戻り，安全保障関連の法制が妥当性を備えた権威ある実定法と言えるか，自ら判断するように，それは呼びかけている．あなたにも[28]．

---

25) 「排除の許容」については，本書113-15頁参照．最高裁判所の解釈が最終的な有権解釈となるのも，権威ある解釈として現に機能しているからであって，それ以外の理由によるものではない．現に機能する最高裁判例に反する国家行為は違憲とされる．安倍内閣による解釈変更が違憲とされるのも，それと同様であって，とくに不思議な話ではない．

26) 機能する憲法という観念については，長谷部恭男『憲法の境界』(羽鳥書店，2009) 15-17頁参照．そこでも指摘されているが，機能する憲法であるためには，狭義の立憲主義を含む道徳原理の枠内の解釈である必要がある．絶対平和主義的な9条理解は，その理由で機能する憲法たり得ない．

27) 藤田宙靖「覚え書き——集団的自衛権の行使容認を巡る違憲論議について」自治研究92巻2号 (2016年2月号) は，安保法案に対する違憲論は，従来の解釈こそが憲法9条の正しい解釈であり，政府による新解釈は内容において誤った解釈であるとの「実体的判断」を前提としているのではないかとの疑問を提起するが (同12頁，16頁等)，本文で説明した通り，違憲論は，従来の解釈が憲法9条の唯一正しい解釈であるとの強い判断を論理的前提とする必要がない．この点については，本書補章II参照．

28) 以上で述べたことは，憲法9条を改正すべき十分な理由は現状ではないというだけであって，現憲法を改正すべき理由が一般的におよそあり得ないという結論を導くものではない．ある特定の改憲論を主張すべきか否かは，そうした主張をすることが具体の状況でいかなる具体的帰結をもたらすかに関する論者の実践的判断にかかる問題である．カントの言う判断力が問われる．

補章 II　藤田宙靖教授の「覚え書き」について

　藤田宙靖教授は，自治研究 2016 年 2 月号に掲載された論稿「覚え書き——集団的自衛権の行使容認を巡る違憲論議について」で，おおむね次のような議論を展開する．

　実定法解釈論の大前提として置かれるべき法規範論理上のルールがある．集団的自衛権の違憲論議に関して言えば，次の 3 つのルール（同稿では「公理」と呼ばれる．）がそれである（同稿 5-7 頁）．

　　公理 1：誤った法解釈を正しい法解釈へと改めるのは当然である．
　　公理 2：内閣法制局は内閣の補助機関に過ぎず，その解釈が内閣を含めた他の国家機関をも拘束する有権解釈となるいわれはない．
　　公理 3：憲法に関する最終的な有権解釈機関は最高裁判所である．

　藤田教授は，これらの公理群を大前提とした上で分析を進め，結局のところ安倍内閣による憲法 9 条の新解釈を違憲とする論者は，従来の解釈こそが憲法 9 条の正しい解釈であり，政府による新解釈は内容において誤った解釈であるとの実体的判断を前提としているのではないかと示唆する（同 12 頁，16 頁等）．
　しかしながら，同稿は，「公理」と呼ばれるきわめて不安定な前提群によって，不必要に強い結論を支えようとしているように見受けられる．以下，補章 I の内容に即して説明する．
　公理 2 は公理 3 のコロラリーであるから，問題となるのは公理 1 と公理 3 である．ところで，公理 3 が主張するように，最高裁が有権解釈機関であるのはなぜだろうか．公理 1 からすれば，それが「正しい解釈」だからということになりそうである．しかし，憲法を含めた法について，誰もが認める「正しい解

釈」なるものが存在するのであろうか．そうした一致した「正解」が存在するのであれば，そもそも改めて法文を解釈する必要もないであろうし，最終的な有権解釈機関を定めておく必要もないであろう．「正しい解釈」が何かについて見解の対立があるからこそ，最終的有権解釈機関が何かが定まっている必要がある．

となると，最高裁が最終的有権解釈機関であることが「正しい解釈」であるのは，最終的有権解釈機関たる最高裁が，それが「正しい解釈」であると自ら判断したからだということになりそうである．しかしこれは，明白な循環論法であって，最高裁が最終的有権解釈機関であることの論拠とはなり得ない[1]．公理1と公理3との関係は，きわめてあやふやであり，両立し得るか否かも定かでない．

そもそも公理1は何を意味しているのだろうか．かつて，法解釈には唯一の正解があるとの正解テーゼを掲げて颯爽とデビューしたロナルド・ドゥオーキンも，主著『法の帝国』以降は，真摯に法解釈に携わる者は誰もが，自説が「正解」であると主張せざるを得ないはずだというレベルまで同テーゼの内容を切り下げて，実質的には正解テーゼを撤回している．解釈は多様であり，誰もが自らの解釈こそが正しいと主張しているというだけである[2]．

公理1の言う「正しい解釈」がこうしたものにすぎないのであれば，公理1は，従前の解釈を変更する者は，変更後の解釈が正しい解釈だと信じているというだけの空虚な言明である．自らが正しいと信ずる解釈であれば，従前の解釈を変更することはいつでも許されるというのであれば，実定法の解釈のあり方としてもきわめて不適切であり，「公理」とは到底言い難い．

そうではなく，そこでの「正しい解釈」とは，客観的に見て誰もが正しいと考える，少なくとも誰もが正しいと考えるべき唯一の解釈を意味するのであろうか．こうした主張は，「解釈」という活動の性格を歪めるものである．「正しい解釈」という概念が発散する違和感の一因も，おそらくはそこにある．

法文の「正しい理解」は存在する．そうでなければ，実定法は権威としての

---

1) こうした自己言及的正当化が正当化の役割を果たし得ないことについては，長谷部恭男『権力への懐疑』（日本評論社，1991）27頁以下参照．
2) Ronald Dworkin, *Law's Empire* (Harvard University Press, 1986), pp. 81 & 267.

役割を果たすことがそもそもできない．法は権威であると，しばしば主張する．名宛人に対して，いかに行動すべきかを自分で判断するな，法の命ずる通りにしろと主張する．そうする方が，名宛人が本来とるべき行動をよりよくとることができるから，というのが法の権威主張の根拠である．

そうである以上，法文は公にされ，その意味は明確であり，内部矛盾を含まず，安定しており，遡及しないことが要求される．そうでなければ，名宛人は何が法の要求かを理解することができず，法はそもそも権威として機能し得ない．

このとき，名宛人は法を解釈しているわけではない．法文をそのことば通りの意味（意味論上の意味）にそくして理解しているだけである．あらゆる理解は解釈（つまり別の言明への置き換え）を前提としているというテーゼは，ウィトゲンシュタインがつとに指摘したように無限後退を導き，法文の理解を不可能とする[3]．

解釈は，法文の意味が漠然としていたり，相互に抵触する法文が併存していたり，法文のことば通りの意味が明らかに不条理な結論を導く場合に要求される例外的な活動である．そうした場合には，法文をことば通りに受け取ることはできない．具体的な事例に即して，法が何を求めているかを判断する必要に迫られる．そこでは，法は権威としては機能しない．しかし，個々人がいかに行動すべきかをそれぞれ判断したのでは，法が果たすべき役割，つまり多数人の社会的相互作用を調整（co-ordinate）すること，中でも国家機関の行動を制約することができない．そこで登場するのが有権解釈機関である．有権解釈は人々に行動の指針を明確に指し示し得ない法文に代わって，多数人の社会的相互作用を調整する．憲法解釈で言えば，諸官庁の行動を調整し，制約する．有権解釈が条文に代わって権威として機能する．ジョゼフ・ラズの言う「機能する憲法」となる[4]．

---

3) Ludwig Wittgenstein, *Philosophical Investigations*, 3rd ed. (Basil Blackwell, 2001), §201. さらに，Andrei Marmor, *Interpretation and Legal Theory*, 2nd ed. (Hart, 2005), esp., Chapter 2; 長谷部恭男『比較不能な価値の迷路』（東京大学出版会，2000）113-23頁；本書209頁参照．

4) つまり「機能する憲法」は，権威となる条文と権威となる解釈とから構成される．「機能する憲法」については，Joseph Raz, *Between Authority and Interpretation* (Oxford University Press, 2009), pp. 348-50 の他，長谷部恭男『憲法の境界』（羽鳥書店，2009）15-17頁参照．

最高裁が現在の日本社会において最終的な有権解釈機関であり得るのは，こうした機能を現に果たしているからである．日本国憲法の条文にそう書いてあるからというのが確たる根拠になるわけではない．日本国憲法が現在の日本社会の憲法典であるのも，憲法自体にそう書いてあるからではないのと同様である（これは悪質な循環論法である）．裁判官を中心とする公務員や法律家から構成される法律家共同体が，最高裁をそうした役割を果たす機関として承認し，現に最高裁もそうした役割を果たしてきたために，そしてその限りで，最高裁は最終的有権解釈機関であり続けることができた．最高裁が示す憲法解釈に反する国家行為は違憲と判断される．最高裁の憲法解釈が，「機能する憲法」の構成要素となるからである．藤田論稿が暗黙の前提としているかに見える条文と解釈との截然たる区別は（12 頁），「機能する憲法」に関する限りは存在しない．結局，「公理 3」は経験的・相対的言明であり，全面的に妥当する疑うべからざる公理ではない．

　内閣法制局が憲法について示す有権解釈が果たしてきた役割も同様である．条文のことば通りに理解すると明らかに不条理な結論を導く憲法 9 条について内閣法制局が示したかつての解釈は，内容も明確であり，安定性を備え，諸官庁を含む多数の者の行動を的確に調整し，制約してきた．最高裁が 9 条について機能する解釈を示す役割を放棄してきたこともあり，内閣法制局による有権解釈は「機能する憲法」の重要な要素であった．そうである以上，十分な理由がない限り，それを変更するべきではない．しかも，変更後の「新解釈」が，従前の解釈との論理的関係も不明確で，政府の行動の外延を明確に指示することもないのであれば，なおさらである．結局，「公理 2」も疑うべからざる公理ではない．「公理 2」が「公理 3」のコロラリーである以上，当然のことである．

　安倍内閣の示した「新解釈」が違憲であり，立憲主義に反するのは，以上のような理由による．違憲論者は，従前の解釈こそが客観的に言って唯一の「正しい解釈」であるという強すぎる前提をとる論理的必要性はない．もちろん，そこで言う「正しい解釈」であるとの「実体的判断」なるものが，従来の政府解釈が「機能する有権解釈」として政府の活動を実効的に制約し，諸官庁の行動を調整する権威としての役割を事実として果たしてきたという判断（その裏

返しとして，政府の側は，それを変更すべき十分な理由を示していないという判断)であれば，たしかに従来の政府解釈は，そのような意味において「正しい解釈」であったと言えるであろう．ただこれは，「実体的判断」というよりは，現状認識と呼ぶべきもののように思われる．歴代の内閣法制局長官や元最高裁長官が「確立した」解釈，「規範として骨肉化」した解釈の変更を強く批判するのも，憲法として現に機能する解釈を政府が十分な理由もなく変更したためである．

quod erat demonstrandum

補章 III 「義務なき働き」について

　パリ第二大学の法哲学の教授を長くつとめたミシェル・ヴィレイ氏 (1914-1988) は，古典期のローマ人には権利という観念がなかったという主張で知られている．アイザィア・バーリンは，このヴィレイの議論について，大いに驚いたが説得力があると，レナード・ウルフ宛の私信で述べている (Isaiah Berlin, *Enlightening: Letters 1946-1960*, eds. Henry Hardy & Jennifer Holmes (Chatto & Windus, 2009), p. 694, 'To Leonard Woolf, 8 July 1959').

　ヴィレイが言っているのは，ローマ人には現代でいうところの権利や義務という観念自体はあったのだが，それと一対一で対応することばがなかった——他の例で言うと，外界が三次元で構成されていることは理解しているが，それに正確に対応する「三次元」ということばがない——ということではない．ローマ人の言う jus（法）とは，社会生活において当事者の間に具体的衡平に即した関係が成り立っているという客観的事態を指しており，そうした事態からすると，各当事者に何ができて何ができないか（各自の割当て）は理解することができたが，そうした事態を，私にはこういう権利があるから，相手にはそれに対応する義務があるという形で理解することがそもそもできなかった，ということである．

　ヴィレイが挙げる古代ローマの例でいえば (Michel Villey, *Le droit et les droits de l'homme* (PUF, 2008), p. 77)，土地・建物に関する相隣関係では，あなたには自分の家を建て増して隣家の日照を遮る jus があることもあれば，隣家の日照を遮ってはならないため，家の建て増しをしない jus があることもある．両方とも jus である．建て増しをすることが客観的に衡平に適っているかどうかが肝心なことであって，それに応じてあなたがすべきこと（あなたの割当て）も決まる．相互にどのような権利を持ち，義務を持つかという形では，ローマ人は

補章 III 「義務なき働き」について

隣同士の法律関係を考えなかったというわけである．

　ことばがないだけではなく，そのことばに対応する観念がそもそもないということは，日本語についてもいろいろありそうである．英語に supererogation ということばがある．辞書を引くと，「義務以上の働き，余分の努力，功徳」（研究社『リーダーズ英和辞典』第 3 版）とか，「義務以上の仕事，過分の努力，神に命じられた以上の仕事」（小学館『ランダムハウス英和辞典』）と訳されている．これらの訳だけ見ると，必要もない「余分」であったり「過分」であったりする働きのことを言うようにも思えるが，「推奨されるべき行為ではあるが，義務ではない」という意味で使われるのが，普通の英語での使い方である．たとえば，サラ金から借金をした人が，元本も法定の最高利率の利息も支払った上で，さらに余分にお金をサラ金に支払い続けたとしても，それは supererogation ではない．誰もそれが推奨されるべき立派なことだとは思わない．

　子どものころ，「サンダーバード」というイギリスで制作された人形劇をテレビで放映していて，毎回熱心に視聴していた．南海の孤島で暮らすある大富豪の息子たちが，圧倒的な科学・技術の力を使って，事故や災害で生命の危機に晒されている世界中の人たちを勇敢にも救助するという「国際救助隊」の物語である．圧倒的な科学・技術の粋を集めた最新装備による救助活動であるはずの場面に，人形劇特有のモタモタ感がもたらすミスマッチが何とも言えず魅力的であった．

　彼らは推奨されるべきとても善い行いをしているわけで，めでたく救助活動に成功するたびに，多くの人々から賞讃される．だとすると，それをしないでいると批判されるべきかというと，そうではない．彼らは何らかの義務を果たすべく「国際救助隊」としての活動をしているわけではない．彼らの活動は，義務を超えた supererogation である．「国際救助隊」として活動しないで，南海の孤島で優雅にマリン・スポーツを楽しんでいたからといって，非難されるいわれはない．

　ここまで善い行いではなくとも，義務とは言えないが善い行いと言うべきものは沢山ある．大震災の復興支援のためにお金を寄附することとか，自然エネルギーの開発・振興を訴えるためのデモ行進に参加することとか，柳の根元で

泣いている子に傘を貸してあげることとか，いろいろと思いつくことができる．

しかし，日本語にはこの supererogation にあたる適切・簡便なことばがないので，「なぜ，そうしないのか」という問いに回答することは容易ではない．supererogation であれば，本来，「なぜ，そうしないのか」という問いに答える必要はないはずである．そもそも，そうする義務はないのであるから．そういう問いかけをする人の方が，むしろ，ものが分かっていない人のはずである．

しかし実際には，そういう問いかけをする人はいないわけではない．「なぜデモに参加しないの？」「デモに参加するもしないもボクの自由でしょう」「わかった．私たちの主張に反対なんだ．自然エネルギーの大切さを理解してないのね」「いや，それは十分理解してますよ．でもね……」という具合に，何とも居心地の悪い問答が続くところが想像できる．なぜデモに参加しないのか，なぜ署名活動に協力しないのか，なぜ寄附をしてくれないのか等，この種の問いかけに出会うたびに，supererogation にあたる簡便な日本語のことばがあればいいのだが，と切に思うことがある．

逆に，こういう問いかけをする人は，なぜ，そうするのかという問題を考えてみると，いくつかの回答の仕方が考えられる．もちろん，supererogation ということばも知らなければ，その観念自体も理解できないからということではあろうが，問題は，なぜ理解できないかである．

第一の回答は，彼女は功利主義者だ，というものである．功利主義からすると，道徳的判断の唯一の基準は，その行為が社会全体の幸福の最大化に資するか否かである．こうした考え方からすれば，supererogation という観念自体が成り立ち得ない．ある行いが社会全体の幸福を増大させることに少しでも役立つなら，あなたはそうすべきである．ボクが持っている傘を柳の根元で泣いている子に貸してあげれば，彼女はもう雨に濡れずにすむし，ボクはといえば，母さんの大きな傘にはいって家に帰ることができる．彼女に傘を貸してあげることで社会全体の幸福の量は明らかに増大している．

もちろん，その子が結局，傘を返してくれなかったということになると，傘を失ったボクはそのために多少不幸になるが，その不幸は新たに傘を獲得した

彼女の幸福の増大によって打ち消されるであろう．やはり，傘を貸さない理由はない．

同じことは，震災復興のためのお金の寄附についても言える．震災のために財産をすべて失った人にとっての1万円と，現在，たとえば1000万円の財産を所持している私にとっての1万円では，同じ1万円でもそれがもたらす幸福の量は明らかに異なる．財産をすべて失った人が1万円獲得することでもたらされる幸福の量は，1000万円持っている私が1万円失うことでもたらされる不幸の量よりも明らかに大きいであろう．私と彼とが金銭から得る幸福の量がだいたい同じカーブを描いているとすると，私の財産の半分である500万円を彼に贈与したとき，二人を合わせた「社会」の幸福の量は最大化するはずである．社会の幸福の最大化に資するか否かがある行いをすべきか否かの唯一の判断の基準なのであれば，私がそうしない理由はない．私が500万円寄附することは，supererogation ではなく，義務 (obligation) である．

同じように，国際救助隊の隊員が生命の危機に瀕した人々を助けるために世界中で活躍するのも，それが彼らの能力の範囲内である限りは，当然そうすべきである．生命を助けられることは何にも替えられない幸福の源である．彼らの救助活動は supererogation ではありえない．

とはいえ，日本人の中に以上で描いたような純粋な功利主義にもとづいてものを考える人がそれほど多いとも思えない．功利主義はあまりにも過酷な要求をする道徳原理であって，非常識だと考えるのが普通であろう．見ず知らずの人のために自分の財産を折半しようという人がそれほど多いはずはない．それに，500万円新たに獲得したその人も，他に一文なしの人がいれば，その人と折半する必要があり，この連鎖はすべての人の幸福の量が(とても低いレベルで)同じになるまで続く．とても変である．となると，別の回答が必要である．

第二の回答は，彼女は自分の仲間うちでの倫理は持ち合わせているが，功利主義に代表されるような普遍的道徳観念を持ち合わせていないというものである．彼女がなぜ，私にデモに参加するよう要求するかと言えば，彼女は私が仲間だと思っているからである．仲間である以上は付き合う必要がある．周りに合わせて同じように行動するのがまっとうな人というものである．

彼女にとって，道徳的判断というものは，ある人が別の人とどのような関係

にあるかによって下されるべきものである．見ず知らずの人を助けるためにお金を寄附する理由はない．しかし，震災復興の義援金のために一世帯あたり1万円寄附することに町内会で決まった以上は，あなたも寄附する必要がある．同じ町内会の仲間なのだから．

　柳の根元で泣いている子に傘を貸してあげたのも，彼女がクラスメートだからである．クラスメートである以上，彼女はきっと傘を返してくれるだろう．見ず知らずの子に傘を貸す必要はない．そもそも，見ず知らずの子に傘を貸して，返してくれる保証はあるだろうか．

　筆者は，日本人の多くが抱いている道徳観念は，この種の仲間意識に基礎を置くものではないかと疑っている．また，ヴィレイの描くローマ人の正義意識も，かなりの程度まで，この仲間意識に規定されているように思われる．

　この回答で言う「仲間」の規模はいろいろでありうる．友人同士，近隣の町内会から始まって，日本社会全体，さらには「普通の国」の全体にまで及びうる．私の見るところ，日本は経済力だけではなく，軍事面でも「普通の国」なみにいろいろと活動すべきだという勇ましい主張をされる方々の中には，国際レベルでの「仲間」としての義理を果たすべきだという意味合いでそうおっしゃっている方が，かなりおいでのように見受けられる．逆に言えば，誰であれ，独裁者に虐げられて苦しんでいる人たちを助けに行くのは当然だといった普遍的な道徳基準に照らして，海外でいろいろと活躍すべきだというわけでは，必ずしもない．というのも，普遍的な道徳基準を持ち出すとなると，功利主義のような極端な帰結主義にコミットするのでない限り，見ず知らずの異国の人を助けに行くのはたしかに善いことではあるが，しかし supererogation ではないかというかなり説得力のある反論にぶつかりそうだからである．ただ，この種の仲間うちの仁義に訴える議論にとっての困難は，日本人のうちどれだけが，そうした国際レベルでの「仲間」意識を共有してくれるかというものであろう．

　普遍的な道徳ではなく，仲間うちの同胞意識に訴えかけるこの議論は，分かりやすくはある．しかし，本当にこれだけでいいのか，という問題もある．仲間うちの義理を果たしていれば，それで人としていかに行動すべきかという問題はすべて解決されたことになるのだろうか．あるいは反対に，「仲間」の範

補章 III 「義務なき働き」について　247

囲がどんどん拡大していくと，「ええ！　そんなことまで？」ということまで義務だということになってしまうのだろうか．道徳は，仲間うちの義理を果たすことには限られないし，逆にいったん仲間だとなると，どこまでも付き合わねばならないというわけではないとすると，やはり，supererogation という観念を使ってどこかで線を引くことは，必要となってくるように思われる．

　申し訳ないことに，筆者の思いついた回答は以上の二つだけである．他の回答の仕方ももちろんありうるが（たとえば，道徳的要請はすべて義務に還元できるので，義務以上の余分の働きはおよそ想定し得ないというカントの道徳理論など），それなりの説得力のある回答はなかなか思いつかない．しかし，いずれにしても，以上で見た通り，supererogation という観念が不要であることまで証明することのできる回答ではなさそうである．

　となると，最初に戻って，彼女に「なぜデモに参加しないのか」と問いかけられて，なぜ居心地の悪さを感じてしまうのかが逆に疑問となる．問いかけの背後にある説得力のありそうな考え方には，いずれも supererogation という考え方自体を打ち消すほどの説得力はなかった．となると，それが supererogation であることを指摘すれば，答えはおしまいのはずである．「参加することは善いことだとは思う．君が参加するのは賞讃に値するよ．でも，参加するもしないも，ボクの自由じゃないか」と言えば，済むことではなかろうか．

　居心地が悪い理由は，おそらく次のような事情によるものである．デモに参加しないのは，実は彼女のことが嫌いだからだとしよう．自分の行動はいつも正しい，正しいことだからおまえもついて来るべきだという彼女の押しつけがましい態度が嫌で仕方がないから，デモには参加したくないというのが本音だとしよう．デモに参加することが善いことであることは分かっているのだが，ただ彼女に付き合うのは嫌なのだ．

　supererogation なのだから，デモに参加しないからといって，本来非難されるべき筋合いはないはずである．それでも，彼女のことが嫌いだから参加しないという場合も，非難される筋合いはないのだろうか．さらに，彼女が少数民族の出身だったり，自分とは違う宗教の信者だからというのが，本当は参加しない理由だという場合も，supererogation だからということだけで，非難されるべきではないことになるだろうか．そうではないように思われる．

ここでは「理由」ということばの二通りの使い方に注意する必要がある．なぜそうすべきか，なぜそうすることが正しいことなのかを示す「理由」と，自分がそうするのはどういう考えに基づくのかという「理由」との違いである．彼女のことが嫌いだからデモには参加しないというのは後者の理由である．それはデモに参加しないことが正しいことを示す理由ではない．

いくら supererogation であっても，邪な動機に基づいてそうしないとなると，やはり非難されるべきように思われる（このあたりは，Gregory Velazco Trianosky, 'Supererogation, Wrongdoing, and Vice', *Journal of Philosophy*, 83 (1986) の受け売りです）．なぜデモに参加しないのか，と聞かれて居心地が悪いのは，いや自分は邪な動機で参加しないわけではないのだ，と申し開きをしたいのだが，それがきわめて困難だからである．邪な動機は世にごまんとある．そのいずれにもあたらないということをその場で釈明はできない．

supererogation に対応する簡便な日本語があればいいなあ，と筆者が思うのは，このように痛くもない腹や本当は痛い腹を探られるような思いをするのが嫌だからである．なぜデモに参加しないのか，と言われて一言で話を終わらせてくれることば，なぜデモに参加しないかについての自分の本当の動機を内省する必要を遮断してくれることば，それがあればいいなあ，と思うからである．

と，ここまでお読みいただいた方，ありがとうございます．supererogation です（と私は思います）．

初出一覧

第Ⅰ部 立憲主義と平和主義
第 1 章 「平和主義と立憲主義」ジュリスト 1260 号(2004)
第 2 章 「『国内の平和』と『国際の平和』——ホッブズを読むルソー」法学教室 244 号(2001)
第 3 章 「国家の暴力，抵抗の暴力——ジョン・ロックの場合」法社会学 54 号『法と暴力』(2001)
第 4 章 「冷戦の終結と憲法の変動」ジュリスト 1289 号(2005)

第Ⅱ部 人権と個人
第 5 章 「国家権力の限界と人権」樋口陽一編『講座 憲法学 3』(日本評論社，1994)
第 6 章 「芦部信喜教授の人権論——放送制度論を手掛かりとして」ジュリスト 1169 号(1999)
第 7 章 「『公共の福祉』と『切り札』としての人権」法律時報 74 巻 4 号(2002)
第 8 章 「『外国人の人権』に関する覚書——普遍性と特殊性の間」『塩野宏先生古稀記念 行政法の発展と変革 上』(有斐閣，2001)
第 9 章 「国家による自由」ジュリスト 1244 号(2003)
第10章 「私事としての教育と教育の公共性」ジュリスト 1022 号(1993)
第11章 「憲法学から見た生命倫理」樋口陽一・森英樹・髙見勝利・辻村みよ子編『国家と自由』(日本評論社，2004)

第Ⅲ部 立法過程と法の解釈
第12章 「討議民主主義とその敵対者たち」法学協会雑誌 118 巻 12 号(2001)
第13章 「なぜ多数決か?——その根拠と限界」レファレンス 623 号(2002)
第14章 「司法の積極主義と消極主義——『第 1 篇第 7 節ゲーム』に関する覚書」書き下ろし
第15章 「法源・解釈・法命題——How to return from the interpretive turn」藤田宙靖・髙橋和之編『憲法論集 樋口陽一先生古稀記念』(創文社，2004)

補章 Ⅰ 「攻撃される日本の立憲主義——安保関連法制という問題性」書き下ろし
補章 Ⅱ 「藤田宙靖教授の『覚え書き』について」書き下ろし
補章 Ⅲ 「『義務なき働き』について」図書 750 号(岩波書店，2011)

索 引

あ 行

違憲の条件　117, 118
依存テーゼ　69, 70
一元的外在制約説　63, 66
一元的内在制約説　63-66, 68, 69, 96, 97, 100, 102
一般的な行動の自由　66-68, 78, 86, 88, 96, 98, 100, 103, 128, 130-32
応答的規制　15, 16
穏和な平和主義　21

か 行

外国人の人権　116
解釈的転回　206, 208, 210, 212
解釈的プロテスタンティズム　207, 210
解釈のワク　220
学問の自由　109, 158-60, 163
可識論　173, 174
価値相対主義　110
慣行　209, 213
慣習　72, 76
議員定数不均衡訴訟　171, 211
議会制民主主義　49-56, 58, 167-69, 171, 174, 176, 180, 185, 187, 190-92
機能する憲法　236, 239, 240
基本権保護義務　132
基本的情報　90-93, 101
義務を超える行為　114, 242
共産主義　49, 51-53, 55
狂信的立憲主義　210
共和主義　139-42, 145, 146, 148, 149
規律根拠　90
「切り札」としての人権　77-80, 84, 85, 87-88, 89, 92-94, 96-101, 102, 104, 107-09, 111, 147
議論の様式　212, 213, 216-19, 221
群民蜂起　3, 9, 29, 30
権威の正当化根拠　69, 227, 239
原爆投下　8, 52
憲法制定権力　46

さ 行

憲法訴訟論　65, 100
憲法の科学　220
原理　4, 5, 83, 204, 205, 235
恋人の争い　73
公共財の供給　18, 38, 71, 73, 74, 76, 128, 136, 143
公共の福祉　63, 64, 66-69, 76, 77, 80, 81, 85-88, 96, 97, 102-04, 106, 108, 109
功利主義　8, 42, 84, 99, 123, 171, 184, 185, 213, 244, 245
合理的自己拘束　20-22
個人の尊重　152
国家緊急権　46
コンドルセの定理　174-76, 187-89

さ 行

裁判国家　198, 199
自覚的結合論　163
自己決定　182, 183, 189
市場国家　56
自然状態　19, 23-28, 30, 34-38, 41, 43, 68, 80, 84, 92, 96-98, 121, 131
実践の理由　69, 113, 114
実践理性　233, 236
司法消極主義　194, 195, 201
司法積極主義　194, 195, 197, 201
社会契約　23, 24, 27, 30-32, 34, 47, 67, 97, 98, 120-22, 131, 174
社会通念　214
囚人のディレンマ状況　19, 73-75, 87
集団的自衛権　21, 224, 225, 237
集団偏向　159, 190, 191
修復的司法　15-17
純粋手続的正義　173
準則　4, 5, 13, 82, 83, 204, 205, 234, 235
証明可能性　206
人権　63-69, 76, 77, 80, 83, 85, 97, 99, 102-04, 118, 120
人権規定の私人間効力　81-82
身体の収用　157

身体の所有権　154
正解テーゼ　204, 207, 221, 238
政教分離　5, 140, 144, 148, 149
制憲者意思　5, 6
「政策」的自由　93, 94
政治的多元主義　170
政治的なるもの　50
世界警察　13
絶対平和主義　11–13, 226, 232, 234
「戦争＝地獄」理論　6, 7, 8–10
全体国家　50
相対主義　170, 175

　　た　行

第1篇第7節ゲーム　195, 199
多元的自由主義　139, 141, 142, 144–46, 148, 149
多数者の知恵　175, 176
単純多数決　181, 182, 184, 186
単なる自由　104–06, 111–13, 128
チキン・ゲーム　6, 7, 9, 11, 18, 40
調整問題　38–40, 71–73, 76, 87, 124–27, 239
徴兵制　11, 19, 48, 49
通常正当化テーゼ　70
強い学校　146
強い許容　112, 113
抵抗権　25, 34–43
帝国　13, 14
テロリズム　8, 10, 48, 53, 56
討議民主主義　167

　　な　行

内的視点　203, 210
ナショナリズム　57
二元的制約説　63, 64
二重の基準　65, 95
にせの解釈　3, 219
認定のルール　203–05

　　は　行

排除の許容　113, 114, 236
排除的理由　114
バウチャー制　143, 144
破綻国家　15, 16, 55

パルチザン戦　8–10, 32
半代表　169
比較不能　12, 33, 54, 110, 118, 150, 158, 180, 214, 218, 229, 230
ヒト・クローン　152, 161
一人別枠制　171
批判的峻別論　159, 163
非暴力不服従運動　3, 10, 30
表現の内容にもとづく規制　101, 107
ファシズム　49, 51, 52, 55
不可識論　173, 175
福祉国家　49, 52, 56, 58
副次的効果　179, 180
部分規制　90–92, 93, 94, 101
文民条項　5
ベースライン　98, 135, 149, 182
防御線　130
法源　102, 203–05, 209–12, 219
法実証主義　147, 161, 203, 204–06, 212, 214
法人の人権　81
法制度保障　134
放送制度　81, 89, 90
放送の規律根拠　89, 93
法に関する命題　213
法の欠缺　112, 203, 204
法の支配　81–84, 227, 233, 234
法命題　202–06, 208, 212–19, 221

　　ま　行

マスメディアの報道・表現の自由　75, 76, 80, 81, 85, 93, 95, 109, 137, 138

　　や　行

弱い許容　112, 113

　　ら　行

立憲主義　11–14, 33, 39, 42, 54, 55, 57, 58, 81, 108, 110, 150–52, 155, 183, 223, 224, 226, 229, 232, 234, 236, 240
立法国家　198, 199
リバタリアニズム　42
リベラリズム　43, 44, 55
リベラル・デモクラシー　98, 99, 226
冷戦　8, 28, 46–48, 53–58

著者略歴
1956 年　広島に生まれる
1979 年　東京大学法学部卒業
現　在　早稲田大学法学学術院教授

主要著書
『権力への懐疑——憲法学のメタ理論』日本評論社, 1991 年
『テレビの憲法理論——多メディア多チャンネル時代の放送法制』弘文堂, 1992 年
『憲法学のフロンティア』岩波書店, 1999 年
『比較不能な価値の迷路——リベラル・デモクラシーの憲法理論』東京大学出版会, 2000 年
『憲法と平和を問いなおす』ちくま新書, 2004 年
『憲法とは何か』岩波新書, 2006 年
『Interactive 憲法』有斐閣, 2006 年
『憲法の境界』羽鳥書店, 2009 年
『憲法入門』羽鳥書店, 2010 年
『憲法の imagination』羽鳥書店, 2010 年
『続・Interactive 憲法』有斐閣, 2011 年
『憲法の円環』岩波書店, 2013 年
『憲法 第 6 版』新世社, 2014 年
『法とは何か——法思想史入門 増補新版』河出書房新社, 2015 年

憲法の理性　増補新装版

2006 年 11 月 10 日　初　　版 第 1 刷
2016 年 4 月 7 日　増補新装版 第 1 刷

［検印廃止］

著　者　長谷部恭男
　　　　（はせべやすお）

発行所　一般財団法人　東京大学出版会
　　　　代表者　古田元夫
　　　　153-0041 東京都目黒区駒場 4-5-29
　　　　電話 03-6407-1069・Fax 03-6047-1991
　　　　振替 00160-6-59964

印刷所　研究社印刷株式会社
製本所　牧製本印刷株式会社

Ⓒ2016 Yasuo Hasebe
ISBN 978-4-13-031186-1 Printed in Japan

JCOPY 〈(社)出版者著作権管理機構 委託出版物〉
本書の無断複写は著作権法上での例外を除き禁じられています。複写される場合は，そのつど事前に，(社)出版者著作権管理機構（電話 03-3513-6969, FAX 03-3513-6979, e-mail:info@jcopy.or.jp）の許諾を得てください。

比較不能な価値の迷路
長谷部恭男　　　　　　　　　　　　A5　3800 円

憲法制定権力
芦部信喜　　　　　　　　　　　　　A5　7800 円

憲法 近代知の復権へ
樋口陽一　　　　　　　　　　　　　四六　2900 円

平等なき平等条項論
木村草太　　　　　　　　　　　　　A5　5800 円

国家・教会・自由
福岡安都子　　　　　　　　　　　　A5　7600 円

法とフィクション
来栖三郎　　　　　　　　　　　　　A5　6000 円

法という企て
井上達夫　　　　　　　　　　　　　A5　4200 円

ここに表示された価格は本体価格です。ご購入の際には消費税が加算されますのでご了承下さい。